本书为国家自然科学基金重点项目（71832014）研究成果

走向数据驱动的互动创新

——2020年广州游戏产业研究报告

谢 康 唐忆鲁◎著

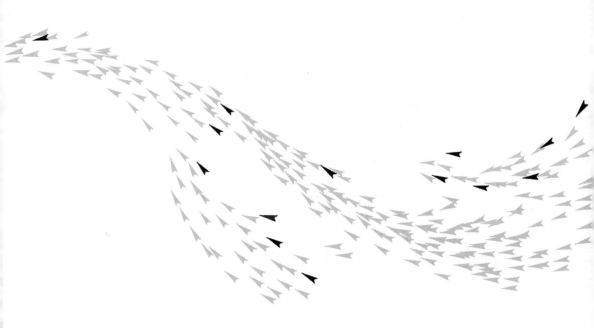

经济管理出版社

ECONOMY & MANAGEMENT PUBLISHING HOUSE

图书在版编目（CIP）数据

走向数据驱动的互动创新：2020 年广州游戏产业研究报告/谢康，唐忆鲁著．—北京：经济管理出版社，2021.6

ISBN 978 - 7 - 5096 - 8089 - 6

Ⅰ.①走… Ⅱ.①谢… ②唐… Ⅲ.①游戏—产业—研究报告—广州—2020 Ⅳ.①G898

中国版本图书馆 CIP 数据核字（2021）第 127774 号

组稿编辑：任爱清
责任编辑：任爱清
责任印制：黄章平
责任校对：陈　颖

出版发行：经济管理出版社
　　　　　（北京市海淀区北蜂窝 8 号中雅大厦 A 座 11 层　100038）
网　　址：www. E - mp. com. cn
电　　话：（010）51915602
印　　刷：唐山玺诚印务有限公司
经　　销：新华书店
开　　本：720mm×1000mm/16
印　　张：13.75
字　　数：267 千字
版　　次：2021 年 8 月第 1 版　　2021 年 8 月第 1 次印刷
书　　号：ISBN 978 - 7 - 5096 - 8089 - 6
定　　价：88.00 元

序

互联网、大数据、人工智能等新一代信息技术和实体经济深度融合，推动数字经济物质生产方式的变革，而新一代信息技术和人类社会文化深度融合，则推动数字经济精神生产方式的变革。其中，游戏产业将信息技术、数据科学、人体工程学、心理学、美学、人类行为学及人文和艺术等深度融合成为创意产业（Creative Industry），融入全球数字经济发展中[①]，也构成中国数字经济高质量增长的重要推动力量[②]。据 SuperData 研究报告，2020 年全球数字游戏市场达到1266 亿美元，增长 12%。其中，移动游戏市场规模 738 亿美元，全球 PC 数字游戏市场规模 331 亿美元，主机数字游戏市场规模 197 亿美元，游戏产业在全球各国数字经济竞争中具有越来越重要的发展地位。

游戏创作既代表一个民族或文化想象力的广度和深度，也直接反映数字技术的社会化应用水平，因而成为现代创意文化产业的重要组成部分。游戏产业的出口则体现了文化的传播力和影响力。游戏产业既是数字经济发展的先导性产业，也是国家乃至全球经济高质量发展的文化生产与消费促进型产业。本书以"走向数据驱动的互动创新"为主题，揭示游戏产业持续高效创新的产业特征，分析广州游戏产业的外溢效应，解析广州游戏产业的竞争力，阐述广州游戏产业的发展战略与政策措施，以此剖析 2020 年广州游戏产业发展及其对广州及粤港澳大湾区经济社会的影响，明确游戏产业在广州现代产业发展中的地位和作用及对本地、粤港澳大湾区和中国经济社会和文化发展的价值。

广州游戏产业在粤港澳大湾区中与深圳形成两个产业增长极。粤港澳大湾区这两个游戏产业增长极，不仅孕育出腾讯和网易两个中国乃至全球游戏产业的双子星，而且在这两个龙头企业带动下还形成了遍布大湾区的众多中小微游戏企

---

① Binark, M., & Bayraktutan, G. A Critical Interpretation of A New "Creative Industry" in Turkey: Game Studios and the Production of A Value Chain [M]. In Computer Games and New Media Cultures. Springer, Dordrecht, 2012: 371 – 391.

② 沈家文. 数字经济与软件业发展研究 [J]. 全球化, 2018 (5).

业、游戏创新创业团队和游戏自由职业者，在中国游戏产业创新创业生态圈中形成了"湾区游戏军团"的称号和影响力。湾区游戏军团的全球影响力正在形成和提升中，假以时日，将有望与美国加州旧金山湾区、日本大东京湾区的游戏产业军团相媲美，成为全球三大游戏产业军团之一。

在湾区游戏军团蓬勃兴起的背景下，本书从企业与用户互动创新视角，剖析2020年广州游戏产业发展特征及其对数字经济和经济高质量发展的影响，为读者展示广州游戏产业发展的前沿成就和发展动态，并以广州为议题焦点解释广州、深圳为核心的湾区游戏产业军团在当今中国游戏产业发展中的地位和未来的影响力。因此，本书既不是一本标准的年度产业发展报告，也不是一本地方产业发展年鉴，而是一本力图兼顾学术思想与产业实务的产业研究报告，从互动创新视角揭示游戏产业创新规律与特征，尤其是游戏产业如何与广州和大湾区资源和禀赋相结合形成游戏市场互动创新的差异化优势。

本书的研究表明，广州游戏产业的兴起和发展存在坚实的社会基础，广州游戏产业的经济乘数效应、生态共生效应和社会连接效应，不仅深刻地影响着广州现代创意产业和文化产业的发展，也影响到广州定制家居、商贸流通，乃至电子制造产业的发展，同时为广州发展大数据、人工智能、云计算和区块链等新一代信息技术产业提供市场化需求。作为现代数字产业中的先导性产业，发展中遇到的青少年沉迷游戏、行业侵权盗版等负面舆情压力，可以通过游戏产业分级制度、产品应用规范等多种方式来解决，游戏产业政策不应受此困扰。马克思曾经用一个形象的比喻来描述费尔巴哈批判黑格尔的方式，即将婴儿与洗澡水一起泼到门外去了。当今，我们对待游戏产业也是如此，不能因为存在青少年沉迷游戏、行业侵权盗版等负面社会影响而将游戏产业排斥在数字经济的现代产业体系之外，如果真是这样的话，那就成了马克思所说的与费尔巴哈一样的"糊涂老太婆"了。

广州游戏产业构成广州数字经济高质量发展的基石之一，不仅是广州落实推动《粤港澳大湾区发展规划纲要》《国家数字经济创新发展试验区实施方案》的重点促进产业之一，也是广州加快数字经济创新发展，构建互联网、大数据、人工智能等新一代新技术和实体经济、文化产业深度融合的数字经济新生态体系的先进产业。游戏产业在广州数字经济发展中的这种地位，不会因为游戏产品存在负面社会影响而发生改变，关键在于如何处理好游戏产业发展与游戏产品负面影响的关系。期待本书的出版，可以进一步加深政府、企业、研究机构、社会公众对广州游戏产业创新创业发展内在机制的认知和理解，为助力广州游戏产业的健康蓬勃发展做出贡献。

本书为我主持的国家自然科学基金重点项目"互联网环境下大数据驱动的企

业与用户互动创新理论、方法和应用研究"（批准号 71832014）阶段性成果，也是学术研究团队与业界合作研究的一项多主体协同成果。参与本书撰写的成员有学术研究团队谢康、夏正豪（重点项目科研秘书）、谢开妍等，产业研究团队唐忆鲁、钟课枝、唐嫚丽、曹长林、兰剑、段德荣、马兴佳、王如洁、窦晓隽、钟雅雯和郑美珍等。通过多次集体头脑风暴形成全书写作框架和大纲，由唐嫚丽、兰剑、段德荣、马兴佳、窦晓隽、夏正豪、谢开妍、钟雅雯、郑美珍等负责企业调研和数据资料收集、整理和分析，撰写和提交初稿，由我和唐忆鲁负责对初稿进行全书的修改、调整和完善，夏正豪协助全书校对和修改完善。可以说，这本研究报告是一部集体智慧和劳动的产出成果。

具体分工如下：第一章由谢开妍负责并撰写；第二章由唐嫚丽负责，兰剑和段德荣参与撰写；第三章由谢康负责，唐嫚丽、兰剑、夏正豪参与撰写；第四章由兰剑负责，唐嫚丽、曹长林、段德荣、钟雅雯、郑美珍参与撰写；第五章由谢康负责，唐忆鲁、钟课枝、兰剑、夏正豪参与撰写；第六章由唐忆鲁负责，马兴佳、王如洁、窦晓隽、兰剑参与撰写；第七章由钟课枝负责，唐忆鲁、曹长林、钟雅雯、郑美珍、段德荣参与撰写。

感谢国家自然科学基金委员会的支持，感谢唐忆鲁、钟课枝、唐嫚丽和兰剑等参与本书策划，感谢参与调研和撰写出版的全体团队成员，感谢接受我们访谈和调研的大湾区、广州游戏企业管理者，行业协会领导、游戏创新创业团队和个人，感谢广州市委统战部和广州市工信局的指导，感谢广州市大湾区现代产业发展研究院对本报告的推荐，感谢经济管理出版社领导、责任编辑任爱清老师对本书出版的大力支持！

谢 康

2020 年 5 月 3 日于中山大学

Preface

The deep integration of the new generation of information technology such as the Internet, big data, and artificial intelligence with the real economy has promoted the transformation of the digital economy's material production methods, while on the other hand, the close combination of the new generation of information technology and human social culture has enhanced the innovation of intellectual production methods in digital economy. The game industry has connected information technology, data science, ergonomics, psychology, aesthetics, human behavior, humanities and art into a creative industry[1], which is adapted into the development of the global digital economy and constitutes an important driving force for the high – quality growth of China's digital economy[2].

According to a research report of SuperData, the global digital game market has reached USMYM 126.6 billion in 2020 with an increase of 12%. Among them, the market of mobile game occupied 73.8billion U. S. dollars, followed by the digital game (33.1billion U. S. dollars) and the console digital game (19.7 billion U. S. dollars). It shows that the game industry has an increasingly important development position in the global digital economy competition.

Game creation has become an important part of the modern creative cultural industry. It represents the breadth and depth of the imagination of a nation or culture. Game industry is not only a leading industry for the development of digital economy, but also a cultural production and consumption – promoting industry for the high – quality development of the national and global economy.

---

① Binark M, & Bayraktutan G. A Critical Interpretation of A New "Creative Industry" in Turkey: Game Studios and the Production of A Value Chain [M]. In Computer Games and New Media Cultures. Springer, Dordrecht, 2012, 371 – 391.

② 沈家文. 数字经济与软件业发展研究 [J]. 全球化, 2018 (5).

With the theme of "data – driven interactive innovation", this book reveals the industry characteristics of continuous and efficient innovation in the game industry. In order to indicate the development of Guangzhou's game industry of 2020 and its impact on the economy and society of Guangzhou and the Guangdong – Hong Kong – Macao Greater Bay Area, this book analyzes the spillover effects of Guangzhou's game industry and the competitiveness of Guangzhou's game company. It elaborates the development strategy and policy measures of game industry in Guangzhou, clarifying the status and role of the game industry in the development of Guangzhou's modern industry. It also introduces the economic, social and cultural development of local, Guangdong – Hong Kong – Macao Greater Bay Area and Chinese society.

The game industry in Guangzhou has formed two industrial growth poles. One is Shenzhen; another is the Guangdong – Hong Kong – Macao Greater Bay Area. It not only gave birth to the twin stars in China and even the global game industry—Tencent and NetEase, but also led to the aggregation of medium, small and micro – sized game company all over the Greater Bay Area. With the cooperation of game business, entrepreneurship teams and game freelancers, the title and influence of the "Bay Area Game Corps" has been established in the innovation and entrepreneurship ecosystem of China's game industry. Therefore, the Greater Bay Area could be expected as a competitor to the Game Industry Corps in San Francisco Bay Area of California and the Greater Tokyo Bay Area of Japan, becoming one of the world's three largest game industry groups.

Under the background of the Bay Area Game Corps' booming, this book indicates the development characteristics of the Guangzhou game industry in 2020 and its impact on the high – quality development of the digital economy from the perspective of interaction and innovation between enterprises and users. It presents the cutting – edge achievements and development trends of Guangzhou's game industry. Through using Guangzhou as the focus of the topic, this book explains the status and future influence of the Bay Area Game Industry Corps with Guangzhou and Shenzhen as the core in the development of China's game industry at present.

Therefore, instead being a standard annual industry development report or a local industry development yearbook, this book is an industry research collection that tries to balance academic thoughts and industry practices, revealing the innovation pattern and characteristics of the game industry from the perspective of interactive innovation. It especially illustrates how the game industry combines the resources and endowments of Guangzhou and the Greater Bay Area to form a differentiated advantage of interactive innovation in the game market.

The researches in this book suggest that there is a solid social foundation for the rise and development of Guangzhou's game industry. The economic multiplier effect, ecological symbiosis effect and social connection effect of Guangzhou's game industry not only profoundly affect the local modern creative industry and cultural industry, but also affect the development of Guangzhou's customized home furnishings, commercial circulation, and even the electronics manufacturing industry. At the same time, it provides market – oriented demand for Guangzhou's new generation of information technology industries such as big data, artificial intelligence, cloud computing and blockchain.

As a leading industry in the modern digital industry, game industry might face negative pressures such as industry infringement, piracy and insufficient minor regulation. However, we cannot exclude the game industry from the modern industrial system of the digital economy for its one – sided disadvantage. The problem can be solved through various methods such as game rating system and product application specifications rather than over strained game industry policy.

Game industry is an advanced industry for Guangzhou to accelerate the innovation and development of digital economy, building a new digital economy ecosystem that integrates the Internet, big data, artificial intelligence and other new technologies with the real economy and cultural industries.

Although online game might cause some negative impacts, the significance of game industry in the development of Guangzhou's digital economy cannot be ignored. The key is how to handle the relationship between the development of game industry and the disadvantage of game products. We hope this book can further deepen the awareness of government, enterprises, research institutions, and the public to understanding the internal mechanism of the innovation and entrepreneurship development of Guangzhou's game industry, contributing to the healthy and vigorous development of local game industry.

This book is a multi – agent collaborative achievement that accomplished by academic research teams and Guangzhou's game industry. I was responsible for academic reseraches, with assistance of Xia Zhenghao (secretary of key point scientific research) and Xie Kaiyan, et al. The industrial research staff including Tang Yilu, Zhong Kezhi, Tang Manli, Cao Changlin, Lan Jian, Duan Derong, Ma Xingjia, Dou Xiaojun, Zhong Yawen and Zheng Meizhen, et al. The framework and outline of the whole book were formed after many times of brainstorm. Tang Manli, Lan Jian, Duan Derong, Ma Xingjia, Dou Xiaojun, Xia Zhenghao, Xie Kaiyan, Zhong Yawen, Zheng Meizhen, et al. were responsible for interview collection, data analysis and design the first draft. Tang Yilu and I were responsible for revising and polishing the first draft, Xia Zhenghao assisted in the proofreading and improvement of the final version.

The specific division of contribution is as follows: Chapter 1 is written by Xie Kaiyan. Chapter 2 is edited by Tang Manli, with Lan Jian and Duan Derong contributing. Chapter 3 is written by Xie Kang, with Tang Manli, Lan Jian, and Xia Zhenghao participating in writing. Chapter 4 is written by Lan Jian and participate with Tang Manli, Cao Changlin, Duan Derong, Zhong Yawen, and Zheng Meizhen. Xie Kang is responsible for Chapter 5, with Tang Yilu, Zhong Kezhi, Lan Jian, and Xia Zhenghao participating in writing; Chapter 6 was written by Tang Yilu, cooperating with Ma Xingjia, Dou Xiaojun, and Lan Jian. Chapter 7 is written by Zhong Kezhi, with the participation of Cao Changlin, Zhong Yawen, Zheng Meizhen, and Duan Derong.

Finally, I want to present my sincerely gratitude to all team members, practitioners of game industry in the Guangdong – Hong Kong – Macau Greater Bay Area and staffs of Guangzhou game industry guild. Also, I want to thank my editor Ren Aiqing, and every reader who is willing to support this book.

Xie Kang

March 3, 2020 in Sun Yat – sen University, Guangzhou.

目　录

第一章　互动创新：游戏产业创新利器

　　什么是游戏？这个问题可以有多种不同方式的回答。如果是游戏设计师，重点不在于将什么内容放在屏幕上，也不是设计中有什么，而是玩家大脑里的体验。按照游戏设计师霍华德·华沙（Howard S. Warsaw）（2017）在网飞（Netflix）2020 年纪录片《剑指高分》（*High Score*）中的说法，游戏开创了一种新的媒体，因为与电视等传统的被动媒体相比，游戏是一种主动媒体①。据日本法律条文的定义，游戏是"在其内部有目的地根据规则在一定的时空限定条件下，完成自由任意的行动或活动，是作为给予人类高兴和愉快的文化现象"②。

　　电子游戏从兴起到成长为当今庞大的数字产业，只用了不过 50 年左右的时间。游戏产业的创新迭代之快、产品种类之丰富和影响面之广泛，长期以来都是学术界和产业界持续讨论的热点话题和前沿课题。其中，游戏产业互动创新，是其创新速度高频迭代、创造产品种类丰富、产业影响面广泛的重要内在机制。游戏产业具有明显的网络效应和自我增强效应，使游戏企业与用户的互动创新关系是构成企业的战略资产③。

　　游戏产业互动创新指游戏研发、发行和分销企业与用户、与产业链合作伙伴、与第三方互动形成的创新性活动及其成果。游戏产业互动创新的外延，不仅包括企业与外部用户之间的互动创新，也包括企业内部员工之间的互动创新，如内测或公测，还包括不同国家和地区之间游戏产业或产品之间的互动创新。同时，游戏产业互动创新的内涵，既包括企业与用户互动的技术创新，如从笨重的街头游戏机到家用游戏机，再到电脑软盘和互联网。或从简单的二维像素到越来越接近真实世界的 3D 模型等，也包括企业与用户需求的互动以及跨文化交互影

---

① Great Big Story. (2020, August 19). High Score [Video]. Netflix. https://www.netflix.com/title/81019087.

② 周堂波，李哲，竹中喜一，蒋宇. 日本游戏教育的现状及其启示 [J]. 现代教育技术，2017（8）.

③ Shankar V, Bayus B L., Network Effects and Competition: An Empirical Analysis of the Home Video Game Industry [J]. Strategic Management Journal, 2003, 24 (4): 375-384.

响的比较游戏文化范畴。简言之，游戏产业互动创新集中体现在用户互动技术进步、用户需求互动、用户跨文化交互影响三个方面。

总体而言，上述这三个特征本质上都是游戏产业的生成性特征（Productive Play）带来的。游戏产业生成性是指游戏产业及其产品创新过程具有与用户互动、与产业链合作伙伴或第三方互动的自适应创造性，从而使游戏产业具有近似于"自我发展"的内在基础和推动力。可以说，游戏企业与用户的互动创新是构成游戏产业生成性的重要基础之一。

第一节　技术进步重构互动新模式

20 世纪 50 ~ 60 年代兴起的信息技术及其产业化，为现代游戏产业的发展奠定技术和产业基础，尤其是 3D 动画嵌入游戏的每个环节中，如色彩、光影、景别等美术风格设计，成为游戏产业不可缺少的一部分[①]。近年来，现实虚拟（VR）、增强现实（AR）技术使游戏产业临场互动性进一步得到增强，同时使游戏研发与运营企业掌握了更多的对游戏产品平衡性进行设计与操纵的手段和条件，即游戏数字化技术的互动性特征提升了设计者如何让玩家在互动中既有压制性对抗，又有公平性竞争的平衡能力。下面本节从三个方面分别阐述用户互动技术进步如何重构游戏互动模式。

一、游戏技术与游戏产品营销组合

在游戏发展史上，世嘉通过 16 位家用游戏机技术掠夺任天堂 8 位技术游戏机市场，既是游戏技术进步促进游戏产业竞争发展的典型例子，也是游戏技术与游戏产品营销组合形成市场竞争优势的代表性案例。我们知道，世嘉是 20 世纪 80 年代以街机闻名的日本游戏厂商，开发出使用 16 位技术的创世纪（Genesis）家用游戏机，比任天堂的 8 位技术更先进。然而，当时的任天堂宛如庞然大物般牢牢占据着美国 98% 的游戏市场，玩家在购买游戏产品时只认任天堂的品牌，世嘉的新技术难以在市场上得到普及与应用，需要将新技术与产品营销策略进行组合来开展市场竞争。

时任世嘉的主席中山隼雄找到美国商人汤姆·卡林斯基，让他来负责世嘉的美国分部。卡林斯基在进行充分市场分析后制订出五条"作战计划"，即价格

---

① 闫水田. 3D 动画在游戏中的运用 [J]. 美术大观，2012 (8).

战、迎合用户需求特征的产品、体育游戏分销渠道、别具一格主题营销及关系促销和娱乐化推广五位一体的技术与营销组合策略。显然，由于世嘉采用的是更为先进的 16 位家用游戏机技术，因此创世纪游戏机价格战优势非常明显。除此之外，其他四个竞争策略也都非常具有特色。

首先，在迎合用户需求特征的产品开发上制作出能媲美任天堂《马里奥兄弟》的竞争性游戏产品。任天堂除了较早进入美国市场以外，本身过硬的游戏产品质量也是让其在美国市场广受欢迎的重要原因之一。例如，《马里奥兄弟》由宫本茂和横井军平等设计师共同创作，主角马里奥甚至成为任天堂品牌的虚拟代言人。针对此种情况，世嘉也需要一个类似的优秀产品作为营销基础，并且需要了解美国用户需要什么，美国市场流行什么元素。从 16 位游戏机的快速处理速度这个特点出发，世嘉设计师安原广和以美国游乐场的过山车为灵感，创作了一个有很多杂技循环的游戏蓝本；另一位设计师大岛直人则带着自己的几个角色设计来到纽约中央公园，调查当地人更喜欢哪一个。最终，蓝色的刺猬"索尼克"脱颖而出，成为世嘉新的吉祥物。1991 年《索尼克》推出后，迅速获得了一批玩家。

其次，借助产品技术优势开辟游戏分销新渠道。根据 16 位游戏机技术特征增加更多的体育游戏作为分销渠道。以往游戏产业主流的 8 位技术不足以将体育竞技的效果展现在屏幕上，导致市场上普遍缺乏这个体育类游戏。卡林斯基瞄准这个技术创新带来的新商机，与电子艺界公司的特里普·霍金斯合作，用世嘉的 16 位技术推出了美式足球、篮球等体育主题游戏。这项基于技术创新的渠道创新，不仅将体育游戏纳入美国玩家的选择项中，而且也通过体育游戏展示出世嘉游戏分销渠道的创新文化特征。

再次，将音乐文化与游戏文化相结合，形成别具一格的流行音乐文化主题营销。卡林斯基用年轻人喜欢的摇滚音乐作为产品吸引市场注意力的手段，将 1994 年的滚石世嘉世界锦标赛布置在日本、巴西、美国等地的摇滚酒吧举行选拔赛，在美国恶魔岛举行决赛。地区赛胜出的选手们被手铐将一个作为门票象征的公文包铐在一起，被一群黑衣保镖簇拥上豪华轿车开往决赛目的地。当最后决赛时，世嘉邀请知名电台主持人和多家媒体进行直播。同时，冠军领取的奖金也不是简单的支票，而是用一个推车装满麻袋，麻袋里面都是等额的纸币。这种主题营销策略迎合了当时青少年对于"叛逆""别具一格"等个性的追求，在青少年中拥有极高话题度。这样，玩世嘉游戏，赢得世嘉的比赛，成为青少年中的一种身份象征。

最后，采取关系促销与娱乐化推广策略来营造用户群。具体体现在以下两点：一是通过关系促销进行用户教育，如增强世嘉在青少年群体中的影响力，让青少年觉得玩世嘉游戏很"酷"。当时任天堂的受众主要是9～13岁的孩子。卡林斯基则将世嘉的目标定在了更年长的群体，他认为，如果能让年龄较大的哥哥玩世嘉创世纪，那么年幼的弟弟大概也会效仿，这样就能自动将一些任天堂的年轻玩家吸引过来。二是在广告上对任天堂品牌进行适度娱乐化，如将世嘉创世纪放在赛车后面，再飞速超过放着任天堂游戏机的老旧牛奶车，以此嘲讽任天堂8位技术的落后。同时，世嘉还在自己的每条广告后让演员大喊"SEGA!"，配上让眼睛夸张变大的特效，形成具有极强记忆性的"魔性洗脑画风"，让观众很快就记住世嘉的品牌。

依托上述五位一体的竞争策略，世嘉在20世纪90年代美国市场的销量超过了任天堂，成为美国新的游戏市场霸主。从上述分析中可以认为，信息技术尤其是游戏互动技术创新与营销策略的结合，是形成技术与营销互动构成游戏产业互动创新的一个重要环节。

二、互联网颠覆式创新重构游戏产业地图

互联网颠覆式创新不仅改变了人类的信息和知识交流方式和网络，也改变了人类社会的生存与生活方式。全球游戏产业因此也发生了根本性的变化。第一人称射击类（First-Person Shooter）游戏的兴起，可以很好地反映互联网颠覆式创新技术为游戏产业带来的本质变化。约翰·罗梅罗与其合伙人卡马尔突破技术瓶颈，使游戏画面能在电脑屏幕上平滑移动，而不再是以往的整块背景置换，这使电脑可以表现的游戏内容迅速增加，也证明了电脑是个可以真正玩游戏的机器。他们之后成立公司，1992年开发了《德军总部》，成为FPS游戏的奠基之作。一年后罗梅罗又发布了更精致的同类型游戏《毁灭战士》（Doom）。这样，借助新兴的互联网技术让游戏玩家实现多人实时对战，成为现在《守望者先锋》《和平精英》等网络游戏的前身。因此，互联网的兴起使游戏产业进入基于网络的集体选择与群体互动阶段。

同时，以传统游戏机技术为主的任天堂并没有因为已有的成就而骄傲自满，也在不断探索新的市场发现。在招募英国18岁的迪伦·卡斯伯特作为3D技术员后，设计师宫本茂从日本稻荷神的传统文化中获得灵感，共同创作出《星际火狐》（Star Fox）。虽然因技术限制，《星际火狐》的美术还是较为粗糙的像素几何画面，但已经具有3D技术带来的三维世界仿真感，为未来的虚拟现实类游戏奠定了坚实的产业文化基础。

当前3D游戏、VR/AR游戏呈现的画面场景、角色及各种渲染特效，可以为游戏开发和运营管理提供诸多新商业模式选择，从而催生游戏产业新的发展方向。这样，从笨重的街头游戏机到只需要连接电视的家庭游戏机，从占据不小空

间的卡带到薄薄的电脑软盘，再到灵活便捷的现代互联网和手机等智能电子产品形成的技术进步，不断地为游戏产业创新注入新的活力。同时，游戏产业也不断通过形成新的市场需求刺激数字技术的产业化和市场化，尤其是刺激大数据、人工智能、云计算、VR/AR 等技术的产业化。从这个角度来说，互联网颠覆式创新重构游戏产业的商业模式，而游戏产业的商业模式重构又刺激互联网、大数据、人工智能等新一代信息技术的产业化和市场化，形成游戏产业与实体经济数字化的深度融合。

三、全媒体交互演化催生 IP 商业模式

游戏产业电子化和数字化发展并非完全摒弃传统纸质媒体市场，其与传统纸质媒体的互动形成的全媒体交互演化，成为催生出现代 IP（Intellectual Property，知识产权。IP 游戏，则指取得文学、影视、热门游戏授权使用其角色、形象、图像、文字、情节等所制作的游戏产品。）商业模式的重要力量之一。例如，以漫画闻名国际社会的日本，多年来其传统印刷纸媒在本土有着非常坚实的社会文化基础。当时诸如《超级马里奥》之类的闯关游戏具有一定难度，不少玩家需要攻略才能通过，任天堂于是将解说刊登在自主发行的杂志上，玩家可以订阅杂志来获得信息。任天堂的美国分部也将这个策略借鉴过来，创办类似的杂志 *Nintendo Power*，但对配色文字进行了符合欧美人阅读喜好的改良，增加了美国本土的内容。该杂志在相当程度上增加了品牌的传播广度，相比需要设备才能展示产品的游戏机，薄薄的杂志更容易携带，也更容易在少年儿童之间流通，由此形成了游戏产业中数字化媒介与传统纸张媒介之间的交互影响。这样，游戏产品与纸张媒介之间相互补充且部分替代，成为现代游戏产业 IP 商业模式的雏形之一。

可以说，以游戏代表的新媒体和以书籍报刊为代表的传统纸媒之间的互相交融，既为技术革新提供了有价值的参考启示，也为数字技术与传统媒介之间的互动创新提供了市场启迪，共同孕育出当代 IP 商业模式的社会文化基础。从这个角度分析，一个社会数字化程度越高，越需要对传统纸张媒体采取更为积极的保护策略。诚然，通过促进传统纸张媒体与数字化深度融合的市场化，是诸多积极的保护策略之一。

四、互动技术重构游戏产业互动模式

通过上述描述性分析，可以获得三个基本结论：

第一，信息技术或数字技术与游戏产品开发运营之间的相互影响，随着游戏产业的发展，也促进了信息技术或数字技术的产业化和市场化。游戏促进信息技术进步，尤其是信息技术产业转型升级，如 CPU、显卡等硬件和视频软件等硬件

制造与软件服务业的进步。具体地，当信息技术或数字技术进入家庭、进入普通人的生活和工作中时，会对信息技术或数字技术的规模化和产业化形成强烈刺激，从而促使社会资本迅速涌向新技术市场，导致新一轮的产业投资和规模扩张，如近年来大量信息技术产业资本纷纷进入游戏产业市场，游戏产业资本同时投资大数据、人工智能、智慧城市等新兴产业。这是数字化互动技术重构游戏产业互动模式的内在驱动机理。

第二，信息或数字互动技术的进步影响游戏的竞争与市场结构。游戏企业不断吸收最新的信息或数字互动技术来增强其与玩家或与合作伙伴的互动性，通过增强互动性来更好地设计和操纵游戏产品的平衡性，使游戏的压制性对抗与公平性竞争之间处于短期与长期、阶段与总体的动态平衡与不平衡中。可以说，游戏产业的创意创新集中体现在对游戏的平衡与不平衡之间的把握与认识。对游戏产品设计与运营中的压制性对抗与公平性竞争之间的平衡理解，通常与游戏产业的互动模式紧密相关，并影响游戏产业的竞争方向和市场结构。

第三，街机和游戏机时代都不存在玩家的虚拟社区，互联网的兴起使游戏对用户数量和广泛参与性的限制发生了本质变化，网络互动技术不仅使玩家玩游戏的成本大幅度降低，更重要的是使全球虚拟互动的成本大幅下降，并形成了诸多虚拟社区和游戏产业平台。同时，全媒体交互丰富了游戏的内容题材，报纸期刊与电子媒体的现实与虚拟交互，形成线上线下的知识和信息交互面，孕育出现代游戏产业 IP 商业模式的雏形，再次表明互动技术重构游戏产业互动模式。

第二节　用户需求驱动的互动创新

"用户是上帝"对于游戏产业创新而言是一句再普通不过的口头禅。学术界和产业界都强调用户对企业新产品创新的重要价值和实践意义，但不同行业或企业对于如何落实用户需求驱动的互动创新却有不同的理解与做法。游戏产业对此贡献出自身的行业解决方案：一是基于人口统计学持续细分的用户需求互动；二是从角色扮演到沉浸式用户需求互动的虚拟满足感。这两种解决方案的基础均在于对人类自我实现需求的理解和把握。

一、基于人口统计学的用户需求互动

基于人口统计学的用户需求分析是用户分析的基本方法，但游戏产业对此的追求在于持续细分的极致。例如，在《太空入侵者》为美国游戏产业带来新风

潮时，日本设计师岩谷彻却观察当时玩家的性别构成，敏锐地发现了不同的商机。他认为，当时的游戏多迎合男性的审美而忽略了女性，由此激发他想改变这一点，并充分考虑什么游戏是女性想要玩的。通过一次吃比萨（Pizza）得来的灵感，他创作了《吃豆人》（Pac-Man）。《吃豆人》不再以战斗为主要表现形式，而是操纵角色在迷宫中躲避敌人，同时吃掉路途上的"豆子"获得分数。在角色设计上，岩谷彻使用了黄色、浅蓝色和红色等色彩明亮的颜色，形象图案也偏向可爱系，例如，作为敌人的"ghost"不是凶神恶煞的模样，而是有着大眼睛、圆头圆脑的斗篷状小怪物。这样，与《太空入侵者》一样，《吃豆人》很快在美国受到热烈欢迎，而且不同于之前以男性为主的产品，大量女性玩家对此表示满意。这样，岩谷彻基于人口统计学的用户需求互动角度，成功打造出被目标用户接受的游戏产品。正如游戏设计师 Chris Crawford 等对《吃豆人》用户需求方向评价的那样，互动的实现方式不仅决定了游戏产品的类型①，也决定了游戏产品满足哪一类玩家的精神归宿。

同样关注女性玩家需求的还有游戏设计师西谷亮，他在 1987 年创作了街机游戏《街头霸王》。该游戏不再是玩家和电脑对抗，而是允许玩家之间互相切磋。西谷和原画师安田朗不仅将中国香港街巷、泰国寺庙和美国飞机等世界上八个国家和地区的不同文化元素融入游戏中，还在供玩家操控的角色中设计了一个年轻的中华女性，名叫春丽。"她"扎着丸子头，用中式武术作为主要攻击招式，获胜之后会出现文案"我是全世界最强的女人"。两位设计师在讨论后一致认为女性玩家会更想用女性角色，加入这个人物能吸引更多的女性玩家。当时李小龙和成龙的武打电影在海外非常流行，其中也有不少会功夫的女角色，安田朗由此得来灵感，创作了春丽。

可以说，具有"力量感"的春丽是游戏产业发展史中一个特别的创新点。在之前的大部分游戏故事中，女性多是等待被男性角色拯救的柔弱形象，或者根本不存在。而现在女玩家可以光明正大地用她们自身的性别参加战斗击败男性角色，这顺应了当时女性思维觉醒的浪潮，游戏文化也变得更加多元与平等，这在后面逐渐发展出不同主题的专门契合特定需求的女性向游戏类别，使基于人口统计学的用户需求互动不断持续细化。

二、从角色扮演到沉浸式用户需求互动

用户需求可以从不同维度来解读和定义，如西谷关注的性别，或者下文讨论的心理互动等。从游戏用户需求来看，人类是具有丰富想象力的动物，喜欢依靠

① Chris Melissinos, Patrick O'Rourke. The Art of Video Games: From Pac-man to mass Effect [M]. Welcome Books, 2012: 149.

现实世界来创作另一个虚拟的故事，电子游戏的诸多内容也由此而诞生。游戏中的超能力、主角们经历的刺激与冒险旅程，让游戏玩家不由得想象着："如果我可以是主角呢？"这种角色扮演的冲动或需求，成为刺激游戏产业互动创新的市场动力之一。

如果说基于人口统计学的用户需求互动是游戏互动创新的基础，那么，角色扮演乃至沉浸式用户需求互动则构成游戏互动创新的高级模式。长期以来，角色扮演都是人们乐此不疲的娱乐方式之一，从传统的戏剧、话剧表演，到 20 世纪 70～80 年代的桌面游戏，再到当代年轻人喜欢的 Cosplay 等，都是角色扮演需求的具象表现。角色扮演类游戏在术语中被简称为 RPG，它首先将具有一定复杂度的故事作为蓝本，允许玩家用自己创造的角色进行游戏。不同于《太空入侵者》或《超级马里奥》这类已经给玩家固定好形象的游戏，RPG 让人们可以扮演一个他们在现实中无法成为的对象，并与虚拟世界中的其他玩家进行互动，形成群体互动与集体选择来共同推进游戏情节的发展。

早期的角色扮演类游戏通常非常简单，例如，20 世纪 70 年代的纯文字游戏《巨洞冒险》没有任何图片，只是在电脑屏幕上显示一段文字描述，玩家再输入应对文字，电脑接着给出回应描述玩家"看"或"遇"到什么东西。从 20 世纪 80 年代开始，美国女设计师罗贝塔·威廉姆斯从中获得启发，思考如何让玩家在游戏里获得更多的互动。于是，她自己设计故事，其从事电脑行业的丈夫肯·威廉姆斯将之进行编程，制作出不需要街机或卡带而在个人电脑上就可以玩的《神秘屋》。

同期的另一位创作者理查德·加略特也有类似的想法，他是 20 世纪 70～80 年代美国流行桌面游戏《龙与地下城》（DND）的骨灰级玩家。《龙与地下城》主要由地图、色子、人物卡和说明书组成，玩家分主持人和扮演者。主持人相当于旁白，负责描述世界设定和情节，同时记录扮演者的行动并参照说明书进行回应。作为扮演者的玩家专心于自己的虚拟人物，例如，剑士、巫师或精灵，他们必须根据自己"种族"的背景故事来思考，用投掷色子来获取情节，再做出符合角色性格的选择。加略特也将角色扮演放在电脑软盘中推出《阿卡拉贝》（Akalabeth），获得 15 万美元的版税。他的另一部作品《创世纪》则更接近现代意义上的 RPG 类游戏，其中，玩家创造的角色可以选择不同职业，拥有不同属性，还能通过自由探索来获得资源和装备等。由此可以看出，RPG 类游戏推动游戏产业互动创新进入一个更高发展阶段。

1987 年，在日本从事动画和插画职业的天野喜孝进入 Square Enix 公司的《最终幻想》项目，担任原画和角色设计工作。天野喜孝擅于描绘奇幻主题的作品，如会喷火的巨龙与会魔法的骑士。虽然一开始由于技术限制，他设计的人物

第一章　互动创新：游戏产业创新利器

被缩小成像素组成的二头身，但他的出色作品在很大程度上给予了初版的《最终幻想》意想不到的生命力，使其壮大到现在拥有几十部衍生作品的原创游戏大IP。在《剑指高分》纪录片中，接受采访的天野喜孝对此谈道："在像《最终幻想》这样的游戏里，随着每款版本的发布，角色也在不断变化。他们会过自己的人生，有自己的故事。"可以看到，随着互动技术的快速发展，游戏中的虚拟人物被塑造得越来越栩栩如生，玩家也越来越容易沉溺其中，形成沉浸式游戏体验的群体性社会思潮，玩家跟随角色的故事体验难过、紧张、喜悦等各种的情绪，使游戏产业的用户需求从角色扮演发展到沉浸式用户需求互动的新阶段。

所谓沉浸式用户需求互动，是指借助互动技术的即时性和情感代入的逼真环境渲染，使玩家从局外人意识的自我角色代入转变为情感内化的角色沉浸形成的互动行为及过程。可以说，在沉浸式用户需求互动的游戏过程中，大部分玩家都会在与屏幕另一端的世界或人物产生感情，这种被笼统称为"情怀"的情感也拥有从线上连接至线下的趋势，例如，美国暴雪公司在游戏中添加大量与现实有关、催人泪下的"彩蛋"。2014年，年仅26岁的《魔兽世界》新西兰玩家季米林（Kimilyn）罹患脑部恶性肿瘤，最终不幸逝世，她生前加入的Forged in Flame公会为她举行了一场悼念活动。公会成员不分昼夜，在她曾经战斗过的地图"哈兰"守灵达一个月之久。暴雪公司于是制作了一个与她同名的亡灵牧师npc，在"阿什兰"和"瓦尔莎拉"地图随机加入玩家队伍，帮助他们通关。2016年，广东工业大学生吴宏宇在见义勇为过程中不幸被害，他的最后一条朋友圈写着："有没有等《守望先锋》的？明天开服。"于是吴宏宇的朋友在论坛上发帖，希望能在游戏中留下他的一点影子，接着不计其数的玩家在网络上跟帖、转发。网易作为暴雪公司在中国的合作方，在看到消息后也向总部提出请求。暴雪便将代表吴宏宇形象的宇航员雕像放了《守望先锋》漓江塔地图中醒目的一角，背后的墙上还写着"英雄不朽"。

正如加略特在《剑指高分》纪录片中所言，"我觉得RPG游戏对社会的一个非凡的正面意义在于，它让全世界的人们通过他们的虚拟化身了解彼此，然后找到了在现实世界中认识对方的理由，再加深这些人际关系"。可以说，RPG类游戏从心理上满足了人们对于美好愿望的期盼，他们一起战斗，一起成长，一起构架包含真实情感的虚拟社区。就像因白血病离世的魔兽玩家凯利·达克在游戏邮箱中留下的诗里描写的那样："……我是清幽的黎明，弥漫在荆棘谷的林间。我是雄浑的鼓声，飞越纳格兰的云端。我是温暖的群星，点缀达纳苏斯的夜晚。我是高歌的飞鸟，留存于美好的人间。不要在我的墓碑前哭泣，我不在那里，我从未长眠。"① 上述情

---

① 荆棘谷、纳格兰和纳苏斯皆为游戏中的地图区域名称。

感代入的例子，充分反映了游戏产业虚拟与现实互动的沉浸过程与用户需求互动的价值所在。从这个意义上来看，一个国家或民族的文化影响力或软实力，在于多大程度上使不同文化、不同信仰的人们通过沉浸式游戏的需求互动来实现的。

三、现实与虚拟互动创新构建游戏产业 IP 模式

从上述基于人口统计学的用户需求互动，到角色扮演的发展，再到沉浸式用户需求互动的游戏产业发展中可以看出，游戏是现实生活的反映，现实是游戏虚拟的缩影。例如，2018 年的美国科幻电影《头号玩家》就充分体现虚拟与现实的多重交互，VR/AR 游戏不仅是技术与现实交互形成的游戏新种类，也是技术与现实交互形成的人类数字化新生活场景。正是这种互动创新，构建出游戏产业 IP 模式的发展方向，形成游戏产业具有明显外溢效应的技术经济和社会基础。

互动性是游戏语言的基本特征，互动创新构成游戏产业具有超强创造力的社会基础。对于游戏的审美参与而言，互动是不可或缺的元素之一，玩家借助各种电子感应设备与艺术作品的精神进行交互性体验，通过队友间的合作与交流来培育玩家的社交和共情能力。因此，人们经常会从互动角度来阐述游戏的教育意义①，例如，医学教育游戏《病毒来袭》模拟了疾病肆虐的现实场景，玩家通过角色扮演分别从普通民众、医务人员、科研人员三方体验人类探索和了解疾病，寻找治愈方法，最终战胜疾病的自我拯救历程。这种将 RPG 游戏引入医学教育的游戏，有机结合多种学科知识和游戏场景，通过角色扮演乃至沉浸式用户需求互动，能全方位调动学生的多种感官来提高学习效率②。

从现实是游戏虚拟缩影的精神层面来看，享乐主义构成现实社会中多人在线角色扮演游戏（MMORPG）成瘾的内在机理③，游戏互动行为中体现出强制性规范、契约性规范和道德性规范等多种社会规范，并由此衍生出玩家个人对游戏公平的追求，同侪之间的示范警示及强制性规范的威慑共同作用而形成的所谓虚拟网络空间规范④。这种虚拟网络空间规范来自用户需求的互动，属于游戏精神规范的范畴，构成游戏产业 IP 模式发展的精神文化基础，属于游戏产业社会基础

---

① 徐莺云. 电子游戏审美表现对玩家体验的影响——以互动偏向与角色扮演为例［J］. 东南传播，2020（8）.

② 马海钰，袁海虹. "病毒来袭"角色扮演游戏在医学教育中的应用探索［J］. 卫生职业教育，2021（1）.

③ Zach W. Y. Lee, Christy M. K. Cheung, Tommy K. H. Chan. Understanding Massively Multiplayer Online-role–playing Game Addiction: A Hedonic Management Perspective［J］. Information Systems Journal，2021，31（1）: 33 – 61.

④ 姜波. 网络游戏中的规范研究——以多人在线角色扮演网络游戏为例［J］. 中国青年社会科学，2021（1）.

的重要组成部分。

从游戏是现实生活反映的社会互动来看，近年来多人在线战术竞技游戏（Multiplayer Online Battle Arena，MOBA）逐渐取代 MMORPG 游戏成为中国主流的游戏类型，集中反映了中国现实社会生活中不断增强的竞争趋势。或者说，强调竞争的在线战术竞技游戏（MOBA）在中国游戏市场取代 MMORPG 成为主流游戏类型，就是游戏对数字经济时代普遍存在的竞争状况做出的直接回应。通常，MMO 是一种综合性竞争更强的游戏类型，在线战术竞技游戏（MOBA）则相对更为简化，集中在战斗阶段的游戏类型。在线战术竞技游戏（MOBA）的流行体现了社会节奏加快，用户需要更直接快餐文化的体现。因此，玩家通过在在线战术竞技游戏（MOBA）中学习与内化竞争这一现实社会的支配性逻辑，完成由"游戏人"向参与市场竞争的"经济人"的认识论转换①。这种竞争认识论的转换构成游戏产业 IP 发展模式的经济基础。

总之，游戏是现实生活反映的社会互动，现实是游戏虚拟缩影的精神互动，两者形成了游戏产业从现实到虚拟，再从虚拟到现实的互动循环，构成游戏产业 IP 发展模式的经济基础和精神文化基础。

第三节 跨文化交互影响互动创新

跨文化交互影响构成游戏产业互动创新的第三条关键实现路径，而且这条实现路径使游戏产业互动创新更具有全球化和多样化的创造性，是游戏产业作为创意产业的主要源泉。自 20 世纪 70 年代以来，美国与日本之间游戏产业跨文化交互影响构成全球游戏产业互动创新的一个典范。

一、从美国到日本的跨文化交互

众所周知，1977 年美国导演乔治·卢卡斯创作拍摄的《星球大战》系列科幻电影，影片讲述的是在大宇宙时代坚持正义的起义军如何推翻"帝国"的法西斯统治，里面描绘了多种智慧生物共存的银河共和国，各式各样的高科技飞船和宏大的星际战斗场面。这部寄予人类对未来想象的电影一经推出后就收获来自世界各地观众的喜爱，也间接影响到 20 世纪 80 年代风靡日本的首部街机游戏巨作《太空入侵者》的诞生。

---

① 邓剑. MOBA 游戏批判——从"游戏乌托邦"到"游戏梦工厂"的文化变奏［J］. 探索与争鸣，2020（11）.

西角友宏一开始的灵感来自当时美国游戏巨头雅达利公司的《打砖》（*Break Out*）游戏，玩法是通过移动砖块无限制地挡住弹珠不让其出界。他将在《打砖》中的体验放进自己的游戏设计内，让角色移动带有重复的规律性。西角起初对角色的外观有些纠结，但这时他想起了正流行的电影《星球大战》系列，就将主题设定为包含外星飞船和机器人的科幻内容。可以说，这是第一个包含策略的游戏，只要掌握章鱼外星人运动的模式来维持这种策略，玩家就可以无限制地获得分数。正如西角在《剑指高分》纪录片采访中所说的那样，"高分数的显示会激励人们玩到更高分，会想要做得更好，形成自增强的迭代吸引（Replay Appeal）"，这是游戏参与者成就感的设计理念。

从街机时代的简单数字到当代电子游戏中的各种稀有装备，这些虚拟的奖励都能让玩家在心理上获得巨大的满足感，让玩家不停地玩，甚至沉迷到忘记了时间。可以说，游戏产业的成功表明，人类的成就感和自我满足感在跨文化中几乎不存在差别，这是游戏产业跨文化交互影响的互动创新赖以实现的社会心理基础。

二、从日本到美国的跨文化交互

《太空入侵者》这部与美国颇有渊源的游戏在日本本土获得了极大成功，乃至当时市面上用于玩街机的小额日元硬币都宣告短缺，其火爆吸引了雅达利的关注。此时，雅达利通过技术升级开发出比街机更便捷的游戏卡带。于是雅达利将《太空入侵者》引入后制成卡带，使该游戏走进美国千家万户，吸引了当时无数的美国青少年，甚至引发了一场电子游戏革命，超过 30 多家电脑和电子公司开始制作类似的游戏以争夺用户。此后，美国街机的数量开始在各城市大增，当时的新闻报道称游戏产业已经发展到年营收超过 50 亿美元。1980 年，雅达利举行第一届全美电子游戏锦标赛，以《太空入侵者》为评判游戏，想参赛的少年儿童在商场交费后获得卡带，然后直接现场比赛。经过各地区预赛选拔后，最终有五名选手进入纽约决赛，来自洛杉矶的瑞贝卡·海纳曼获得冠军。

被美国市场接纳的《太空入侵者》让日本游戏企业和设计师看到了成功国际化的优秀范例，开始进一步开拓以美国为主的海外市场，其中，就有当时还默默无名的任天堂。任天堂一开始试图用类似《太空入侵者》射击类玩法的作品来吸引玩家，但当时的受众对于这种题材已经感到厌倦。于是，设计师田中宏和删除了战斗元素，进行玩法创新，改为主要靠技巧来闯关，制作出《大金刚》（*Donkey Kong*）。该游戏一经发售，两年内就为任天堂创造了约 2.8 亿美元的营收。而后，设计师宫本茂又将《大金刚》中的工装小人角色提取出来，创作了同样是技巧性闯关但玩法不同的《马里奥兄弟》，从而迅速巩固了任天堂在美国市场的地位。

由此可以看到，从日本到美国的跨文化交互不仅推动了日本游戏产业的出口，而且也培育了日本游戏产业的跨文化交互能力，孕育出任天堂这样的一代国际化游戏企业，推动全球游戏产业进入跨文化互动创新的新阶段。

三、美国雅达利冲击与日本任天堂崛起

1983 年，雅达利因错误的营销战略导致公司崩溃，连带着美国游戏产业遭遇低谷，史称"雅达利冲击"。可以说，雅达利公司在引进日本游戏产品方面曾发挥过非常积极的作用，这个由诺兰·布什内尔在 1972 创立的电脑公司是美国游戏产业的早期拓荒者，但后来随着公司规模越来越庞大，组织机构变得过于臃肿，领导层沉迷于已有地位，认为只要依靠品牌声誉和商业营销就能获得市场利益，不再注重产品质量，发行的游戏也逐渐粗制滥造。在决定将斯皮尔伯格大火的电影《ET》改编成游戏后，雅达利为了赶圣诞节促销的黄金期，只给游戏制作人霍华德·华沙不超过六周的设计时间。华沙不得不争分夺秒地工作，以至于很多细节都没办法打磨到位。由宣传上的夸大、游戏产品的低劣导致原本就对雅达利积压着不满的玩家这次终于心生厌恶，纷纷退货。此前，雅达利盲目的乐观使它生产了过多的卡带，于是导致库存积压，公司巨额亏损，不久后崩溃破产，而且连带着美国游戏产业遭遇滑铁卢。这就是所谓的"雅达利冲击"。

任天堂看准了雅达利冲击危机中的机会，推出家用游戏系统，经过美国分部设计师的改良，最后诞生了任天堂娱乐系统（Nintendo Entertainment System，NES）。这个系统搭配卡带盒、手柄等部件，玩家将其连接到电视机上，就可以与同伴一起体验《马里奥兄弟》《赛车手》《尼基小子》等游戏。1989 年，位于西雅图的任天堂分公司估算价值为 34 亿美元，占据了美国市场价值的 75%。1990 年，任天堂在美国游戏界如日中天，顺势在美国多个城市举办巡回赛，也称任天堂世界锦标赛，奖品包括巨额奖金、汽车和好莱坞假日游等。任天堂在美国游戏市场中的崛起，进一步促进日本游戏文化与美国游戏文化的交互融合。

诚然，日本与美国游戏文化的融合伴随着大量的文化冲突，或者说，任天堂的国际化道路并非一帆风顺。1982 年，美国环球影城对游戏《大金刚》提起诉讼，声称其侵犯了《金刚》系列电影的商标，并要求赔偿。当时的任天堂只是一个小公司，如果输掉官司，后果将不堪设想。任天堂聘请约翰·柯比（John Kirby）担任律师，柯比和他的团队一起来到日本，在采访设计师和观察当地生活后，认为"金刚"已经变成了流行文化中大猩猩的符号化代名词，不符合商标侵权的范围。最后，环球影城败诉。为了感谢约翰·柯比，任天堂之后推出的

游戏《星之卡比》(*Kirby*),就用约翰的姓作为其中虚拟主角的名字。

任天堂在美国的成功,也激励着世嘉等日本游戏企业纷纷进入以美国为核心的国际市场,从而演绎出日本游戏产业的高歌进展画卷。同时,美国游戏产业在吸纳日本游戏产业创意元素和市场化手段后,也依靠技术领先优势和美国强大的市场消费能力不断推出游戏创新产品,形成了美国与日本游戏文化的交互影响和融合。

四、跨文化交互促进游戏文化融合

游戏主题来自星战电影,游戏玩法来自雅达利《打砖》的日本《太空入侵者》,充分反映出游戏生成性似乎是没有边界限制的,它广泛吸收电影、小说、漫画等现实世界中的文化元素。同时,美国引进《太空入侵者》融入本土游戏产业和文化,借助举办游戏比赛等活动,从游戏虚拟世界回归现实社会活动,形成现代电子竞技的雏形,实现从虚拟文化创意转化为现实产业和市场发展,乃至推动当代游戏市场的全球化。此外,借助《太空入侵者》,日本游戏产业看到了进军美国市场的希望和竞争机会,"雅达利冲击"进一步为日本游戏产业提供了打开美国市场的宝贵机会,特别是任天堂 8 位技术崛起及世嘉 16 位技术升级的进步超越,使日本游戏企业逐步成为美国市场中与美国本土企业直接竞争的主流化企业。这幅游戏产业跨文化交互影响形成的文化大融合画卷,逐步汇聚成当代全球游戏产业地图中的各个闪光区域,也成为美国和日本文化软实力的象征之一。

更广泛地说,游戏产业跨文化交互影响也反映在泛娱乐或泛文化种类之间的交互影响与融合。例如,现在统称为泛二次元的动画 – 漫画 – 游戏的 ACG (Animation – Comic – Game) 产业,大部分人倾向于将它们混为一谈,如"动漫"。然而,事实上,这三支亚文化起初各自分离,到 21 世纪初随着媒体技术和文娱产业的发展才逐渐交织在一起。现在被热议的 IP 改编就是由有一定基础受众的漫画、小说、影视或动画互相制作衍生品。同样的现象也出现在游戏产业中,早在 20 世纪 80 年代,上文中提到的日本游戏《吃豆人》在美国风靡后就出现了其他类别的衍生,如以此为主题的流行歌曲、大量代言的产品及由其担任主角的动画节目,相当于现在的 IP 矩阵雏形。

总之,游戏产业的健康发展离不开当代信息技术的进步、用户的良性互动与不同文化间的互动交流,因此,游戏产业中技术与文化的相互推动、用户互动创新的市场需求、跨文化交互影响与融合带来的全球市场增长,构成游戏产业互动创新的三个重要推动力量。对中国而言,互联网、大数据、人工智能等新一代信息技术和实体经济的深度融合,促进工业互联网、物联网、智能制造及其服务化等中间生产与服务过程的发展，但这些中间生产与服务过程依然需要最终消费与需求来拉动。游戏产业在数字经济中的先导性，使其具有天然的拉动中间生产与服务过程的推动力。可以说，游戏产业是维系一个地区信息技术产业健康发展的市场化消费基础，而并非单纯的一种娱乐服务产业。发挥游戏产业的活力，不仅需要观念意识层面的变革，也需要从产业政策层面进行调整。

第四节　游戏产业互动创新与中国道路

互动创新既是游戏产业创新生生不息的利器，也是游戏产业作为数字经济创意产业具有强大外溢效应的社会行动基础。因此，有必要通过分析游戏产业互动创新的主要特征，阐述中国游戏产业发展的道路。

一、游戏产业互动创新三特征

从上述游戏产业互动创新发展来看，游戏产业互动创新具有三个明显特征：

第一，在游戏产业互动创新中，技术、用户、文化三者相互依存、相互影响，构成游戏产业互动创新的基本模式。信息技术尤其是互联网形成互动性的持续增强，使游戏产业获得更广泛意义用户互动的可能条件，用户互动又进一步促进了信息技术的产业化和市场化，缺乏用户互动的游戏市场难以得到良性发展。同时，用户互动都是在某个既定文化场景下出现的，因而用户互动会从生产与消费两端与既定文化元素相关联，这样就形成了游戏产业技术、用户、文化三者相互依存、相互影响的互动特征。

第二，全媒体与跨文化在游戏产业互动创新中发挥不可或缺的作用，构成游戏产业互动创新的影响模式。媒体与跨文化构成游戏产业互动创新的行为与社会载体，游戏又成为跨文化传播的全媒体载体，以至于游戏越来越具有跨文化传播的功能而成为一个国家或地区的文化软实力象征。游戏产业或泛娱乐产业的IP商业模式可以说是这种象征的集中表现形式，承载着既定文化和观念意识的传播及潜移默化的知识教化功能，使创意、创新、创业变成一种社会集体选择的文化符号。因此，游戏产业互动创新具有与全媒体和跨文化深度融合的特征。简言之，媒体与文化促进游戏互动创新。

第三，游戏产业用户自组织与社会亚文化圈的多层次、多维度互动交流，汇聚成社会集体选择的潜意识流，构成游戏产业互动创新的网络社会模式。游戏产业形成的玩家公会等社会自组织在互动创新中的集体选择，使游戏产业互动创新显示出复杂性和社会流行特征。在游戏自组织中，玩家的自主性通过玩家以"化身"的身份进入游戏虚拟场景中得以显现①，并通过与游戏产业自组织乃至其他亚文化圈构成的社会网络相联系而得到不断强化，这样，游戏产业的互动创新从单一用户需求扩展为亚文化用户需求，再扩展为更为广泛游戏自组织等社会网络需求中。在社会舆论场中，游戏自组织不仅是社会网络或舆情演化的关键节点，也是社会网络或舆情热点问题的前沿地带，其流行特征和观念意识代表着数字经济文化创意创新发展的一种集体选择风向标。因此，游戏分级制度在游戏产业发展中变得越来越重要，而且社会或监管部门对游戏产业分级制度需要构建和保持动态优化的能力。

二、中国游戏产业互动创新之路

通过上述游戏产业互动创新发展特征分析，提出以下对中国游戏产业互动创新道路的三点初步思考：

首先，中国改革开放后直接接触以美国和日本为代表的成熟的游戏产业体系，具有先天的集体性弯道超车的后发优势，中国游戏产业发展因此"三步并作两步走"缩短了诸多产业进步的阶梯，或者避开诸多类似雅达利冲击这样的商业误区。因此，中国游戏产业可以大力借助成熟期游戏产业的优势，积极引导游戏产业的分级管理与合规发展，在社会舆论等领域消除对游戏产业的误解，充分利用互联网平台的双边市场实现更高效率的用户互动，从而为游戏产业互动创新提供更宽松的社会舆情环境，提升更精准的政策支持力度。游戏产业不是数字经济中的"洪水猛兽"，而是具有高度经济和社会外溢效应的创意产业，通过不断成熟的分级制度和多维度的社会治理，完全可以趋利避害地健康发展游戏产业。

其次，基于游戏文化的包容性和开放性，兼容并蓄的创意创新特质，推动中国游戏产业构建多层次、多维度的 IP 矩阵，使游戏产业的社会责任与经济效益得到更好的结合。中国没有美国和日本多年积累下来的游戏产业经验，游戏产业的基础和社会教育还不够坚实。在全球竞争中，美国和日本拥有大量可以与游戏联动的文艺作品，如美国《星球大战》，日本题材各异的漫画以及美国暴雪《魔兽世界》，日本《最终幻想》和《塞尔达传奇》系列等通过多年发展出来的原创游戏 IP。通过一代代信息技术革新的推动，这些游戏中虚拟人物的故事变得越来越丰富，随着玩家成长，寄托着玩家的情感，在很大程度上增强了玩家的忠诚度。其中，续航时间超过 10 年，由任天堂宫本茂设计的《塞尔达传奇》更是成为沙盒类游戏（又名非线性游戏）的代表作之一。美、日游戏产业的这些经典

---

① 张文杰．"化身"自主性：网络游戏与游戏行为的组织化研究——以角色扮演类网络游戏的游戏公会研究为例［J］．东南传播，2021（1）．

产品既是中国游戏产业学习模仿的榜样，也是中国游戏产业出海竞争的直接竞品，中国游戏产业需要具有高度的包容性和开放性，才能赢得全球化竞争。

最后，中国游戏产业互动创新，比其他国家更需要在中国文化的民族性与游戏文化的共通性之间取得平衡，才能形成文化自信的突破。中国玩家数量庞大，玩家种类众多，亚文化多层次复杂，且总体上玩家人口红利尚未完全消失等因素，使中国游戏产业具有更高的生成性。同时，中国文化民族性中的特质又使本土文化与游戏文化之间的契合性有时变得更为敏感，或更容易被大众网络舆情所绑架。因此，中国游戏产业互动创新更需要在中国文化民族性与游戏文化共通性之间取得持续的动态平衡，避免因为"小学生沉迷游戏"等社会舆情干扰到国家游戏产业正常的产业化和全球化发展，或者因此而对游戏产业作为数字经济先导性产业的重要经济社会价值视而不见。在一个成熟的数字经济社会中，理性的集体选择不会将个别家庭教育不当归咎于游戏产业的互动创新上，但对于尚不成熟的数字经济社会，这是需要高度重视的产业发展合法性问题，因为这涉及游戏产业互动创新的社会文化基础。在中国游戏产业互动创新的道路上，从国家文化竞争力角度秉承的理性选择尤其重要。

第二章 游戏产业互动创新的社会基础

互动创新属于开放式创新的一种具体实现形式。互动创新在新产品开发、产品营销等领域有着长期的成功历史。本章的论述表明，企业与用户的互动创新构成游戏产业持续创新的源泉之一，但游戏产业互动创新需要相应的社会基础来支持和维系。其中，游戏企业规模与竞争、用户规模与行为、产业链发展构成游戏产业互动创新的三大社会基础。

第一节 游戏产业互动创新的企业基础

广州游戏产业互动创新的社会基础根植于中国游戏产业发展中，剖析广州游戏产业互动创新的企业基础，需要对中国游戏企业的发展有梗概性的认识和理解。下面分别从企业发展规模和市场竞争两个角度分析广州游戏产业的企业基础。

一、中国游戏企业规模的增长

腾讯、网易、三七互娱、完美世界、游族网络、多益网络、盛大游戏、畅游、巨人网络等先后涌现出来的知名游戏企业，推动着中国成为全球游戏产业主力市场。自2011年以来，中国游戏企业年度注册数量分别在2011~2012年下跌1.84%和2019~2020年下跌19.61%，但2020年游戏行业的注销/吊销企业数量较2019年有一定程度的减少（见图2-1）。

据2020年1月13日央视财经新闻报道，2019年中国游戏企业倒闭18710家（2018年为9705家），同比上升92.79%。导致大量中小游戏企业出局的主要原因有三个：一是中国游戏产业处于一个亟须建立游戏工业化的阶段中，游戏产品开发的门槛进一步提高。具体地，游戏开发的"工业化"和"差异化"成为行业

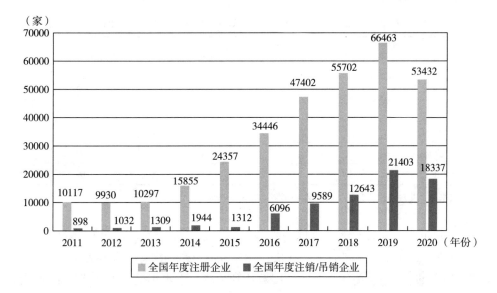

图 2 - 1 2011 ~ 2020 年中国游戏企业增减状况

资料来源：天眼查、竞核研究组（数据截至 2020 年 11 月）。

主流，中小游戏企业处于更为被动的市场竞争地位，游戏企业若想做到工业化则需要建立完善的生产线，同时要求生产线与人才能够高度融合，这无疑对游戏企业的技术和人才管理提出较高要求。二是中小游戏企业现金流偏弱，游戏版号的发放数量和审核速度更加剧了企业的经营压力。2017 年，平均每月 782 款国产游戏拿到版号，2019 年和 2020 年分别是每月只有 115 款和 111 款国产游戏拿到版号。2020 年仅 1219 款国产游戏过审，比 2019 年少 166 个。三是用户流量在不断集中，越来越趋向于腾讯、字节跳动等头部垄断企业，广告、销售费用等运营成本快速上升，游戏产业投融资热度大幅下降，中小游戏企业难以获得更多的融资。

在 2018 年中国游戏版号收紧后，中国游戏市场的投资金额快速缩减，目标为单一产品的投资事件越来越少，投资方更看重企业的长远发展和资源整合能力。例如，在广东游戏企业发起的投资事件中，仅 27.1% 的金额用于国内地区，72.9% 的投资金额都流向了国外研发型游戏企业，表明后者更受资本青睐。截至 2020 年 9 月 8 日，中国游戏行业的投资事件数达历史新低，仅为 19 起。反观 2016 年游戏行业共发生 286 起投融资事件，随后数量开始滑落，2019 年只发生 63 起（见表 2 - 1），似乎预示着中国游戏产业野蛮生长时代即将结束。

表 2 - 1   2016 ~ 2020 年 5 月广东游戏企业投资事件与方向

年份 \ 类别	投资事件（起）	投资金额（亿元）	涉及移动游戏比例（%）
2016	286	649.6	97.9
2017	188	724.6	86.7
2018	152	261.3	96.7
2019	63	91.6	90.5
2020 年 1 ~ 5 月	19	13.2	89.5

资料来源：艾瑞咨询研究院《2020 年中国移动游戏行业研究报告》。

    2020 年，中国游戏企业发展大致分两个阶段，上半年受疫情影响游戏企业倒闭严重，新注册公司数量 23730 家，注销 9505 家，增减比约为 2.5∶1。其中，6 月 3405 家游戏企业关闭，企业倒闭数达到顶峰。下半年受中国疫情控制利好影响，新注册 29044 家企业，8814 家企业注销，增减比为 3.3∶1（见图 2 - 2）。全年统计，中国游戏市场实际营收 2786.87 亿元，同比增长 20.71%。可以看出，随着 2020 年下半年中国经济走出疫情影响的阴霾，成为 2020 年全球唯一实现正增长的大型经济体，中国游戏企业获得新一轮增长的动力，为 2021 年实现更大规模的扩张奠定社会基础。

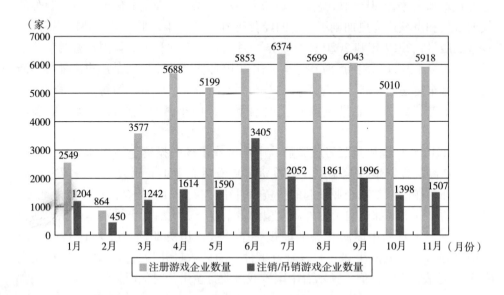

图 2 - 2   2020 年 1 ~ 11 月中国游戏企业注册与注销/吊销数变化

资料来源：天眼查、竞核研究组（数据截至 2020 年 11 月）。

随着国家对游戏版号的趋紧政策以及市场竞争的加剧，中国游戏企业的头部优势逐渐放大，进一步挤占国内中小企业的生存发展空间。这种"疫情马太效应"现象不仅在游戏产业中表现得明显，而且在其他现代产业中也表现得尤其明显。从正面来看，中小游戏企业制作的粗制滥造产品的流失会使中国游戏市场更加健康，从反面来说，近年来中国游戏市场不乏部分由中小企业制作的小而美的精品游戏，如果这些产品因为版号而无法获得上线机会，那么对中国游戏产业创新和突破也会造成不利影响。其中的主要问题不是小企业质量好的产品不能有版号，是大企业天然对有限资源保持掠夺优势，其产品线更长，政府资源更好等。虽然审核部门会刻意兼顾小企业，但等待时间、不确定性、学习成本、试错成本等申请成本实际上减少了小企业申请版号的可能。游戏产业的创意行业属性本身成功率就极低，创业公司又很脆弱，极端情况可能是企业或者产品倒闭了，版号才批准下来。因此，如何淘汰低劣中小游戏企业，同时为小而美的精品游戏产品提供上线机会，对政府的市场监管审核部门提出更高的评估与协调要求。

二、中国游戏企业的市场竞争

中国游戏产业集中度高，头部两家企业合计占据近70%的市场份额，众多中小微游戏企业仅占其中约30%的市场，市场竞争程度不断攀升。2019年，中国移动游戏上市企业前10名的平均营收增长率为24.3%，高于2018年16.73%（见表2-2），掌趣科技和恺英网络则跌出前10排行榜。同时，游戏企业前10上榜门槛连续提升，从2017年的12亿元增加到2018年的17.62亿元，再到2019年的20.52亿元，这也从侧面体现了中国游戏产业市场竞争的激烈程度。

表2-2 2019年中国上市游戏企业营收状况

排名	上市公司	代表产品	游戏营收（亿元）	涨幅（%）
1	腾讯游戏	王者荣耀、和平精英	937.35	20.48
2	网易游戏	楚留香、明日之后、荒野行动	331.58	16.25
3	三七互娱	斩月屠龙、我的帝国H5	119.89	114.80
4	完美世界	完美世界移动游戏、火炬之光	38.81	43.13
5	哔哩哔哩	命运-冠位指定、碧蓝航线	35.97	22.48
6	昆仑万维	境·界-魂之觉醒：死神、艾尔战记	31.32	4.80
7	创梦天地（乐逗）	水果忍者、纪念碑谷	24.47	17.20
8	心动网络	仙境传说RO：守护永恒的爱、少女前线	22.95	49.22
9	游族网络	女神联盟2移动游戏、刀剑乱舞	22.52	-12.29
10	智明星通	帝国战争、列王的纷争	20.52	-33.06

资料来源：艾瑞咨询《2020年中国移动游戏行业研究报告》。

2019 年，近几年来中国的游戏产业市场集中度出现首次下降，前 10 企业占中国移动游戏市场总额的 75.8%，较 2018 年的 78.86% 有所下降。同时，腾讯游戏与网易游戏的市场份额也出现小幅下滑。相反，莉莉丝、米哈游、鹰角网络等部分未上市游戏企业则在 2019 年屡创佳绩，对平衡中国游戏产业集中度发挥了一定的缓解作用（见图 2 - 3）。

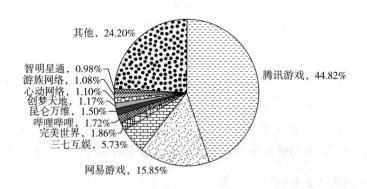

图 2 - 3　2019 年中国移动游戏上市企业的市场份额

注：仅包含上市或已经确定上市的公司的信息，美股退市后还未确定 A 股上市的公司或上市失败的公司，均不在统计范围内；仅按照移动游戏收入排行，公司其他业务不在统计范围内。

资料来源：艾瑞咨询《2020 年中国移动游戏行业研究报告》。

可以说，尽管 2018 年中国监管部门对游戏版号政策的调整对产业增长有一定的影响，但中国头部移动游戏企业依然维持在 11.11% 的平均增速。2019 年，中国头部移动游戏企业营业收入增速达到 16.62%。其中的一个原因是多家互联网平台企业进入游戏市场，例如，世纪华通、字节跳动、阿里游戏等。从市场竞争结构角度来看，这些新进入者一方面对在位者的市场份额形成挤压，另一方面也刺激了在位者对市场创新的研发投入和营销投入，从而推动中国游戏市场的增长。

概括地说，2019～2020 年的中国游戏市场竞争呈现两种特征的并存发展：一是虽然市场集中度有所下降，但头部互联网平台进入游戏市场，极大地提升了中国游戏产业的竞争程度；二是虽然腾讯和网易在中国游戏产业中的双子星地位没有变化，但三七互娱、完美世界、游族网络、多益网络等企业凭借多年行业经验积累逐步进入市场爆发期，极大地提升了中国游戏产业的市场活跃度。

三、游戏企业产品研发市场结构

根据 2019～2020 年中国游戏企业体量、市场占有率和研发投入状况，可以将中国游戏企业产品研发的市场结构划分为三大梯队（见图2-4）。第一梯队为腾讯游戏和网易游戏。腾讯游戏和网易游戏拥有强大的游戏产品研发的资金和人才实力，拥有中国最完善的游戏产品从研发到运营环节，产品在市场上受众广泛，涉及端游、页游、移动游戏等多个游戏细分市场，对行业具有深远影响。2016年腾讯游戏和网易游戏的移动游戏市场份额占中国市场的65%，2017年提高到75%。从2020年1~6月中国游戏企业APP吸金能力（IOS）TOP100的数量分布来看，腾讯共上榜32款游戏，排名第一，网易以15款游戏，名列第二，完美世界、哔哩哔哩、三七互娱等5家游戏企业均有3款游戏上榜（见图2-5）。

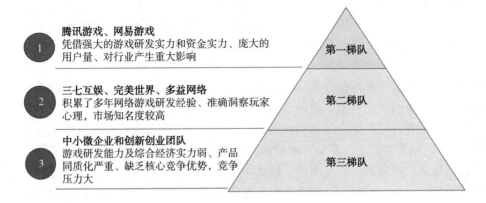

图2-4 2020年中国游戏企业产品研发市场结构

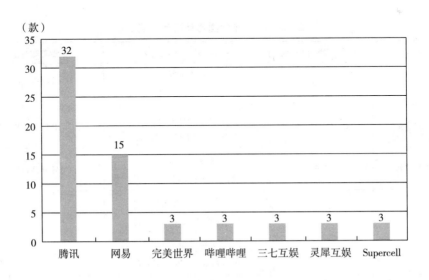

图2-5 2020年1~6月中国游戏企业Top100游戏数量

资料来源：七麦数据、国海证券研究所。

在企业调研中，部分被访者认为，腾讯和网易的产品研发优势明显。其中，腾讯在研发人数和工业化水平上依然占优，但如果将研发实力视为自主研发的水平，与腾讯相比，网易似乎略胜一筹。总体来看，第二梯队游戏企业的研发实力约是第一梯队游戏企业的 1/10 ~ 1/5，例如，完美世界、三七互娱、游族网络、多益网络、米哈游、莉莉丝、阿里等。这些游戏企业的共同特征是进入游戏产业的时间早，积累了多年的网络游戏研发经验和市场运营经验，同时也在不断完善从产品研发到运营的全产业链体系。在产品研发上，可以准确地洞察细分市场中的用户心理，以此开发出具有高吸引力的细分游戏产品，企业在中国游戏市场中具有较高的知名度。

第三梯队为众多的中小微网络游戏企业，以及遍布全国的游戏研发团队和自由职业者。与第一、第二梯队的游戏企业相比，第三梯队的游戏研发能力及综合经济实力较弱，用户数量少，但对垂直细分市场的用户心理和需求也有可能做到精准把握，从而开发出部分爆款游戏产品。诚然，第三梯队企业的网络游戏产品通常存在严重同质化现象，对游戏创新产品的知识产权保护任重道远。

总体来看，阿里凭三国志战略版异军突起，字节跳动大量收购强势介入（见附录二），完美、三七、多益、米哈游、莉莉丝等从营收规模上考察总体依然属于第二梯队。在未来一段期间内，预计中国游戏产业的上述金字塔结构还会维持较长时间。表 2 – 3 提供了 2019 年中国部分代表性游戏企业在国内移动游戏市场中的状况。

表 2 – 3　2019 年中国移动游戏市场份额

企业	市占率（境内）（%）	头部游戏及下载排名	主要游戏种类
腾讯	51.86	《王者荣耀》 免费游戏榜 2 ~ 15 名	全种类覆盖
网易	15.81	《梦幻西游》 免费游戏榜 48 ~ 252 名	SLG、RPG、MOBA 等
三七互娱	10.44	《永恒纪元》 动作游戏榜 318 ~ 870 名	MMORPG 等
中手游	2.53	《航海王强者之路》 角色扮演榜 178 ~ 453 名	SLG 等
完美世界	2.21	《完美世界》 角色扮演榜 178 ~ 453 名	MMORPG 等
哔哩哔哩	1.90	*Fate/Grand Order* 免费游戏榜 100 ~ 979 名	RPG、ACT 等

续表

企业	市占率（境内）（%）	头部游戏及下载排名	主要游戏种类
多益网络	1.52	《神武4》 免费游戏榜 41～756 名	TBG 等
昆仑万维	1.39	《龙之谷》 免费游戏榜 246～954 名	RTS 等

资料来源：头豹研究院《2020 年三七互娱企业深度研究报告》（此数据与艾瑞咨询数据有出入，见图 2 - 3）。

2020 年，随着后疫情时代诱发的数字化宅消费来临和新进入者的投入，中国游戏企业产品研发进入新一轮的投资期。总体上，腾讯和网易在中国游戏产品研发市场结构中的双子星地位不会很快发生改变，游戏产业的金字塔结构会维持一段时期。

第二节　游戏产业互动创新的用户基础

游戏用户或玩家及其活跃度，构成国家或地区游戏产业互动创新的另一个重要的社会基础。从游戏产业规模和游戏人口数量来看，中国都已经超越美国成为全球第一大游戏市场。2019～2020 年，中国游戏玩家数量增长相对缓慢，市场逐步转入玩家存量运营阶段。

一、玩家结构性调整与企业存量运营

根据《2020 年中国游戏产业报告》，2020 年中国游戏用户数量保持稳定增长，用户规模达 6.54 亿人，同比增长 4.84%。可以认为，随着游戏玩家人口红利的逐步消失，同时受到中国短视频、动漫、网络文学等其他互联网娱乐形式的分流冲击，中国游戏市场开始进入高质量发展的存量运营阶段，这将对游戏企业的运营能力和成本管理提出更高要求。同时，自 2017 年以来随着中国游戏玩家从客户端游戏向移动游戏的变迁，客户端和网页游戏玩家持续下降，而电子竞技游戏玩家规模则在不断扩大，2020 年中国电子竞技游戏用户规模达 4.88 亿人，同比增长 9.65%，形成了中国游戏市场用户的大规模结构性调整。据 Quest Mobile 统计，截至 2020 年 11 月，24 岁以下活跃用户规模达 3.2 亿人，占全体移动

网民的 28.1%，已成为移动网民中的重要组成部分。

中国游戏玩家的这种结构性调整，为中国游戏产业的互动创新注入了新的市场活力。同时，也将迫使中国游戏企业需要逐步放弃原有的依靠人口红利野蛮管理的阶段，进入企业针对存量服务的精细化运营管理新时代，具体表现在提升用户留存与 ARPU 值。伽马数据显示，2019 年中国移动游戏用户 ARPU 值达到 255 元，大致处于亚太地区平均水平。据 Newzoo 统计，北美与西欧 ARPU 值分别在 200 美元和 119 美元，表明中国移动游戏用户 ARPU 值具备增长潜力。可以预计，随着 Z 时代群体逐渐成为游戏和泛文娱主流群体，中国游戏市场 ARPU 值将会持续稳定提升，从而为游戏企业的互动创新和存量运营提供更为牢固的用户基础。

二、游戏玩家的人口统计特征

2019～2020 年，中国游戏玩家的人口统计特征主要呈现在以下三个方面：

第一，女性玩家占比及 30 岁以上青年玩家占比始终保持上升趋势，在中国一二线城市及年龄在 10～50 岁人群中，近 44% 的游戏爱好者是女性。同时，24 岁以下的青年人更愿意为游戏买单，也愿意学习付费，表明女性用户和青年用户具有高忠诚度，且消费能力较强。

第二，中国未成年人互联网高渗透率为游戏玩家持续年轻化提供强有力的人口基础。《2019 年全国未成年人互联网使用情况研究报告》显示，2019 年中国未成年网民规模达到 1.75 亿人，未成年人互联网普及率达到 93.1%，为中国游戏玩家结构年轻化趋势奠定了人口基础。

第三，游戏玩家地方分布差异显著，三四线城市的青年群体成为游戏市场的消费主体。例如，广东玩家爱"吃鸡"打《王者荣耀》，江、浙、沪玩家偏爱《皇室战争》等卡牌竞技游戏，北京玩家喜爱体育竞技类游戏，重庆、四川喜爱牌类游戏等。

总之，2019～2020 年中国游戏市场玩家的结构性调整，游戏企业更加侧重转向存量运营，中国游戏玩家的人口统计特征变化，都为中国游戏产业互动创新的方向调整提供了重要的用户资源基础。借助游戏玩家的人口统计特征，细分用户市场和精准洞察用户心理，成为中国中小微游戏企业寻求市场优势突破的重要抓手。例如，2020 年火爆的《旅行青蛙》，虽然没有腾讯《王者荣耀》、网易《阴阳师》那样月均 10 亿人以上、3 亿～5 亿人级别的流量，但也获得上亿人月流水。究其原因，主要是这款游戏抓住女性和孤独人群的人口统计特征，表明精耕游戏玩家的细分市场，成为中国游戏产品开发与运营的主要方向之一。

第三节　游戏产业互动创新产业链基础

企业与用户的互动创新不仅涉及企业与用户两方面的资源、禀赋或行为，而且与企业与用户互动创新所处的产业环境和基础设施条件也密切相关。一般地，游戏产业链主要由三个环节构成，上游参与主体主要为软硬件供应商、IP版权提供方，软硬件成本在网络游戏研发企业研发成本的占比小，通常不超过总成本的10%。中游参与主体主要是游戏研发企业，下游参与者主要包括游戏运营商、游戏渠道商和最终用户。因此，就游戏产业互动创新而言，游戏产业链的研发结构与分销结构，构成游戏产业互动创新的两大产业链基础。

一、游戏产业链开发结构

通常游戏研发企业的产品开发由产品立项、产品研发、产品测试和迭代研发四个主要阶段组成（见表2-4）。在其中的每个阶段，企业都存在与用户进行互动交流的可能和途径，用户反馈意见被及时应用于产品开发的后续工作中。同时，对于不同的用户反馈意见和互动结果，企业采取不同的分类策略进行用户意见管理，使游戏企业可以更好地与玩家共创数字化生活价值。

表2-4　游戏产品开发的四环节及其内涵

开发阶段	主要内容
立项	结合游戏市场趋势、用户需求、竞争对手情况等多方面信息，提出游戏概念，确认游戏基本玩法、美术风格、产品定位、商业模式等，并申请初步立项、完善立项建议书。立项提案通过后，由游戏评审委员会进行审核，审核通过后研发团队便可开始制作游戏Demo等
研发	立项后，组建项目研发小组（涉及游戏策划、美术制作、程序开发等成员）进行游戏Demo版制作，制作完成后提交游戏评审委员会复审。游戏评审委员会将结合用户需求、产品市场空间及技术等方面，对游戏Demo版提出反馈意见，若游戏Demo版本通过评测，则游戏开始正式研发
测试	包括内部测试、封闭测试、公开测试三个阶段：内部测试，即由企业内部人员进行测试，游戏策划、美术制作、程序开发等相关成员根据测试反馈做出相应调整；封闭测试，即企业邀请用户进行游戏内体验，以发现游戏问题并相应解决；公开测试，即企业将游戏产品发布至体验服务器，邀请大量用户试玩，并根据各项游戏运营数据及用户反馈进行修改、优化
迭代	公开测试通过后，游戏产品便可正式上线运营，企业将根据用户反馈及游戏市场热点，对游戏产品进行持续优化调整与升级更新

以移动游戏产业链的开发商、运营商和渠道商为例，开发商主要从事产品开发制作，核心优势就是产品。运营商负责游戏运营和推广，如宣传与变现，连接销售渠道和终端用户，其核心优势是资金，渠道网络和推广实力。渠道商则是导流，优势在于终端用户的数量和质量。目前，游戏产业链的内部关系是开发依赖于渠道，如果依赖程度越高，运营商对于游戏产品策划和内容的话语权就越大。这样，游戏开发的具体方向和内容可能就不是开发商说了算，运营商对于游戏产品的开发方向和内容可能有更大的决定权。其中原因是在渠道近似于垄断用户入口的前提下，迫使开发商向渠道让步，导致渠道商对游戏内容的话语权逐步增大。长期来看，游戏始终是一个以内容为核心的产物，终端不可能像电影院线那样被垄断，游戏开发商始终应该是游戏产业的核心主体。

可见，游戏产业互动创新的产业链开发结构与分销结构密不可分，两者之间的产业权力结构决定了游戏产业链的市场特征。在 2020 年的中国游戏产业链中，与分销结构中的发行商和渠道商的市场集中度相比，产品开发的市场集中度相对低，因此，游戏产业链上、中、下游的产业价值分成比例大致维持在 3∶4∶3，即开发商占 30%，发行商占 40%，渠道商占 30% 的价值结构。

二、游戏产业链分销结构

运营商和渠道商构成游戏产业链分销体系的两个主体。对于第一梯队甚至部分第二梯队的游戏企业而言，借助强大的数字平台资源整合能力和企业资金实力，通常将开发商、运营商和渠道商三种角色整合于一体。例如，腾讯自营游戏商店 WeGame，同时扮演游戏开发商和运营商的角色，负责游戏开发、产品运营和分销。网络游戏渠道商是游戏运营商与最终用户的连接者，负责为用户提供游戏下载服务。常见的网络游戏渠道商如 Steam、腾讯 WeGame 等游戏平台，苹果 APP Store、小米应用商店、OPPO 软件商店和 VIVO 应用商店等手机厂商应用商店以及 91 助手、应用宝和 360 手机助手等第三方应用商店。网络游戏渠道商具备用户资源优势，因而其议价能力高，通常获得游戏收入分成比例的 30%～50%。

游戏产业链分销结构与游戏市场流量趋势和玩家流量导向密切相关。2014 年之前，中国游戏产品流量主要集中在应用商店等渠道上，分销以联运为主流模式，渠道商对游戏产业链的互动创新具有更强的话语权，为争夺流量，部分游戏企业会以保证流水的方式获得资源倾斜。2014～2015 年，渠道流量供给能力减弱，游戏企业积极寻求外部渠道获取流量。在流量红利逐渐消失压力下，游戏买家进入野蛮发展阶段。2016～2017 年，随着今日头条等大流量平台的兴起，智能大数据投放技术，基于大数据的精准营销，基于人工智能机器学习的智能投放等模式，开始成为各大游戏企业深度发展的方向。2018～2019 年，抖音带动流量进一步向字节系靠拢，短视频的兴起推动新的买量方式不断涌现，所谓买量就是通过购买流量的方式来推广游戏，最为直观的体现就是财报中销售费用大幅增加。诚然，流量价格上升推动企业投资智能投放，买量进入精细化竞争时代。2020 年，大型互联网平台纷纷进入游戏产业，买量成本大幅递增，素材创意和产品品质成为游戏买量的核心要素。

一方面，由于微博、抖音、快手等具备游戏分销能力的超级 APP 的崛起，使游戏开发商在买量发行上拥有了更多的选择空间。虽然相较于传统游戏渠道来说，买量发行有着天然的弱势即游戏宣传阶段需要投入大量的成本进行推广，但通过买量获取的用户，其付费所产生的流水无须与渠道方进行分成，开发方可以获取更多的收益。这样，在中国游戏市场产品生命周期越来越长的背景下，买量发行提供的长远利润空间更为广阔。另一方面，由于在功能与传统游戏渠道更为接近的 TapTap 平台，区别于其他安卓渠道之处在于，不参与游戏的流水分成，从根本上保证了平台的客观性和公正性，因此，平台上的内容也更受用户认可，更受游戏企业青睐。近年来，《明日方舟》《最强蜗牛》《原神》等精品游戏，在登录 TapTap 平台后都没有与安卓游戏渠道合作，这在一定程度上体现了游戏开发商对产业链话语权的提升。

三、游戏产业链买量市场

游戏产业是投放广告指数第二大的行业，占 10%，仅次于文化娱乐业。2020 年，重点广告主 TOP100 中有 42 款是游戏（见表 2-5）。游戏产品投放广告金额与数量的增加，代表着买量效率的提升。根据热云数据《2020 年度移动 APP 买量白皮书》，2020 年中国游戏产业的买量效率在不断提高，尤其下半年提升尤为明显。这样，买量成为游戏产业的标配，企业资金实力成为行业门槛。

表 2-5 2020 年重点广告主 TOP100 中的游戏

排名	总榜排名	名称	品类	排名	总榜排名	名称	品类
1	7	三国志·战略版	SLG	10	30	荣耀至尊	传奇
2	12	云上城之歌	MMO	11	32	新笑傲江湖	MMO
3	13	剑与远征	放置	12	35	道友请留步	卡牌
4	14	率土之滨	SLG	13	42	第六天魔王	卡牌
5	16	蓝月至尊版	传奇	14	43	阴阳师	二次元
6	17	梦幻西游	MMO	15	44	少年三国志2	牌卡
7	19	乱世王者	SLG	16	45	倩女幽魂	MMO
8	21	大话西游	MMO	17	48	新神魔大陆	MMO
9	23	三国志幻想大陆	卡牌	18	49	龙纹至尊	传奇

续表

排名	总榜排名	名称	品类	排名	总榜排名	名称	品类
19	51	万国觉醒	SLG	31	78	王者荣耀	MOBA
20	52	梦幻西游	MMO	32	80	复古传奇	传奇
21	58	神戒传说	传奇	33	81	征途2	MMO
22	59	真放置三国	放置	34	82	高能手办团	二次元
23	61	魂斗罗归来	射击	35	85	明日之后	生存
24	62	战火与秩序	SLG	36	87	阳光养猪场	网赚
25	63	荒野乱斗	竞技	37	90	智谋三国志	卡牌
26	64	新射雕英雄传之铁血丹心	卡牌	38	92	我功夫特牛	休闲
27	67	神魔三国	卡牌	39	93	王国纪元	SLG
28	72	冰雪传奇	传奇	40	96	和平精英	射击
29	73	天涯明月刀	MMO	41	97	精灵盛典	传奇
30	76	少年三国志·零	卡牌	42	98	新斗罗大陆	卡牌

资料来源：AppGrowing《2020 年度移动广告投放分析报告》。

具体地，版号加速中国游戏产品的精品化，而产品开发精品化要求研发投入大幅提升，因而买量成为游戏产业的标配。买量模式需要较高的前期投入，单个用户的充值会在未来的 3~4 个月陆续回收，因而相比于传统渠道，买量对游戏企业的资金要求进一步提升。自 2016 年中国游戏产业实施严格的版号审查政策以来，运营端和买量端都对版号政策进行越来越严格的限制，2020 年 7 月苹果正式执行无版号内购/付费游戏无法上架中国区 AppStore 政策；2 月穿山甲向合作伙伴发布说明要求今后在穿山甲平台上运行的游戏类 APP 需提供版号等资质材料，运营端与买量端的变化使游戏产业市场走向规范化，过往的换皮买量打法逐渐退出市场，游戏企业开始注重单款产品的生命周期。因此，游戏产业链的渠道变革势在必行，渠道让利具体可期。

近期，苹果商店推出新政：对年收入低于 100 万美元的开发者佣金降低至15%，让利于中小开发者。相比，国内传统应用商店 50% 的分成比例似乎不合理，游戏开发商与传统应用商店渠道之间的矛盾在进一步激化，渠道变革酝酿之中。变革方向有两个：一是买量渠道从分散到集中；二是平台承担更多数据优化，买量变得更简单。在头部买量产品中，大厂精品化产品占据绝大多数，显示流量正在逐渐朝着精品内容倾斜，买量市场也从单一的效果广告向更加深度、立体化的品效合一转变，将逐渐成为未来的买量主流。例如，在 2020 年游戏企业买量榜单 TOP10 中，腾讯、网易、阿里游戏占据买量榜前三。在头部买量企业中，游戏大厂和老牌买量企业占了 80%（见表 2-6）。可见，买量市场的头部效应尤其明显。

表 2 - 6 2020 年游戏公司买量榜单 TOP10

序号	公司名称	投放指数
1	广州网易计算机系统有限公司	100.621
2	深圳市腾讯计算机系统有限公司	85.405
3	上海游族信息技术有限公司	76.138
4	北京比特漫步科技有限公司	73.669
5	杭州网易雷火科技有限公司	73.544
6	江西贪玩信息技术有限公司	60.770
7	武汉掌游科技有限公司	58.230
8	南京网眼软件有限公司	56.015
9	江苏腾奕网络科技有限公司	53.608
10	上海小鲜网络科技有限公司	52.262

资料来源：DataEye《2020 移动游戏全年买量白皮书》。

在买量渠道上，腾讯和字节凭借着产品形态的多样性和普及性，牢牢占据第一梯队位置，百度、阿里和快手等占据第二梯队位置（见表 2 - 7）。在各渠道重点游戏题材的投放分布上，字节系平台在现代类、传奇类题材的占比更多，而腾讯系则较为平均。在重点游戏玩法的买量占比上，无论是腾讯还是字节，抑或是其他的买量渠道，MMORPG 都占了绝对的大头。具体到素材内容层面，在视频素材内容以及呈现的效果上，则越来越依赖短视频的创意和质量，内容主体主要来源于网络热梗、游戏主播、明星等。其中，3D 制作类素材及真人剧情类素材占比在不断攀高，这样，游戏买量进入短视频内容营销时代。

表 2 - 7 2020 年中国游戏产业买量渠道结构

第一类	腾讯广告		巨量引擎
	微信广告		今日头条
	QQ 广告		抖音
	腾讯视频广告		抖音火山版
	腾讯新闻广告		西瓜视频
	腾讯信息流广告		懂车帝
	优量广告		FaceU 激萌
	腾讯音乐广告		穿山甲
			TikTok
第二类	百度营销	阿里汇川	有道智选
	快手	爱奇艺	
第三类	趣头条	虎扑	

资料来源：DataEye《2020 移动游戏全年买量白皮书》。

总之，正如本书第二章所阐述的那样，企业与用户互动创新不仅构成游戏产业持续创新的利器，也是游戏产品对玩家具有持续黏性的魅力所在。任何一个国家和地区，游戏产业成为当地先导产业或先进产业的基础，都离不开互动创新。因此，游戏产业的互动创新必然与当地的游戏企业基础、用户基础及游戏产业链基础紧密地联系在一起。考察 2020 年广州游戏产业的发展，企业与用户互动创新正在从传统的用户反馈采纳模式向数据驱动的互动创新模式转变。诚然，虽然现实中这种转变还不是特别明显，但趋势已然。

第三章 广州游戏产业与湾区游戏军团

广州游戏产业的蓬勃发展，既得益于中国改革开放前沿的市场化底蕴，也得益于以广东为代表的中国南派企业家精神的创新创业文化，具体体现在广州游戏产业精神——科韵路文化，同时与广东、广州、深圳等各级地方政府的激励性政策措施紧密相关，例如，广州在全国率先出台支持新兴创意产业发展的政策。经过近 20 年的发展，在粤港澳大湾区形成了独具特色的湾区游戏军团。一方面，本章通过分析广州游戏产业的发展特征与规模变化，阐述广州游戏产业发展的内在规律和特征；另一方面，通过以广州游戏产业为案例，结合深圳游戏产业，首次提出"湾区游戏军团"的概念，并定义其内涵。在此基础上，从湾区游戏军团的互动创新视角分析广州游戏产业及其在中国游戏产业发展中的影响和地位。

第一节 广州游戏产业发展与特征

一、广州游戏产业发展

自 2000 年以来，以网易为代表的广州游戏产业先后经历萌芽、端游、页游到移动游戏的发展。2006 ~ 2015 年，广州游戏产业的发展出现井喷现象，诞生三七互娱、多益网络、四三九九等一批年超 10 亿元净利润、入选中国互联网企业 100 强的知名游戏企业，广州成为中国的"无冕之王游戏之都"。

2019 年，广州游戏产业法人单位数 260 家，上市公司 14 家，营业收入约538.94 亿元，同比增长约 12%（资料来源：《2019 年广东省游戏产业报告》），位居全国前列。据中新网报道，2019 年广州游戏产业对广州国内生产总值（GDP）的贡献率为 2.47%。《2020 年中国游戏产业报告》显示，2020 年中国游戏市场收入 2786.87 亿元，同比增长 20.71%。2020 年广东省游戏产业的直接从业人口超过 4 万人，《2020 年广东省游戏产业报告》显示，2020 年广东游戏产业收入 2132.1 亿元，同比增长 21.5%，结束连续三年增长速度下滑的局面。2020 年广州游戏产业收入 646.03 亿元，占全国游戏产业收入的 23.18%。图 3-1 提供了 2018~2020 年广州游戏产业收入增长概况。由图 3-1 可以看出，近三年来，广州游戏产业总体呈现稳中增长的态势，年增长率从 2019 年约 12% 增长到 2020 年的 19.8%，增长率提升超过 60%，反映出广州游戏产业增长的总体态势是稳中进取，在结构性调整中形成了新一轮的创新增长势头。

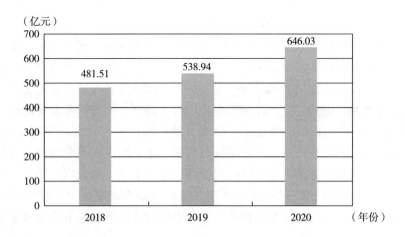

图 3-1　2018~2020 年广州游戏产业收入增长

资料来源：根据近三年广东省游戏产业报告推算。

二、2020 年广州游戏产业三大特征

总体来看，2020 年广州游戏产业的发展呈现以下三个主要特征：

第一，以科韵路文化为核心的广州游戏产业精神得到进一步挖掘、巩固和弘扬，逐步形成广州游戏产业精神的文化内涵和产业品牌形象。广州游戏产业精神成为以广东为代表的中国南派企业家精神的创新创业文化的重要组成部分，也是新粤商创新创业文化的具体产业载体之一。

广州天河区科韵路是广州游戏产业的发源地。科韵路北起天河智慧城，南连琶洲互联网集聚区，全长 11 千米，既是伴随改革开放依靠市场化资源逐步形成的游戏产业资本、技术、人才密集区，反映"有效市场"的效率，也是广州天河区政府着力打造的大湾区数字经济与游戏产业创新创业示范区，体现了"有为政府"的作用。早在 2012 年的中国页游平台开服数量 TOP20 中，广州游戏企业就占据 9 家，其中，近半数企业发迹于科韵路。目前，科韵路沿线的 8 家园区讲

述着一条街 7 家上市游戏公司的产业故事，网易、YY、UCweb 等著名或知名游戏企业从这里走向全国，四三九九、欢聚时代、多玩游戏等也曾在此起步；现象级游戏《梦幻西游》《阴阳师》等也是在此由网易开发。

科韵路已不再仅仅是广州天河区的一条街道名称，已成为广州游戏产业精神的发源地和广州游戏产业创新创业文化的代名词。广州游戏产业的蓬勃发展和在全国的领先地位和影响力与科韵路文化紧密相关，科韵路代表着中国南派企业家精神中务实低调、包容合作、聚焦效益的创新创业文化。这种文化鼓励和倡导通过资本、经验、技术等资源不断支持自身体系内的人才，支持团队再创业，形成一种良性健康的网络生态。在广东这片改革开放的热土上，互联网行业吸引了大量的科技创业者从四面八方来到广州、深圳两个一线城市，但有趣的是游戏产业的主力从业者通常不是广东本地人，而是那些自称的"新广东人"。

以 2013 年前后广州游戏企业开发出的买量商业模式为例，在渠道为王时代，买量是游戏企业寻找增量市场的最佳途径。与渠道上有限的资源空间相比，流量平台有着更大的资源空间，成为中小微游戏企业与腾讯、网易等头部企业抢夺市场资源的重要运营模式。买量曾是广州游戏企业在游戏行业独有的运营模式，后来从广州传播到深圳，又进一步传播到上海和北京，发展成为当今中国游戏产业运营的标准商业模式。

第二，广州的游戏产业力量主要分为两类：一类是以网易、多益为代表的在端游时代就非常强且几乎是跳过了页游直接进入移动游戏时代的游戏公司，并且至今端游仍然很强；另一类是以三七为代表的在端游时代相对弱，页游时代崛起并成功转型为移动游戏的游戏企业。广州游戏产业总体完成从网页游戏向移动游戏的产业结构性转型，通过吐故纳新再造产业竞争力。这种结构性转型不仅提高了广州游戏产业当今的市场竞争力，而且在未来 3~5 年也将提升和夯实广州游戏产业的市场竞争基础。

2020 年，广州游戏产业通过从网页游戏到手机游戏的艰难转型来寻求凤凰涅槃般的再生之路。同时，广州游戏企业的结构性转型也形成市场份额的极化效应，即 1% 的游戏企业占据 80% 的游戏市场份额。2020 年广州网页游戏总收入 34.6 亿元，同比下降 31.4%，颓势难挡。虽然广州网页游戏收入仅占广东省游戏收入的 1.6%，但却占到全国网页游戏收入的 45.5%。与此同时，广州移动游戏收入则大幅增长，由此广州游戏企业形成产业结构的吐故纳新转型。据易简财经不完全统计，与 2018 年初相比，2018 年末科韵路上的游戏企业至少消失了 100 家以上，表明广州游戏产业结构性转型是痛苦和艰难的，但却是必要和关键的。

总体来看，移动游戏大幅度增加的原因主要有两点：一是互联网技术应用普及，智能手机的大发展，让移动端的运算能力、显示效果、操作空间等有了极大改善，适合游戏情境；二是移动网络大发展，主要是4G，速度快，且流量变便宜了，然后才能发挥随时可以玩的优势。随着5G网络的普及应用，网页游戏用户开始大规模转向移动游戏。可以说，这种趋势与全球游戏产业结构转型一致，根据 Newzoo《2020年全球游戏市场报告》，移动游戏构成当今全球游戏产业中最大的细分市场，同时全球网页游戏的收入估计会从2020年的30亿美元进一步降到2023年的18亿美元。

第三，广州游戏产业大规模投资和应用大数据和人工智能技术，企业与用户的互动创新从以往基于用户行为、基于计算机小数据统计分析的用户反馈采纳模式转变为人工智能的高度智能化反馈采纳模式，广州游戏产业进入大数据精准营销、人工智能机器学习等智能投放、人与AI协同研发创新时代。具体而言，以下两个方面是主要的推动因素：

首先，2020年中国游戏产业人口红利快速流失，一方面，广州游戏企业通过向移动游戏的结构性转型来应对挑战；另一方面，通过采纳大数据和人工智能技术来提高存量运营的效率。同时，伴随抖音带动流量进一步向字节系的靠拢，流量价格上升迫使广州游戏企业强化运营的智能投放，短视频成为一种新型的买量方式，买量商业模式也从粗放型向精细化转型。

其次，电子竞技与游戏直播的兴起也极大地刺激了广州游戏企业强化大数据和人工智能在游戏开发与运营中的应用。电子竞技游戏、直播、赛事及俱乐部构成当今电子竞技产业的三个重要组成部分。其中，电子竞技游戏板块占据主导地位，直播板块次之。我们知道，电子竞技发源于游戏，游戏也是电子竞技的内容提供者，不少游戏产业龙头企业自然成为电子竞技行业龙头。同时，直播市场是2019～2020年电子竞技产业增速最快的领域。在游戏直播领域，广州虎牙迅速成为中国最大的游戏直播平台，2019年直播业务收入80亿元，同比增长79.5%。诚然，虽然广州电子竞技企业在广东和全国的占比较高，但广东省电子竞技企业数量位居全国第一，占全国比重的19.7%。

第二节　湾区游戏军团与互动创新

一、湾区游戏军团的概念

湾区游戏军团，是指一个国家或地区沿某海岸城市群逐步发展形成的游戏产业高度聚集区的游戏企业集群和产业链网络。湾区游戏军团既不是一个单纯的企业集群概念，也不是一个纯粹地理空间集聚的产业带，而需要具备两个关键特征，一是游戏产业高度集聚区的企业集群概念，二是相对完整的游戏产业链网络概念，构建较为完整的游戏产业研发、分销和渠道体系，形成相对成熟的创意设计、资金、资源和人才等创新创业要素的社会网络。综观全球游戏产业发展的地理空间特征，美国加州大旧金山湾区、日本大东京湾区，中国粤港澳大湾区大致符合上述概念的内涵，形成了美、日、中三国的湾区游戏军团。例如，在 2016年全球收入前 10 的手游企业中，有 8 家企业分布在三大湾区，如以暴雪、《精灵宝可梦 GO》开发商 Niantic 和 MZ 为代表的旧金山湾区，以 Mixi、万代南宫和 Line 为代表的东京湾区，以腾讯和网易为代表的粤港澳大湾区。

美国大旧金山湾区游戏军团。根据 2020 年美国娱乐软件协会（Entertainment Software Association，ESA）报告，虽然美国游戏企业分布于全美 35 个州和哥伦比亚特区，其中，262 家位于美国西海岸（56%），90 家在南方（19.2%），85家位于美国东北部（18.2%），30 家位于美国中西部（6.4%）。同时，排名前五的州分别是加利福尼亚州 213 家（45.4%）、纽约州 48 家（10.2%）、得克萨斯州 32 家（6.8%）和马萨诸塞州 20 家（4.3%）。可以看出，美国加州大旧金山湾区的游戏企业数量几乎占到全美游戏企业的 50%，拥有微软游戏工作室（Microsoft Game Studios）、暴雪娱乐（Blizzard Entertainment）、美国艺电（Electronic Arts）、谷歌游戏（Google Play Games）等著名游戏制作和发行企业，出品《帝国时代》系列，《心灵杀手》《自由枪骑兵》《星际争霸》《炉石传说》《魔兽世界》《FIFA》系列，《极品飞车》系列，《模拟人生》系列等，显示出美国大旧金山湾区游戏军团在全美乃至在全球游戏产业中的领导地位和影响力。

日本大东京湾区游戏军团。据伽马数据和 Newzoo《2019 日本移动游戏市场调查报告》，2019 年，日本移动游戏市场规模预计达 114.8 亿美元，近三年复合增长率达 18%。日本游戏企业主要分布在大东京湾地区，例如，总部位于日本京都市的任天堂（Nintendo）、世嘉（SEGA）、索尼（SONY）、万代南梦宫（BANDAI NAMCO）、卡普空（CAPCOM）等，出品了《马力欧》《宝可梦》《塞尔达传说》《海贼王》《龙珠》《街头霸王》《洛克人》《生化危机》《鬼武者》等系列游戏。大东京湾游戏产业军团成为继加州大旧金山湾区之后崛起的全球第二大游戏产业开发与运营军团，在全球游戏产业发展中具有举足轻重的地位和影响力。

粤港澳大湾区游戏军团，以广州和深圳为两个产业增长极，构建起中国游戏产业的湾区军团。截至 2021 年 2 月中旬，在 2020 年中国游戏企业数量排名前 10省份中，广东省以 96493 家游戏企业（占全国的 38.63%）高居榜首（见图 3 - 2）。其中，粤港澳大湾区（不含港澳）游戏企业有 89899 家（见图 3 - 3），占广东省游戏企业总数的 93.16%。从这个数据来看，以广州和深圳为核心的大湾区内游戏产业近似等同于广东省游戏产业。

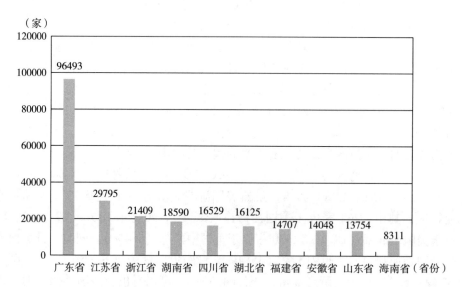

图 3 – 2　2020 年中国游戏企业数量 TOP10 省份

资料来源：天眼查、竞核研究院。

根据图 3 – 3 可以看出，广州游戏企业数量占广东省游戏企业总数的近 60%，占大湾区游戏企业总数的 62.1%。这表明广州游戏产业在湾区游戏产业规模上独占鳌头。广州和深圳两个产业增长极中游戏企业数占大湾区总数的 87.7%，反映出广州和深圳在湾区游戏产业发展中的双子星地位。

2020 年广东省游戏产业收入 2132.1 亿元，占全国比重的 70% 强。其中，广州是中国游戏企业数量最多的城市，共有游戏企业 55831 家，既有网易等头部企业，也有三七、多益、百奥互动、宝通科技等骨干企业（见附录一），以及众多中小微企业，孵化出 YY、虎牙、CC 三大知名直播平台，出品《梦幻西游》《阴阳师》《神武》《永恒纪元》等多个游戏系列。

根据《2020 年广东省游戏产业报告》，湾区游戏军团拥有 49 家上市企业，全国占比 23.8%，收入 5 亿元以上的游戏企业有 25 家。在 2020 年中国游戏企业 50 强中，与上海并列第 1（各 11 家企业入榜）。2020 年，在粤港澳湾区游戏军团中，腾讯、网易和三七互娱三家企业收入超 100 亿元，7 家企业超 20 亿元，15 家企业超 5 亿元。据 2020 年 8 月 AppAnnie 发布的数据，在中国游戏企业出口排行榜中，网易排名第 3，欢聚网络排名第 7，四三九九排名第 9，三七互娱排名第

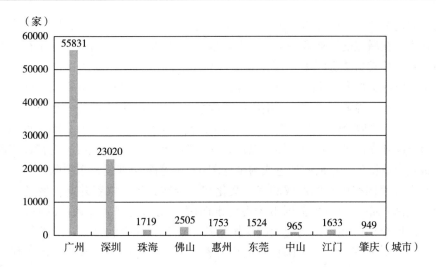

图 3 - 3　2020 年粤港澳大湾区游戏企业的地理分布结构

资料来源：笔者根据天眼查网站数据汇总（数据截至 2020 年 2 月）。

14。其中，网易《荒野行动》进入日本市场，成为国民级游戏产品。2020 年，《荒野行动》仅 5 月 1 日当天吸金 860 万美元，夺回日本 iOS 畅销榜冠军宝座，并且创下发行以来同比增长 47% 的最高纪录。

二、大旧金山湾区游戏军团的互动创新

大旧金山湾区主要指以旧金山、奥克兰和圣荷西为核心形成的城市群区域，是美国嬉皮士文化、近代自由主义和进步主义的核心文化区域，拥有斯坦福大学、加州大学伯克利分校及美国最大的艺术设计院校——旧金山艺术大学等著名学府。根据 2020 年美国娱乐软件协会（ESA）报告，狭义的美国产业从业人数为 63493 人，美国游戏发行商、开发商共提供了 61230 个岗位（占游戏业总雇员的 42.8%）。其中，纯游戏开发商共计 1518 家、员工数共计 40676 人；既开发游戏又发行游戏的企业共 86 家、员工数共计 16921 人；纯游戏发行商有 61 家、员工数共计 3633 人；除此之外，平台和媒体共计 60 家、员工数共计 2263 人。广义美国游戏业从业人数超过 14.3 万人，包含游戏开发、硬件、渠道、平台、分销商在内的企业数达 11427 家。其中，这些游戏企业主要聚集在加州大旧金山湾区以硅谷为核心的地带。总体来看，以加州大旧金山湾游戏军团为代表的美国游戏产业有三个明显特征：一是快速吸收全球游戏创新元素，是全球游戏产业创新创业的领军团队；二是多元文化基础下的游戏产品与服务的多样化，是全球游戏产业最具活力的竞争市场；三是依托完善的游戏产业教育体系，形成全球游戏产业商业模式的创新平台。大旧金山湾区游戏军团的这三个特征均与互动创新紧密相关。

首先，在激烈的产业竞争中，暴雪娱乐、美国艺电等老牌游戏企业生存下来并得到发展，其成功关键因素之一是其形成与用户高效互动创新的反馈调整优化机制，避免出现类似雅达利（Atari）冲击或中国的血狮事件的严重影响。同时，微软游戏工作室、谷歌游戏等旧金山湾区游戏军团新贵借助强大的技术创新实力和资金实力，快速吸收全球游戏创新元素，旧金山湾区内游戏产业新旧军团元素相互融合，形成以领先技术创新为主导，以强大资本为纽带，以主流化市场为目标驱动的美国游戏产业特色，且借此特色成为全球游戏产业创新创业的领军团队。

其次，美国移民立国形成的多元文化和对全球文化的兼容并蓄，使各个国家和地区的游戏企业纷纷将美国市场视为走向国际化和全球品牌宣传的首选市场。同时，以旧金山游戏军团为代表的美国游戏企业又充分吸收日本、欧洲等不同游戏产品开发的元素，融入美国自身文化元素中，使旧金山湾区游戏军团为代表的美国游戏产品及周边服务呈现全球视野下的多样化，美国游戏市场也成为全球游戏产业最具活力的竞争市场。在这种背景下，全球各国游戏企业先后在旧金山湾区设置研发机构乃至全球研发总部，这些游戏研发投资又进一步推动旧金山湾区游戏军团的视野全球化和文化多样化。从中可以看出，游戏产业的互动创新不仅是企业与外部或内部用户的互动创新，还包括不同种族、不同宗教、不同文化或区域之间的互动创新。这既是游戏风靡全球的魅力源泉，也是各民族文化与信仰之间相互融合的突出表现形式，民族的文化自信在数字经济时代首先体现在游戏文化的自信中。

最后，美国游戏产业教育体系完善，游戏教育与游戏开发之间保持紧密的互动关系。更广泛地说，游戏已经成为美国教育文化中的一种标准思维形式，正如 Lawrence J. Cohen 在《游戏力》中强调的那样，游戏不仅可以帮助受教育者探索世界，而且也可以帮助他们理解每天接收到的信息，同时还可以帮助他们从生活的挫折中振作起来。正是在这种一切皆可游戏的开放式教育思维与行为中，美国游戏教育成为全球最具竞争力的服务出口之一。在这强大的创新性游戏教育与人才基础上，以旧金山湾区游戏军团为代表的美国游戏市场成为全球游戏产业商业模式的创新平台，衍生出诸多引领全球游戏商业模式的创新项目。以 Steam 平台创新商业模式为例，通过互联网平台有效消除了游戏产品分销中进口商对游戏产品的"议程设置"弊端，将分销商选择游戏产品转变为由开发商自由投放产品，玩家通过服务体验集体选择的商业模式创新，从而在全球范围内将玩家转化为数字生产资料。这种变革是革命性的，从而开创了游戏产业的"玩工时代"。

三、大东京湾区游戏军团的互动创新

大东京湾区包括东京都、神奈川县、千叶县和埼玉县组成的"一都三县"

核心区，而且包括东京、横滨、川崎、千叶和横须贺等组成的城市群区域。虽然大东京湾区也是日本最大的工业区，但其服务业增加值占区域国内生产总值（GDP）的82%～85%，显示出服务产业在大东京湾区产业中的绝对领导地位。在大东京湾区的服务产业中，虽然金融、贸易、研发、咨询、工程服务、法律与税务等为高端制造业提供生产性服务业非常发达，但游戏、旅游、绘画音乐艺术等文旅消费性服务业在大东京湾区服务业中依然几乎平分天下，显示出旅游文化产业在东京湾区中的地位和影响力。

面对以旧金山湾区为代表的美国游戏产业的高速发展，尤其是美国游戏产业在全球的快速扩散形成的新的技术和艺术结合的创新机会，以任天堂、世嘉、索尼、卡普空等为代表的大东京湾区游戏军团敏锐洞察全球游戏产业的发展动向，及时抓住游戏行业的变化脉搏，形成了日本游戏产业互动创新的三个明显特征：一是将游戏作为载体，将其他文化元素与载体融为一体，极大地丰富了游戏的表现形式；二是将高复杂度的故事内容融入游戏，极大地推展了游戏的内容丰富度，从而使游戏反哺漫画、动画等其他文化产业；三是高度关注细分受众的个性化需求，注重女性游戏市场，在全球推动女性和小众群体的游戏体验和需求。

首先，基于本国乃至东亚文化和游戏产业市场创新的突破口，聚焦于游戏产品的娱乐性或可玩性及由此带来的周边服务增值效应作为创新的主线索，在全球竞争中创造性地将游戏作为载体，将漫画、音乐、戏剧等其他文化元素融入游戏于一体的研发思路，强调游戏原本的娱乐性和大众性，从游戏设计到运营都极大地丰富了游戏的表现形式，从而在全球游戏产业发展中形成了日本风格。例如，2004年前后，任天堂改变以往的研发思路，大力提倡游戏的娱乐性和大众性，使NDS、Wii游戏玩家数量快速增长。同时，NDS凭借其简单的操作和休闲游戏作品在儿童和休闲玩家中获得成功，Wii也以体验感和家庭娱乐游戏模式在家庭和儿童玩家中获得成功[①]。

其次，游戏已成为日本的代表性文化之一，以大东京湾区游戏军团为代表的日本游戏产业通过游戏从各个方面重新编码和诠释日本民族的社会生活和想象力，将高复杂度的故事内容融入游戏，极大地推展了游戏的内容丰富度。在日文语境中，游戏对故事的启用，不仅反映游戏自身进化的需要，而且折射出日本社会深层的文化元素和结构特征，即反映出工业化成熟的富裕国家的国民对精神寄托的更丰富需求，日本国民不再满足于共享某个单一宏大叙事来诠释未来生活，或用于缓解生活压力，而是迫切需要通过虚构各种宏大叙事的方式一方面弥补原本宏大叙事本身的不足，另一方面展示民族想象力和对未来理想生活的诠释，因此，20世纪80年代

---

① 新时代证券股份有限公司.日本游戏产业演进史之一：市场篇 光荣与混沌的四十年［A］.2017.

日本二次元游戏产品多通过虚构宏大叙事来获得成功①。任天堂等大东京湾区游戏军团企业对此做出了世界性贡献。同时，再借助游戏的成功反哺日本漫画、动画等其他文化产业，从而推动了文化产业的数字化大融合。

最后，以大东京湾区游戏军团为代表的日本游戏产业高度关注细分受众的个性化需求，注重女性游戏市场，在全球推动女性和小众群体的游戏体验和需求，进而引领全球兴起的游戏现实主义潮流。例如，在产品研发上通过开发女性游戏、恋爱游戏等面向二次元文化的游戏产品，将游戏虚拟与现实行为融合起来。2015 年日本游戏开发及运营商 DMM 与游戏制作公司 Nitro + 合作开发面向女性玩家的网页游戏《刀剑乱舞 – ONLINE》，不仅增加了人们对历史的关注，而且对日本刀剑历史、文化圈形成重要影响，同时带动了动画、音乐剧、舞台剧、电影等游戏相关产业的发展，取得了很好的文化传播效果②。同时，大东京湾区游戏军团采取游戏分销的现实主义手法，代表性方式如在中国市场 Fate Go 有针对性地选择代理商实现成功推广，Pokemon Go 基于精品 IP 合作开发模式实现全球发行而成为世界级头部手游之一，从而在全球推动女性和小众群体的游戏体验和需求。

四、粤港澳大湾区游戏军团的互动创新

广州和深圳构成粤港澳大湾区游戏产业的两个增长极，佛山和江门成为广州游戏产业的副中心，珠海、惠州和东莞成为深圳游戏产业的副中心，中山和肇庆游戏产业为大湾区游戏军团的新兴基地。其实，中山也是传统游戏产业基地，主要生产街机、家用游戏机及配套的游戏。与珠江三角洲城市群游戏产业相比，中国香港和中国澳门游戏产业在粤港澳大湾区游戏军团中权重小，但不可或缺。长期以来，中国香港本土游戏产业发展缓慢，但游戏玩家群体基础雄厚，游戏玩家约占人口总数的 40%，移动游戏玩家超过游戏玩家总数的 80%，中国香港游戏市场规模位居全球前 40 名左右。其中，雄厚的资本支撑中国香港玩家中拥有大量的鲸鱼型玩家，游戏玩家付费率高，且付费额高。中国澳门博彩业发达，博彩业与电竞产业有天然的产业资源联系，使中国澳门有望成为粤港澳大湾区游戏军团着力发展电竞产业的国际桥头堡之一。例如，2020 年下半年，广州游莱互动集团（Game Hollywood）着力打造澳门电竞市场等，在一定程度上反映了湾区游戏企业的这种产业战略意图。

与大旧金山湾区、大东京湾区游戏军团相比，粤港澳大湾区游戏军团也形成了自身三个主要特征：一是吸收兼容美国和日本游戏产业成功经验，结合中国文化和广东开放经济情境，通过群体性弯道超车实现游戏产业从野蛮生长到有序竞争的产业结构转型升级；二是在游戏开发与运营中，湾区产业群内部快速学习，产业群外

---

① 邓剑. 日本游戏批评思想地图——兼论游戏批评的向度［J］. 日本学刊，2020（2）.
② 吴悠然.《刀剑乱舞 – ONLINE》游戏的文化与经济效应研究［J］. 艺术研究，2019（1）.

部取长补短，产品开发与运营多轮迭代，形成中国游戏产业"快鱼"竞争模式；三是在游戏产业发展中，较好地将有效市场与有为政府相结合，大湾区游戏产业较好地实现稳健发展。

首先，作为后来者，粤港澳大湾区游戏军团可以充分吸收美国和日本游戏产业的成功经验，规避两者在前期发展中遭受的挫折教训，强化结合本国文化乃至广东开放经济的具体情境，通过多轮多方向的引进、消化、吸收和创新的步骤，以中国香港市场为首选出海桥头堡，逐步实现从模仿到自主原创的群体性弯道超车，实现游戏产业从野蛮生长到有序竞争的产业结构转型升级，孕育了腾讯和网易两个世界级游戏明星企业，以及三七互娱、多益网络、百奥互动、宝通科技等具有全球竞争力的潜力明星企业。

其次，在游戏开发与运营中，粤港澳大湾区游戏产业群内部的企业之间快速学习，游戏产业群外部之间取长补短，游戏产品开发与运营模式之间多轮迭代，形成了粤港澳大湾区游戏军团创立的"快鱼"竞争模式。这种竞争模式强调对全球游戏产品开发思路与潮流的敏锐洞察，对以美国和日本为标杆的游戏头部企业创新方向的及时把握，对国家产业政策和竞品市场动态的全局性剖析，及时调整自身从产品研发到分销运营各个产业链环节的资源和能力，从而在市场竞争中实现"快半拍"的先动优势。

最后，粤港澳大湾区游戏军团的发展，与广州、深圳等珠江三角洲各级地方政府的敏捷型产业政策分不开。无论是广州市各级政府还是深圳市各级政府，都将游戏产业视为地方创意创新产业体系中的支柱角色，承载着发力数字经济的产业振兴职责。例如，广州天河区政府推动成立天河区游戏动画产业联盟，在棠下城中村旧厂房设立盛达电子信息创新园，为园区内企业实现资源共享提供交流平台。2021年1月，天河区政府发布《广州市天河区关于扶持游戏产业健康发展的实施意见》，例如，对营收亿元以上新落户游戏企业，分三年给予最高1.5亿元奖励，以此着力打造一批实力雄厚、具有较强竞争力的大型游戏龙头企业。通过类似的政策措施，使粤港澳大湾区游戏军团的发展受益于市场化竞争。

第三节　广州游戏企业互动创新的特征

作为粤港澳大湾区游戏军团的主力，广州游戏企业互动创新具有融合面广、消费市场牢固、区域内竞争交互的三个主要特征。

一、广州游戏企业互动创新的融合特征

广州游戏企业互动创新的融合面广，与三大湾区游戏产业的趋同趋势不分开。美国与日本游戏产业发展长期相互学习，中国也在向美日模式不断靠拢，未来美、日、中三国湾区游戏军团通过跨边界的相互学习而会日益趋同，这种趋势有利于全球游戏产业的良性发展。例如，大东京湾区游戏军团创立的面向女性玩家、二次元玩家等游戏现实主义开发导向，也被大旧金山湾区游戏军团、中国粤港澳大湾区游戏军团所吸收和转化，成为全球游戏产业研发与运营的一种创新方向。广州游戏产业互动创新充分体现了这种全球化吸收能力。同时，结合自身文化和情境的再创作，形成自身特色的游戏产品。

例如，《梦幻西游》的整体设计源自《西游记》《仙剑奇侠传》等中国经典文化和武侠小说，通过中国风的充分植入构成唯美完整的故事情节。同样地，《神武》也以中国多个神话故事为背景，辅以多样化的门派设置、画面、活动玩法和各种创新的游戏系统，搭建起大型多人在线角色扮演游戏。这些出品成为广州游戏企业融合中国传统文化元素再造现代游戏故事的经典作品。又如，《阴阳师》游戏中的和风元素和剧情以《源氏物语》中古日本平安时代为背景，讲述阴阳师安倍晴明于人鬼交织的阴阳两界中探寻自身记忆的故事。长期以来，"阴阳师"是隐藏在中日韩乃至东南亚部分国家民众中的一种集体文化记忆[①]，可以说该出品高度融合了东亚文化中的阴阳符号，因而借助游戏方式不仅形成了电影衍生产品，而且很快出海进入日本、韩国等东亚和东南亚市场。

通过上述分析，可以认为，广州游戏产业互动创业不仅融合本土文化元素和集体记忆，而且融合东亚和东南亚中庸文化元素，同时融合欧美文化中的竞争与妥协文化。这种融合与广州游戏产业中的科韵路文化一脉相承，所谓一方水土养一方人，开放包容的中国南派企业家精神文化，孕育了广州游戏产业的多元文化特质。可以期待，这种特质会进一步自我强化，逐步形成粤港澳大湾区游戏军团的游戏精神内涵。这种游戏精神，构成广州游戏产业互动创新的显著特征之一。

二、广州游戏企业互动创新的消费特征

伽马数据和 Newzoo《2019 日本移动游戏市场调查报告》显示，在 2018 年全球排名前三的移动游戏市场中，日本人均贡献度最高。我们对 2018 年美、日、中三国人均收入与人均移动游戏消费进行了比较，如图 3-4 所示，可以看出，2018 年，在移动游戏消费占人均国内生产总值（GDP）比例和移动游戏消费占人均国民净收

---

① 孙静. 解码《阴阳师》：国产游戏的突围之路［J］. 中国图书评论，2017（3）.

入的比例上，日本均位居第一，分别达到 0.44% 和 0.54%，中国则均位居第二，分别达到 0.33% 和 0.43%，美国则分别为 0.1% 和 0.12%。可以看出，中国游戏玩家的消费习惯更像日本，表明东亚游戏消费文化有其内在的一致性。从中可以较好解释为什么中国国产游戏可以出海东亚和东南亚，而出海欧美国家则遇到诸多困难。

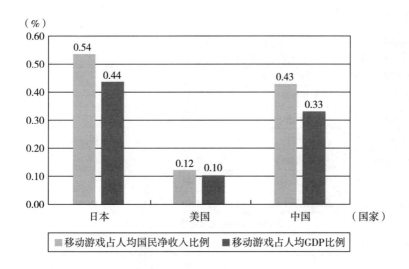

图3-4　2018 年日、美、中三国移动游戏占人均国内生产总值（GDP）及人均国民净收入的比重

资料来源：笔者根据 Newzoo 等数据统计汇总。

　　就广州游戏消费习惯而言，早在 2010 年前后，广州白领阶层日渐将游戏开支作为日常预算支出的一个组成部分，企业白领或上班族替代学生群体成为广州游戏消费的第一大群体。据当时记者调查，广州白领月均游戏消费占生活支出的 15% ~ 20%，表明广州游戏消费与广州游戏产业发达有着密切的相互关系。一方面，广州游戏产业聚集带动游戏消费；另一方面，广州游戏消费又促进广州本地乃至大湾区游戏产业的聚集发展，形成游戏产业与游戏消费相互促进的良性格局。可以说，广州游戏企业互动创新的消费特征，使广州游戏企业近年来获得不错的市场业绩（见表 3-1）。

　　此外，广州游戏消费模式或多或少地影响广州游戏企业对产品氪金模式的设计思路。以《阴阳师》氪金机制为例，该游戏的核心机制是回合制角色扮演卡牌对战，这种游戏机制设计决定其氪金机制主要是基于抽卡和赌魂的概率式消费，具体包括三种氪金动机：一是为胜利而氪金的竞争动机；二是为认同与爱而氪金的情感

表3-1 2018年广州部分游戏企业收入与利润对比

厂商	代表性游戏产品	游戏收入（亿元）	总营收（亿元）	净利润（亿元）
网易	第五人格	401.91	671.57	86.81
三七互娱	鬼语迷城	72.47	76.33	10.09
多益网络	神武3	未披露	23.87	13.02
星辉娱乐	三国群英传：霸王之业	12.98	28.20	2.38
Efun	三国志M	14.24	14.24	2.60
指尖悦动	我的使命	10.86	10.86	2.54
君海游戏	神命	8.19	8.19	1.96
冰鸟游戏	至尊传奇	7.39	7.39	0.24
元游信息	青云诀	3.73	3.73	2.18
四九游	葫芦娃	3.63	3.63	0.71
百奥家庭互动	螺旋圆舞曲	2.82	2.84	1.13
游莱互动	Dragon Awaken	1.44	1.62	0.24
创娱网络	剑雨江湖手游	1.16	1.16	0.24
2018年广州游戏行业相关厂商业绩				
虎牙直播			46.63	4.61
汇量科技		7.84	29.14	2.36

注：境外上市公司净利润皆为Non-GAAP净利润；汇量科技游戏收入指源自手游广告的收入。

资料来源：游戏茶馆（https://www.zhihu.com/question/24773575? sort = created）。

动机；三是为分享和炫耀而氪金的社交动机①。这三种氪金机制设计充分显示出游戏设计者对游戏消费习惯和行为的把握。

三、广州游戏企业互动创新的竞争特征

广州游戏企业互动创新的第三个主要特征是高度的市场竞争性。广州游戏企业之间的竞争性经常被业内人士比喻为国际级别的，调侃说广州本地游戏企业之间是国际竞争水平，广州与深圳游戏企业之间是国内竞争水平，广州与境外游戏企业之间是"同志加兄弟"的合作共赢水平。这种说法未必正确或妥当，但从一个侧面反映广州游戏企业之间的高竞争性。然而，广州游戏企业之间在研发和运营中又彼此相互学习和模仿，通过对彼此商业模式的分析与模仿，广州游戏企业逐步形成了

---

① 曹书乐，许馨仪．竞争、情感与社交：《阴阳师》手游的氪金机制与玩家氪金动机研究［J］．新闻记者，2020（7）．

一种集体选择的研发与分销模式，例如，马甲包、换皮等玩法，鲲类买量素材等分销模式，均由广州游戏企业首创并迅速风靡起来。又如，广州游戏企业通常采用的立体营销＋精准推送＋长线服务组合模式运营手游来进行市场推广，也被其他地区游戏企业所模仿和学习。同时，广州游戏企业纷纷出海，也包含内部竞争激烈的推动因素。

广州游戏企业互动创新的竞争特征带来的创新与国际化，并不是偶然的社会经济现象。或者说，这种状况对于全球化而言不是独特现象，类似英国工业革命后在全球的殖民活动，美国工业化后在全球的贸易立国，或者类似广东潮汕地区地少人多而闯南洋、走西洋等。广州游戏企业互动创新的竞争特征，促进了广州游戏企业的出海和高品质发展。

广州游戏企业之间也已意识到这一点从而有意识地促进区域内的竞合交互。诚然，目前竞争总体大于产业合作。但随着竞争结构的转变，合作将会变得越来越重要，而且这种合作不会因个体企业意志而改变，因为随着广州游戏产业链的成熟与发展，广州游戏企业之间的战略与运营合作将会使双方或多方合作比不合作的预期收益更高。

第四章　广州游戏产业外溢效应

　　游戏产业是新兴文化创意产业与传统文化产业深度融合的数字经济文化产业，因此，游戏产业的外溢效应不仅包括经济外溢，也包括社会生态与社会关系网络等外溢效应。由于游戏产业具有的这些外溢效应，发达国家通常将包括游戏产业在内的文化创意产业视为国家软实力象征，使游戏产业对全球化经济发展具备影响力及大众文化的传播功能。本章拟以美国游戏产业外溢效应为标杆分析对象，剖析广州游戏产业的外溢效应，从中阐述游戏产业对广州经济社会发展的综合影响和社会价值。

第一节　游戏产业外溢效应的国际标杆

一、游戏产业外溢效应与国际标杆

　　据国家统计局数据，2018 年中国文化产业实现增加值 38737 亿元，文化产业增加值占国内生产总值（GDP）比重由 2004 年的 2.15% 和 2012 年的 3.36% 提高到 2018 年的 4.30%，表明文化产业在中国国民经济中的影响在逐年提高。目前，中国游戏市场销售收入超 2000 亿元，游戏用户超 6 亿，游戏成为我国大众娱乐的主流方式之一。同时，中国游戏产品海外收入也超千亿元。其中，腾讯以游戏为核心实现资本快速积累后，先后投资音乐、阅读、直播、短视频等文化创意产业，孵化了腾讯音乐、阅文集团等文化创意支柱型企业，形成游戏资本积累的文化投资输出。可见，游戏产业是一个具有高外溢效应的数字产业。

　　外溢效应是指一个行业的发展和它相关的创新与技术将对其他行业的发展和增长带来激励效应。除外溢效应外，游戏产业的研发、技术和运营活动还会对国家或地区经济和社会带来诸多方面的促进影响，如促进技术创新、增加国民财富、丰富交叉娱乐等。游戏产业具有明显外溢效应的内在机制在于现代游戏具有三重属性：一是现代游戏具有数字化产品服务属性，既是一种软件与硬件嵌合产品，又是一种数字化服务，因而游戏产业具有经济乘数效应；二是现代游戏具有创新创意文化属性，既是基于数字化技术的创新创意成果，又是数字化技术与人类社会文化元素深度融合的文化符号，围绕游戏创新活动必然形成上下产业链条和诸多周边文化创新活动，因而游戏产业具有经济、社会和文化的生态共生效应；三是现代游戏具有社会意识和观念的交流及社会交换行为的传播媒介属性，既是社会意识和观念的交流媒介，也是社会交换或交易的渠道工具，围绕游戏必然会形成社会媒介和销售渠道相互融合于一体的现实社会经济活动，因而游戏产业具有社会连接效应（见图4–1）。

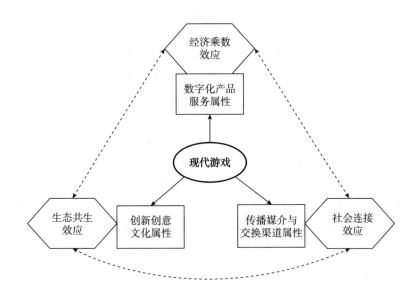

图4–1　现代游戏三重属性与游戏产业外溢效应

2020年美国娱乐软件协会（ESA）《21世纪游戏业：2020经济影响报告》对美国游戏产业的外溢效应进行了深度分析，本节拟以此分析美国游戏产业外溢效应，作为广州游戏产业外溢效应的分析标杆。

《21世纪游戏业：2020经济影响报告》指出，2019年美国游戏产业收入超400亿美元，成为超越电影和音乐的美国第一大娱乐行业，与游戏产业相关的经济活动创造126亿美元的税收贡献。广义的美国游戏产业包含游戏开发、硬件、渠道、平台、分销商等，企业总数达11427家，从业人数14.3万人，平均每家企业雇员12.5人。其中，软件和游戏开发商和发行商提供61230个工作岗位

（占总数42.8%），硬件企业提供27283个工作岗位（占总数20%弱），分销平台和零售游戏企业提供44483个工作岗位（占总数31.1%）。可见，美国游戏产业的就业结构首先是产品开发与运营比重最高，其次是分销和销售，硬件提供就业比例相对低。这与美国游戏产业在全球游戏产业中的地位和影响力相适应。

总体来说，美国游戏产业的经济乘数效应，生态共生效应及社会连接效应均相当显著，对美国数字经济的发展发挥了先导产业的贡献。下面分别简要阐述。

二、美国游戏产业的经济乘数效应

美国是当今全球数字经济发展最为成熟的国家，游戏产业对美国经济的乘数效应明显。具体体现在以下两个方面：

首先，在经济产出方面，2019年美国游戏产业贡献了597.6亿美元的附加值，直接经济产出超过409亿美元，通过乘数效应为2019年的美国经济带来的外溢产出超过903亿美元，即美国游戏产业经济产出的乘数效应是2.21倍，意味着美国在游戏产业中每投入1美元，就可以给美国经济带来额外1.21美元的外溢收益。

其次，在收入和就业方面，美国游戏产业人均年薪12.15万美元，为美国国民带来352.8亿美元的总收入（薪水、工钱和福利），包括游戏产业人员173.7亿美元的直接酬金。美国游戏产业的高薪岗位使其直接雇员为经济带来了强大的乘数效应，游戏产业创造14.3万个直接工作岗位，通过乘数效应为美国就业市场创造超过42.8万个间接工作岗位，即美国游戏产业创造就业的乘数效应是2.99倍，意味着美国游戏产业每增加一个岗位就可以为美国整体经济创造出2个额外的工作岗位。

三、美国游戏产业的生态共生效应

游戏产业生态共生效应，是指围绕游戏产业形成上下产业链和周边产业的产业生态系统和主体间共同成长效应。美国游戏产业形成明显的生态共生效应。表4-1列出了美国游戏产业生态共生效应明显的20个行业的影响状况，是游戏产业与这20个产业之间构成生态共生效应的一种直接体现。

例如，房地产不是游戏产业直接影响的行业，如表4-1所示，2019年游戏产业的活动和需求为当年房地产带来10.8亿美元的收入，以及该行业供应链雇员产生的18.7亿美元的额外收入。也就是说，美国房地产年收入中有29.5亿美元得益于游戏产业。又如，游戏产业为当年批发贸易带来10.2亿美元收入，以及该行业相关的额外13.2亿美元衍生收入。再如，游戏软件发行商带来的间接经济输出为207亿美元，供应链其他软件发行商带来的间接收入贡献为11.6亿美元。

表 4-1 2019 年美国游戏产业与 20 个行业的生态共生效应 单位：亿美元

行业或领域	直接影响	间接影响	衍生影响	影响总和
总和	40913.9	17340.8	32083.8	90338.5
游戏软件发行	20702.9	1164.5	110.2	21977.6
房地产	—	1082.2	1868.8	2951.0
批发贸易	1371.4	1027.1	1323.3	3721.8
公司和企业管理	8005.8	687.0	535.7	9228.5
广告、公共关系和相关服务	80.5	663.1	200.5	944.1
就业服务	—	605.3	292.3	897.6
管理咨询服务	25.2	491.8	192.5	709.5
半导体和相关设备制造	2904.3	472.8	79.7	3456.9
网络出版、广播和 Web 搜索	1391.8	428.7	139.9	1960.4
金融和信贷	—	409.3	803.1	1212.4
法律服务	—	370.5	342.3	712.8
非金融无形资产出租	—	329.3	93.3	422.6
电视广播	—	296.7	100.4	397.0
会计、税务筹划、薪酬服务	—	294.7	174.4	469.1
电脑存储制造	1647.2	292.0	13.8	1953.0
电力生产传输	—	277.2	401.7	678.9
无线传输	—	254.7	362.8	617.4
无线传输（不含卫星）	—	253.8	511.5	765.3
数据处理、托管和相关服务	—	234.4	113.3	347.7
计算机系统设计服务	—	224.3	61.8	286.2

资料来源：《21 世纪游戏业：2020 经济影响报告》表 4。

由表 4-1 也可以看出，首先是房地产、批发贸易是与游戏产业生态共生效应最明显的两个行业，其次是公司和企业管理、广告媒体及劳动市场服务三个行业，再次是管理咨询、半导体制造、互联网搜索与网络出版、金融租赁和法律服务等四个行业。广播电视、数据服务、电力服务等行业也较多地受游戏产业的影响而成为游戏产业的生态共生行业。

四、美国游戏产业的社会连接效应

游戏产业的社会连接效应，是指以游戏产业为纽带形成的技术、资本、创新创意等构成的国家创新体系网络效应。游戏产业不仅是 VR、AR、移动计算技术、人工智能等先进技术的应用先锋，而且是文化创意的先导性产业，也是科学工程等先进技术、人文社科等创新创造投资的技术、知识与资本密集型产业，对推动科学工程、人文社科等学科与知识交叉融合发展，具有明显的产业社会连接效应。

在技术层面，游戏产业及其技术创新推动了美国产业中计算速度、画质渲染、界面设计与触觉、移动系统设计、网络构建以及软件工程等学科和应用领域的发展，游戏产业成果在医疗影像、医学导航机器人学、军方训练与模拟以及通过游戏进行的新型教育和培训等领域得到广泛应用，从而促进了这些应用领域技术与管理创新。

在资本层面，游戏产业及其技术成为美国数字产业投资的重要领域，游戏产业带来的科学、先进技术、创新和创造力方面的投资能够带来高薪工作岗位和经济的高质量增长，使游戏产业成为对美国经济有高度影响力的先导产业之一。

在创新创意方面，游戏产业形成的创意内容不断向其他娱乐和文化领域扩散，推动美术、电影、美食、旅游、实体玩具、体育联赛等竞赛产业的发展。美国数字经济围绕游戏产业，构造起一个具有全球创新创意影响力的产业生态系统。

第二节　广州游戏产业的经济乘数效应

一、广州游戏产业经济产出的乘数效应

如前所述，美国游戏产业经济产出的乘数效应是 2.21 倍，意味着美国在游戏产业中每投入 1 美元，就可以给美国经济带来额外 1.21 美元的外溢收益。下面以此为基准，推算和估计广州游戏产业在经济产出方面的经济乘数效应。

据美国商务部统计，2020 年美国国内生产总值（GDP）约 20.93 万亿美元，按 3.3 亿人口计算，2020 年美国人均国内生产总值（GDP）约 6.34 万美元（2019 年人均 6.5 万美元）。2020 年中国国内生产总值（GDP）实际增长 2.3%，国内生产总值（GDP）总量约 101.6 万亿元，按年度平均汇率折算为 14.73 万亿美元，即中国国内生产总值（GDP）约为美国的 70.4%。2020 年广东国内生产总值（GDP）超 11 万亿元，广州国内生产总值（GDP）达 2.5 万亿元，在中国内地城市中位于上海、北京和深圳之后排名第四，依旧保持中国一线城市地位。同时，据《2020 年广东省游戏产业报告》推算，2018～2020 年广州游戏产业收入分别达到 481.51 亿元、538.94 亿元和 646.03 亿元。

据此，以 2020 年广州游戏产业收入 646 亿元[①]，中国 GDP 约为美国的

---

　　① 因对游戏产业统计口径存在宽窄之分，对此数据有不同结论，一种按宽口径统计结论为 2020 年广州游戏产业产值首破千亿元。本书依据广东省游戏产业报告的统计口径估算。

70.4% 为基准，估计广州游戏产业的经济产出外溢效应大体为 1005 亿元①。

二、广州游戏产业创造就业的乘数效应

如前述，美国游戏产业创造就业的乘数效应是 2.99 倍，意味着美国游戏产业每增加一个岗位就可以为美国整体经济创造出 2 个额外的工作岗位。下面以此为基准，推算和估计广州游戏产业在收入和就业方面的经济乘数效应。

据 2020 年美国劳工统计局（BLS）统计，美国全职雇佣的职工（工薪阶层）月收入均值大约 3936 美元，折合人民币（按美元人民币汇率 1∶6.5 计）约 25584 元。据中文网媒相关数据，北京、上海等中国一线城市人均月薪 8000 ~ 9000 元，因此美国人均月薪比国内高出 2 ~ 3 倍。2020 年美国人均收入 6.34 万美元，其中，游戏产业人均年薪 12.15 万美元，即美国游戏产业人均收入比全美人均收入高出 91.6%，接近 1 倍，反映出游戏产业从业人员的高收入特征，成为游戏产业对其他行业形成 2.99 倍的超高乘数效应。

据网络数据，在 2020 年中国各行业中，网络游戏行业也以 11979 元/月排名第一。②。据 2020 年智联招聘行业平均月薪报告，广州基金/证券/期货/投资行业 12432 元，能源/矿产/采掘/冶炼行业 12004 元，网络游戏行业 11829 元（年收入 14.1 万元）。据广州市统计局数据，2020 年广州人均可支配收入 6.8 万元（按 2020 年平均汇率 6.8 折算约 1 万美元），即广州游戏产业人均收入比广州人均收入高出 1.07 倍。表 4-2 提供了广州游戏企业部分典型岗位月均工资水平，显示广州游戏产业的工作岗位创造较高的收入，与上述估计结果总体相符。

表 4-2　2020 年初广州游戏产业部分典型岗位月均工资

岗位名称	月均工资（元）	岗位名称	月均工资（元）
高级软件开发工程师	27500	游戏策划师	15400
C++软件工程师	16300	交互设计师	12200
JAVA 开发工程师	14700	软件策划师	11700
高级测试工程师	15300	原画设计师	12700
软件开发工程师	12400	策划专员	10800
技术支持工程师	8900	项目经理	16800

---

① 即 2020 年广州游戏产业收入 646 亿元（标杆乘数效应 2.21 倍后，再按 2020 年中国国内生产总值（GDP）为美国的 70.4% 比例估算获得）。

② https：//baijiahao. baidu. com/s？id = 1666468596357642826&wfr = spider&for = pc.

岗位名称	月均工资（元）	岗位名称	月均工资（元）
游戏测试工程师	8700	运营专员①	8600
游戏技术员	7600	柜员/客服	6200

资料来源：根据调研、员工访谈和网络公开数据整理进行平均处理所得。

根据表4-3，估计广州游戏产业提供68万~83万个工作岗位。

表4-3　2020年广州游戏产业从业人员估计②

	典型企业	企业人数（人）	企业数量（个）	估计合计
第一梯队	网易	20000	1	20000
第二梯队	三七、多益、百奥等	2000	20	40000
第三梯队	中小微企业、团队工作室	12.5	55810	697625
广州市游戏产业从业人员合计				757625
保守估计的从业人员				681862.5
乐观估计的从业人员				833387.5

与美国游戏产业研发与发行企业占总数的42%不同，据调研和访谈，因产业发展成熟度不同，广州游戏研发和发行企业占总数的比重不到10%，运营和分销企业占比超过90%，因而广州游戏产业创造就业的外溢效应无法与美国相比。据广州游戏研发与发行企业占比约不到美国的1/4，按2020年广州游戏产业人数68万~83万，估计广州游戏产业创造就业的外溢效应大体为50万~62万个工作岗位（标杆乘数效应2.99倍的1/4比例计算）。

三、广州游戏产业的综合经济乘数效应

上述对广州游戏产业的经济乘数效应分析表明，广州游戏产业的综合经济产出超过1500亿元，创造高于广州人均收入1倍以上的社会财富，为广州综合提供118万~145万个工作岗位，表明游戏产业对于广州数字经济发展、广州创意文化产业发展以及广州经济高质量发展均具有越来越重要的战略地位。

---

① 调查发现，不同企业给予游戏运营类岗位的薪酬存在差异，月收入12000元以上的占同类岗位的比例约23%，8000~12000元的占比约为30%，5000~8000元的占比约为32%，3000~5000元的占比约为15%。

② 经上市公告查询，网易拥有2万名员工，中部企业按20家计，企业平均2000人左右。据天眼查数据，广州中小游戏企业55831家，据美国产业报告估计平均人数12.5人为中位值上下10%计算保守和乐观估计。

第三节 广州游戏产业的生态共生效应

游戏产业的外溢效应还体现在其生态共生效应上。根据图4-1，现代游戏的创新创意文化属性，构成游戏产业具有经济、社会和文化的生态共生效应的内在基础，使游戏产业既集中体现了数字化技术的创新创意，又体现了数字化技术与人类社会文化元素深度融合的文化特征，形成游戏产业链的多元化周边创新活动。

据表4-1的标杆分析，游戏产业的生态共生效应最明显地体现在对本地房地产、批发贸易业及电子制造与信息服务业活动的影响上。这不仅是数字技术和实体经济深度融合的一种具体体现，也是数字技术和实体经济深度融合的一种社会经济综合发展特征。

一、广州游戏产业对房地产和定制家居业的外溢影响

据表4-1的标杆分析，游戏产业的生态共生效应最明显地体现在对本地房地产和批发贸易活动的影响上。其中，游戏产业对本地房地产业的生态共生效应系数约为1∶0.1343，即游戏产业收入每增加1美元，可以综合影响本地房地产收入的13.43%。

2020年，广州市房地产开发投资3293.95亿元，2019年广州市开发投资和商品房销售合同金额分别为3102.26亿元和3275.35亿元（参见表4-4）。据此，以2020年广州游戏产业收入646亿元为基数，以游戏产业对房地产生态共生效应的标杆系数为1∶0.1343，以中国GDP约为美国的70.4%为调整系数，初步估计广州游戏产业对本地房地产业的综合影响约为61亿元，约占2019年广州房地产商品房销售合同金额3275.35亿元的1.8%。或者说，游戏产业大体会对广州房地产销售的1.8%形成综合影响。

表4-4 2016~2020年广州房地产的开发与销售

年份 类别	2016	2017	2018	2019	2020
房地产开发投资额（亿元）	2540.85	2702.89	2701.93	3102.26	3293.95
商品房销售合同金额	3193.33	3099.52	3102.66	3275.35	—

资料来源：广州市统计局。

房地产企业纷纷借助 APP 工具进行营销与销售也进一步推动了游戏产业对房地产业的间接影响，如恒大集团全员营销 APP 恒房通，用户直接在各大手机应用市场下载恒房通，登录 APP 进行网上 VR 看房和网上购房等，游戏技术和游戏产业的玩家思维习惯和手法无疑降低了房地产业数字化营销的市场培育和用户教育成本。之前，游戏产业对房地产业的这种生态共生效应往往被忽视了。

广州也是中国定制家居之都。游戏产业对定制家居的研发与销售也会产生生态共生效应。2020 年广州定制家居产业受两个重要因素影响：一是新冠疫情压力下促使头部企业开展线上营销创新，直播带货、裂变式营销创新；二是市场机遇从零售转向了家装整装和大宗工程业务。在家居消费市场中，购房→房屋硬装（含橱柜定制）→房屋软装（含衣柜定制、成品家具）的消费链条本质上没有改变。全屋定制是企业从软装环节挺进硬装环节的结果，精装房业务是企业从装修环节直接挺进购房环节的未来战略布局，大宗工程业务则是定制家居企业从 2C 市场向 2B 市场的业务拓展。

表 4－5 为 2020 年 1～9 月广州定制家居头部三甲企业欧派、索菲亚和尚品宅配的基本经济指标。这三甲企业都纷纷采用基于游戏技术实现的 AI 或大数据来提升消费者体验感。欧派由定制橱柜起步，从橱柜向全屋产品延伸，逐渐覆盖整体衣柜（欧派全屋定制）、整体卫浴、定制木门、金属门窗、软装、家具配套等整体家居产品，全国门店超 7000 家，形成以零售整装渠道为主干，工程、电商渠道为两翼，直营、外贸渠道为支撑的渠道运营模式。

表 4－5　2020 年 1～9 月广州定制家居头部三甲企业基本经济数据

企业	总市值（亿元）	总营收（亿元）	较 2019 年同期（%）	净利润（亿元）	较 2019 年同期（%）	现金流（亿元）	较 2019 年同期（%）
欧派	970.33	97.32	2.06	14.50	5.23	21.30	21.52
索菲亚	330.46	50.94	－4.09	6.97	－3.17	4.80	－20.35
尚品宅配	156.99	43.82	－13.36	0.58	－82.78	－3.51	－868.26

资料来源：根据公开年报整理。

2020 年，面对疫情压力，索菲亚多年引领定制家居行业大力投资工业互联网、大数据、人工智能与定制家居的深度融合获得回报，电商引流的客户总体占比从 16% 提升到 25%。其中，一线城市电商客户占比超过 45%。目前，索菲亚电商渠道的引流成效在中国定制家居行业中名列前茅，转化率持续提升。在线上营销中，与索菲亚邀请明星、主播带货不同，尚品宅配主打 AI 技术帮助客户快速寻找整体设计方案，打造自有公司新居网 MCN 机构，力图打通从视频和直播圈粉，到粉丝互动评论，再到私域粉丝运营和线下变现的全链路。

下面，以游戏技术具体如何影响定制家居行业的发展为例，进一步剖析游戏产业的生态共生效应。近年来，随着消费升级和定制家居行业竞争的加剧，定制家居行业在提供客户即时体验或即时设计服务时，所见即所得的实时交互场景成为了定制家居行业的主流模式之一。用户通过1∶1的场景还原自身现实的家居情境，通过 VR/AR 沉浸式的体验，通过实时交互的方法来设计自己未来想象中的家庭场景。因此，定制家居行业采用了诸多游戏产业广泛应用的技术，主要包括但不限于以下四个技术：一是渲染技术。包括基于物理渲染（PBR）、全局光照技术、光线追踪等。例如，近年来实时光线追踪的发展，提高了实时渲染的真实感，成为定制家居行业发展的虚拟场景方向之一。二是场景管理技术。包括采用节点树、八叉树等技术来管理对象，采用 LRU 缓冲池等技术来管理材质和纹理，采用视锥体空间裁剪等技术来加速渲染。三是碰撞检测技术。在定制家居软件中，通常需要对场景中的物体进行互动而且模拟人在场景中运动的效果，因而广泛借助游戏产业中常用的轴对齐包围盒（AABB）、有向包围盒（OBB），射线求交等碰撞检测技术，如开门、上下楼梯、拿起物体等互动效果，就是通过检测人和物体的碰撞关系再触发对应的逻辑来实现的。四是 VR/AR 技术。通过 VR 与 AR 设备，可以为用户提供更好的服务体验和场景临场感。上述游戏产业技术在定制家居行业中的应用，形成以下两个影响：一是提供更好的用户体验，提高了厂商分销的进店率和转换率；二是实现了所见即所得的交互设计，更好地了解用户需求，提高了准确率和效率。

　　然而，定制家居行业不是游戏产业，两者对游戏技术的需求也存在明显差异。首先，两者对效果需求存在差异。例如，定制家居行业对效果追求真实感，要比较好地还原产品的特点和质感，游戏更多追求艺术感（科幻/二次元等），对各种特效/动画的要求相应更高。又如，在定制家居行业中，材质/纹理/质感的还原度要求比游戏的表现要苛刻，许多在游戏中用图像（凹凸贴图/法线贴图）和用 Shader 来呈现效果的方法，在家居行业中要用模型细节来表示。再如，为了兼顾性能和效果的平衡，定制家居软件通常采用高低模策略，即实时交互采用低模，云渲染出图，根据不同的精度，采用高模进行离线渲染。其次，两者的场景存在差异。定制家居行业的场景基本是动态编辑和生成的，例如，设计师会过程性地绘制用户真实的户型，设计师会动态地往场景中增删产品，动态地对产品位置/尺寸/颜色修改；设计师会动态地布置和调整光源；定制家居很多产品是采用代码生成，而不是模型文件等。因为这些动态需求，游戏里面的一些常用技术和优化技巧，如烘焙/贴图合并等，在定制家居行业软件中应用存在一定的难度。

　　基于上述差异特征，家居定制的龙头企业通常设立专业的人工智能应用企业来推动行业性游戏技术的应用。例如，索菲亚家居全资子公司广州极点三维信息科技有限公司，以大家居产业为依托，依靠 3D 引擎、AI 人工智能、云计算、大数据分析、VR 技术等数十项核心技术，大力推动和借助游戏产业技术从事家居 CAD/CAM 系统的开发和应用，为定制家居行业提供 AI 智能设计、VR 营销、自动报价算量、智能化精准下单、智能拆单、柔性化生产、前后端数字化一体化解决方案，服务覆盖全国 1800 多个城市和区域，成为广东省服务型制造示范平台、广州市软件示范平台、广州"定制之都"示范培育平台，中国家居行业中将游戏产业技术与家居行业深度融合的代表性企业。

综上，从上述广州定制家居头部企业的产业布局和服务创新来看，在底层技术应用和逻辑上均与游戏产业有着内在联系。对这种内在联系的深入探讨，是未来广州游戏产业研究的重要考虑方向之一。

二、广州游戏产业对批发零售业的外溢影响

据表 4-1 的标杆分析，游戏产业对本地批发贸易业的生态共生效应系数约为 1∶0.1693，即游戏产业收入每增加 1 美元，可以综合影响本地批发贸易业收入的 16.93%。

广州作为千年商都，批发和贸易产业发达，形成以批发零售业为龙头，金融保险、房地产、租赁和商务服务、信息服务和教育为骨干的 6 个增加值超千亿元的现代服务产业集群，广州驻扎有中国服务业 500 强企业 45 家。2019 年，广州批发零售产业营收 8705.42 亿元（见表 4-6）。据 2021 年 2 月广州市商务局新闻发布数据，2020 年广州实物商品网上零售额 1937.42 亿元，增长 32.5%，比全国高 17.7 个百分点，占社零总额的比重从 2019 年的 13.9% 提升到 21%，拉动社零总额回升 5 个百分点。据此，广州社会批发零售业总额约为 9397.24 亿元。

表 4-6　2015~2019 年广州批发零售业的营收

批发零售业营收　　　　　　　年份	2015	2016	2017	2018	2019
批发和零售业营收总额（亿元）	6984.57	7625.58	8259.35	8081.44	8705.42

资料来源：广州市统计局。

据此，以 2020 年广州游戏产业收入 646 亿元为基数，以游戏产业对批发零售生态共生效应的标杆系数为 1∶0.1693，以中国国内生产总值（GDP）约为美国的 70.4% 为调整系数，初步估计广州游戏产业对本地批发零售业的综合影响约为 77 亿元，约占 2020 年广州批发零售总额 9397.24 亿元的 0.82%。或者说，游戏产业大体会对广州批发零售的 0.82% 形成综合影响。

三、广州游戏产业对电子业的外溢影响

游戏产业对电子制造业和信息服务业有不同的综合影响。据表 4 – 1 的标杆分析，游戏产业对电子制造产业的生态共生效应系数约为 1∶0.2462（半导体和相关设备制造、电脑存储制造），即游戏产业收入每增加 1 美元，可以综合影响本地电子制造产业收入的 24.62%。

广州有全国 41 个工业大类中的 35 个，是华南地区工业门类最齐全的城市，工业综合实力、配套能力位居全国前列。其中，智能装备产业支撑广州 2 万亿元乃至广东省 14 亿元的工业产值，对制造业智能化改造升级发挥提升带动作用。同时，广州也是华南地区乃至国家数控系统及数控机床的重要生产基地，拥有广州数控、广州精雕、昊志机电、汇专等行业龙头的机床（工具）生产企业近 60家。2020 年，广州有智能装备产业企业 3000 多家，其中，规模以上近 400 家企业，累计产值近 1400 亿元。通过引进精雕（数控机床领域）、新松（工业机器人领域）等龙头企业，推动智能装备产业升级与发展。

据此，以 2020 年广州游戏产业收入 646 亿元为基数，以游戏产业对电子制造产业生态共生效应的标杆系数为 1∶0.2462，以中国国内生产总值（GDP）约为美国的 70.4% 为调整系数，初步估计广州游戏产业对本地电子制造业的综合影响约为 112 亿元，约占 2020 年广州电子制造产值 1400 亿元的 8%。或者说，广州游戏产业的发展大体会对广州电子制造产业产值的 8% 形成综合影响。

此外，据表 4 – 1 的标杆分析，游戏产业对信息服务业的生态共生效应系数约为 1∶0.1421（网络出版、广播和 Web 搜索，电视广播，无线传输），即游戏产业收入每增加 1 美元，可以综合影响本地部分信息服务业收入的 14.21%。据广州市统计局，2020 年广州市服务业收入 13533.70 亿元，同比下降 1.4%。然而，2020 年广州互联网和相关服务、软件和信息技术服务业两个行业同比分别增长 15.4% 和 11.3%。据标杆分析，其中的部分增长与 2020 年疫情时期广州游戏产业的逆市发展分不开。

四、广州游戏产业促进数字技术和实体经济融合

游戏产业促进数字技术和实体经济深度融合，可以通过人工智能（AI）技术与游戏开发应用相结合来进一步分析。我们知道，人工智能（AI）带给人的惊喜不仅是视觉上的感知，在游戏内容的设计和剧情的走向上也带来多元变化。例如，在恋爱移动游戏《遇见逆水寒》的新玩法"大宋傀儡戏"中，人工智能（AI）就像傀儡，用户输入的言语则是操纵傀儡的机关线索，双方共同配合演出一幕戏剧。玩家只需输入简单的句子，人工智能（AI）就能自动识别并设定新

剧情，通过对话或旁白的形式推动故事走向，直至达成最终目标。显然，人工智能（AI）技术越与游戏形成互相交融、互相影响的趋势，游戏产业就越能促进数字技术和实体经济的深度融合，因为作为社会行动主体的人的思维和行为数字化程度，构成数字技术和实体经济深度融合的最终决定因素。例如，在游戏的虚拟设定下，人工智能（AI）技术借助游戏平台的海量数据和仿真环境，通过算法上的持续演练和强化，逐渐具备更强的泛化能力，这意味着在游戏世界中通行的人工智能（AI）技术将反哺现实世界，由此构成当下游戏人工智能（AI）发展中需要纳入考虑的重要社会问题。

　　人工智能（AI）技术和游戏创新深度融合的一个事例来自有灵人工智能（AI）创造游戏剧情，如为《遇见逆水寒》这类的文字 AVG 游戏创造大量的文本来塑造角色形象以及在女性向，乃至二次元游戏中帮助建立用户与角色间的情感连接。突破游戏范畴，向更广阔的领域延展，这项技术展现出智能与文创融合的巨大潜在价值。另一个事例，2020 年 10 月，网易伏羲设计开发"亚运好声音－我为亚运写歌词"产品亮相第十四届（2020）杭州文化创意产业博览会杭州亚运主题馆。在屏幕上输入"杭州亚运"四个字，短短几秒，系统就自动生成了一首歌词，内容押韵且富有情感，如果不加说明，很难分辨出这是出自机器之手。人工智能（AI）写歌词的互动形式之外，是有灵创作平台将人工智能（AI）技术与内容创作领域相结合，旨在赋能内容创作者，助力原创内容产业的发展。可以认为，网易伏羲规划的有灵创作平台，承载开发人工智能（AI）辅助写剧本、写作文、写小说等功能。

　　从上述人工智能（AI）技术和游戏创新深度融合的事例，我们可以归纳出游戏产业促进数字技术和实体经济深度融合的三种具体实现方式，即游戏产业主要从以下三个方面促进数字技术和实体经济深度融合：一是游戏产业作为数字经济的先导性产业，借助自身互动创新直接影响数字技术和实体经济的深度融合。例如，游戏产业对广州经济产出的直接贡献和乘数效应。二是游戏产业赋予现代经济主体一种数字化生活工具而形成对其他产业的生态共生效应，从而推动数字技术和实体经济的深度融合，如上述游戏产业对广州批发零售业、房地产业、电子制造与信息服务业等行业的生态共生效应等。三是游戏产业发挥社会超级媒介传播功能和泛在社会交换功能，推动工业互联网、物联网、云计算、大数据、人工智能、区块链等数字技术在现代产业间的应用，推动数字技术和实体经济的深度融合，使游戏产业成为广州数字经济中的一种超级社会连接产业。

第四节　广州游戏产业的社会连接效应

社会连接效应是游戏产业的第三种典型外溢效应。基于现代游戏的传播媒介与交换渠道属性形成的社会连接效应主要体现在以下三个方面：一是游戏产业新模式刺激数字经济的社会消费需求；二是游戏产业构建社会的泛娱乐数字生活，有效提升社会消费力；三是游戏产业催生新文化产业，又赋予旧文化产业以新的内涵，推动社会消费升级。

一、游戏产业新模式刺激社会消费需求

游戏产业推动的 IP + 产业创新模式不断催生出产业发展新模式。例如，借助游戏产业平台和消费者市场教育，文学、动漫、影视、游戏、音乐、综艺节目等业态相互融合，IP 协同培育，共同打造精品 IP 等，实现资金、内容制作、演艺明星、宣传推广、发行销售、衍生产品等产业链环节贯通。这样，高质量 IP 和精品内容提升社会用户的付费意愿，通过联动销售、衍生品等方式带动信息消费的扩大和升级。例如，文娱区块链等新技术为产业发展创造新空间，区块链改变数字版权交易和收益分配模式、用户付费机制等产业规则，形成融合版权方、制作者、用户等的全产业链价值共享平台。又如，游戏产业 IP + 产业新模式推动不同产业间的跨界融合，从内容联动到融合发展，再到全价值链共享创造出诸多新消费需求，如游戏、网络文学与动漫融合形成新的影视剧作品，吸引大批资本投资 IP 矩阵产业，从而提升广州社会的消费新需求。

具体而言，IP 对于游戏产业或游戏产品已经是不可或缺的要素，拥有 IP 来源的游戏产品天然具备吸引用户的能力和变现优势，没有 IP（原创 IP）的游戏产品则期望通过质量、用户规模和舆论口碑来产生粉丝效应，力图将游戏产品塑造成全新的 IP。据伽马数据《2020～2021 移动游戏 IP 市场发展报告》，2020 年，IP 改编移动游戏收入首次超过千亿元，移动游戏 IP 核心用户规模超过 1.5 亿、泛娱乐用户规模超过 1.8 亿，流水 TOP100 移动游戏中国内 IP 流水占比达50.7%，海外 IP 占比达 49.3%，表明游戏产业的 IP + 产业模式支撑着中国游戏产业的增长，也支撑着游戏产业提升社会消费的能力基础。

同时，游戏作为 IP 产业链中游，兼具内容生产和变现能力。游戏 IP 衍生内容反哺游戏 IP 开发可更多关注重度用户需求。首先，可开发更多以增强用户黏性为核心的衍生产品，从而对游戏本身形成反哺；其次，可更多针对重度用户需

求进行开发，采用付费的变现模式；最后还可更多考虑定制化、个性化的开发模式。同时，游戏IP也存在优劣势（见表4-7），需要考虑如何发挥其优势扩大游戏产业的社会连接效应，实现对IP投资的回报。

表4-7 游戏IP的优劣分析

游戏IP的主要优势	游戏IP的主要劣势
游戏具备极强的互动性，用户体验更为深入。从而促使重度粉丝的占比及用户的买单意愿更高	相对于其他内容类型，游戏的用户门槛往往较高，传播速度往往不如其他内容形式
游戏的体验更具个性化，每个用户的体验都各有不同，因此版权衍生更有定制化、多样化的空间	游戏开发成本和生产流程相对文学、漫画等成本更高也更为复杂，这使游戏IP的数量偏低
游戏本身较强的社交属性对游戏IP的传播有一定推动作用	游戏产品会基于一些成熟IP进行游戏化二次开发，可能导致游戏IP与原IP的授权关系较为复杂
游戏中有丰富的立体形象和场景，能够为对外合作提供丰富的素材	大量经典游戏IP的资源掌握在美日韩企业手中，中国原创的优秀游戏IP数量稀少
中国游戏市场整体用户量巨大，其中少部分头部游戏IP已经有国民级关注度	目前国内IP衍生品开发主要集中于低幼市场，而对于以青年为主的游戏用户来说，市场仍有待探索

二、游戏产业构建社会泛娱乐数字生活

2019年，中国在线文化娱乐市场营收达8335亿元，2020年有望突破万亿元大关。游戏产业是泛娱乐产业的先导性产业，通过与网络文学、网络影视、网络动漫、网络音乐等泛娱乐生态系统的跨界资源整合，形成不同娱乐形态之间的深度融合，如借助泛娱乐IP粉丝经济效应，通过多元文化形态之间迭代开发，从内容融合迈向更高层次的产业生态融合，实现泛娱乐内容产品连接、受众关联和市场共振，推动以游戏IP为核心的网络文学、动漫、影视和音乐等产业联动的泛娱乐数字生活，从而提升社会消费力。

1. 游戏促进社会的文化传播

作为传播媒介，游戏对用户的认知和行为产生影响，并带动社会流行趋势。游戏内容潜移默化地影响游戏用户尤其是青少年游戏用户的环境认知、价值观塑造，产生一定的行为示范效果。例如，《王者荣耀》中渗透的中国传统文化通过移动设备快速被用户接受，以点带面产生文化传播效果。可以说，《王者荣耀》从以传统文化为元素的手机游戏进化为现代青少年网民群体和国外游戏用户了解中国传统文化的一个数字生活触点。

2. 游戏与文学相互融合形成一种新的泛娱乐数字生活

现代游戏种类的多样性为网络文学提供了全新的想象空间和文学表现张力，

游戏制作涉及的不仅是系统和规则，游戏设计中的剧情设计和人物设定不断地刺激文学创造的想象空间和表现方式。同时，网络文学的数字化生活场景又为游戏创造情境提供了具体的生活素材和创作灵感，形成游戏文化的泛娱乐新生活。例如，游戏文学根据与游戏的相关性可分为直接和间接相关，前者如游戏背景故事、剧情设计、文字作品、照片作品等伴随游戏一同产生，后者是经游戏衍生的文学，如游戏小说、网游小说等。可见，游戏给文学创作提供了全新的空间和媒介。

3. 游戏与影视深度融合创造全新的数字生活内容与视觉世界的表现方式

两者结合形成了对既有数字生活的一种再创造。例如，《仙剑奇侠传》是中国内地第一部改编游戏 IP 的影视作品，从游戏类型来看，它是一款传统单机角色扮演类游戏，但从影视作品来看，《仙剑奇侠传》的影视呈现方式是电视连续剧，形成对既有游戏数字生活的一种数字化再创造。此后，中国影视在游戏改编电视方面相继推出《仙剑奇侠传3》《古剑奇谭》《绝世千金》《花千骨》等电视剧集，通过推动中国游戏与影视产业的跨界融合，提升了国民消费力的提升。

总之，2020 年广州游戏产业收入 646 亿元不能仅仅被视为不足 1000 亿元的数字产业，或者说数百亿产值无法与汽车、机械、能源、房地产、批发零售等广州实体产业相比拟，广州游戏产业在广州数字经济中承担了重要的社会网络连接角色，提升广州数字经济文化创新创意的软实力。

三、游戏产业催生新文化产业

广州游戏企业在推出精品游戏产品、满足用户数字生活娱乐需求同时，也以精品产品为载体着力弘扬中国传统文化，通过与中国文化深度融合催生新兴的数字文化产业。据统计，中国游戏企业在产品中联动中国传统文化的比例，从 2018 年的 40.0% 提升到 2019 年的 60.7%，联动内容从戏曲文化到手工艺文化、从地域文化到音乐文化、从民间传说到武侠故事、从古代历史到当代生活，等等。这样，游戏产业研发与分销在探索游戏文化价值的同时，使游戏产品发挥出潜移默化的中国文化传播角色，催生出新兴的数字文化产业，如推出皮肤、加入新角色、场景植入等，形成多内容、多形式的联动模式。

广州游戏教育正在伴随游戏产业发展而成为一种新兴教育产业。2014 年，网易成立游戏学院，探索游戏教育体系、教育课程和教育实践模式，总结和传播网易游戏成功经验和知识。2016 年，腾讯成立游戏学院，建设游戏职业培训和发展体系。近年来，广州游戏企业纷纷与高校合作挖掘游戏研发与分销人才，推动广州游戏产业的创新创业实践。总体来看，广州乃至粤港澳大湾区游戏军团的游戏教育产业尚未与其游戏产业的总体影响力相匹配，甚至落后不少，这无疑会影响到广州游戏产业的发展后劲。

第五章 广州游戏产业竞争力

游戏产业竞争力可以从多个层面、多个维度来考察。在中国学术界,早期对游戏产业竞争力的研究出现在 2010 年前后,在寥若晨星的有限几篇文献中,主要借助因子分析法构建游戏产业竞争力模型进行因子分析①,尚未形成具有影响力的评价模型和结论。本章通过构建北上广深中国一线城市的游戏产业竞争力模型,进一步考察和论述广州游戏产业竞争力,从中阐述广州游戏产业在中国游戏产业发展中的竞争地位、竞争特征和产业影响力。

第一节 城市游戏产业竞争力模型

与国家或区域层面的游戏产业竞争力分析不同,我们主要聚焦于城市游戏产业竞争力分析,由此阐述和解剖广州游戏产业竞争力。为此,首先需要研究和确定城市游戏产业竞争的理论模型。

一、城市游戏产业竞争力模型建构

2018 年,工信部赛迪研究院《2018 年中国城市产业竞争力 TOP30》中强调,产业是城市生命力和竞争力所在,产业竞争力决定城市的吸引力。近年来,北京、上海、深圳、广州、苏州五个城市总体位居中国城市竞争力的前五名。然而,目前国内外缺乏对城市游戏产业竞争力的理论和政策分析研究,也缺乏较为公认或有影响力的游戏产业竞争力评价模型及其评价方法的成果。针对此,本节重点研究城市游戏产业竞争力模型的建构问题。

城市游戏产业竞争力模型的设计也遵循以下竞争力模型设计的四大原则:一

---

① 李治国,郭景刚. 基于因子分析的我国网络游戏产业竞争力实证研究 [J]. 企业经济,2012 (9).

是客观性原则。模式所选指标应当能够刻画或反映游戏产业竞争力的主要方面和最基本的特征,从而为决策和实际运作提供依据,因此,选择的指标要较少受人为因素干扰,而且要利用客观化评价方法来降低个人对游戏产业评价的影响力,既不能依靠单个样本来评价整体,也不能过分依靠权威的意见。二是系统性原则。评价体系是一个全方位的指标体系,应当相对比较完备,所选择指标应该能够覆盖游戏产业的各个方面,避免遗漏,造成评价不准确;同时,指标体系作为一个广泛、综合、系统的范畴,各个指标之间要形成有机、有序的联系,从多方面、多层次反映游戏产业的情况。三是可操作性原则。评价指标数据的获得要有可操作性,所选取的指标最好能够从各种统计资料上直接获得或通过计算后获取,使理想化的指标体系能够现实化,并可以进行量化处理。理论上非常好的指标,如果因现有数据资料缺乏或计量手段无法量化,又不能通过调查或其他方法得到的,一般建议剔除或寻找其他替代性指标。四是可比性原则。指标设计要注意同一层次指标能够满足可比性的要求,能够进行横向、纵向比较;指标宜采用相对值,尽可能不采用绝对值,以便进行分析和比较;还要注意指标内容在同一时期应保持相对稳定,这样才能确保评价的客观性和准确性。

此外,项目组根据游戏产业的特征,强调评价模型设计的简洁性原则和与时俱进原则。一方面,要求模型指标体系在保证全面的同时力求简单明了,尽量能用少的指标反映尽量多的内容,避免指标之间的交叉和套用;另一方面,要求指标设计要体现与时俱进的思想,要体现游戏产业的可持续发展理念。

项目组结合游戏产业的分类标准,在现有的评价体系基础上,参考中国电竞城市发展指数和钻石模型产业评价体系,通过对近50位游戏从业者进行问卷调查和对11家游戏企业的实地调研,结合近10位学术研究专家的两轮讨论,采用层次分析法和德尔菲法相结合,将游戏产业竞争力要素分解为一级指标层和二级指标层进行定量分析,赋予游戏产业竞争力要素不同权重。经过多轮研讨和指标赋权,确定城市游戏产业竞争力由以下三个一级指标构成:

(一)城市代表性游戏产业竞争力

代表性游戏企业作为城市游戏产业的龙头企业,不仅是本地游戏产值的重要推动力,在游戏产业向国际化迈进的道路上的带动作用也越来越凸显。龙头企业的带动作用不仅有利于进一步发挥产业集聚效应,还更多体现在带动游戏产业转型升级、提升游戏产业链整体水平上,推动游戏工业化,从而提升产业的国际竞争力,推动游戏产业实现高质量发展。如果把整个行业比作木桶,作为"长板"的龙头企业不只是自己拔尖,而是帮助补短板,就能够增强行业的"蓄水"能力,共同把市场做大,也为自身长远发展拓展空间。

同时,根据伽马数据《2019年上市游戏企业竞争力报告》,虽然中国国内有

198 家上市游戏企业,然而,无论从绝对集中度还是相对集中度分析,中国游戏产业的市场集中度都相当高,前 2% 的游戏企业占全国游戏市场 73.66% 的份额,前 4% 的游戏企业占 79.74% 的全国市场份额,即前 4% 的企业占全国近 80% 的市场份额[①]。因此,中国游戏企业间的竞争强度高,互相依赖程度强,中国游戏市场属于典型的寡占型市场(见表 5-1)。

表 5-1 2019 年中国游戏企业营收及市场份额前 10 企业

排名	企业名称	年度游戏收入（亿元）	市场份额（%）
1	腾讯	1125.0	48.73
2	网易	454.7	19.69
3	三七互娱	125.2	5.42
4	完美世界	65.0	2.82
5	盛趣	49.5	2.14
6	游族网络	38.6	1.67
7	中手游	31.5	1.36
8	四三九九	30.0	1.30
9	多益网络	28.0	1.21
10	乐元素	20.9	0.91

资料来源:根据伽马数据,作者调研数据和业内人士估计数据整理。

基于中国游戏市场集中度高的特征,可以选择所在城市的代表性游戏企业作为城市游戏产业竞争力的重要维度。同时,中国游戏企业的成长主要有三种典型模式:一是原生态成长模式,如腾讯游戏、网易游戏、字节跳动游戏、阿里游戏等,属于互联网平台企业中成长出来的游戏企业;二是数字移民模式,如世纪华通(002602.SZ)和三七互娱(002555.SZ),都是从汽车零部件行业跨行业蜕变成长的;三是依附于游戏产业链形成的多元化成长模式,既有传统业务,也有游戏业务。总体来看,前两类游戏企业通常会成为所在城市的代表性游戏企业,且往往拥有非常好的现金流。

伽马数据发布的上市游戏企业竞争力模型,由四个一级指标构成,分别是营收与利润指数(含营收、净利润和净利率)、成长性指数(含近三年营收、净利润、企业市值复合增长率)、成品指数(含研发、运营、发行指数)、风险管控指数(含三费占比过高风险、单款产品依赖风险、不合规操作风险)。

---

① 甄家泽. 中国游戏产业发展研究 [J]. 现代营销(下旬刊),2020 (11).

根据上述讨论，参考伽马数据上市游戏企业竞争力模型指标，城市代表性游戏产业竞争力由游戏营收、游戏研发投入和游戏出海营收三个二级指标构成，权重分别为50%、30%和20%。

（二）城市游戏产业链竞争力

由于游戏开发运营商、游戏运营商或分销商均与游戏玩家之间存在着相互制约、相互促进的关系，因而自然会形成需求驱动的游戏产业链上下游产业链结构①。经过快速发展，中国游戏产业链形成了清晰的上下游结构②，玩家用户是游戏产业链的利益来源，产业链中既存在垂直的供需关系，也存在不同部门之间的横向协作关系，以垂直的供需链为主干，以横向的协作来提供相关服务和配套需求③。上述研究表明，产业链结构及其影响力反映了一个地区或城市游戏产业竞争力的重要特征。

在文化产业空间上，中国游戏产业具有"大集聚，小群落"的空间特征④，"大集聚"是指游戏产业主要集中在北京、上海、广州和深圳一线城市，环渤海、长三角、粤港澳大湾区三大城市群游戏上市企业数占全国上市游戏企业总数的54.4%。"小群落"是指手游、页游、游戏内容、游戏运营、游戏发布等不同类型的游戏企业表现为群落式分布特征。中国游戏产业空间结构特征表明，人才、技术、宽容度、政府政策、城市便利的基础和配套设施等，均构成一个区域或城市文化创意产业集聚的主要影响因素⑤。

游戏产业因其内在的创意知识要素具有天然的产业空间集聚效应。一方面，游戏产业既是资本、知识和技术密集型产业，又是文化创意的集成型产业，前者如研究发现，地域优势、政府重视、集聚效应构成上海成为中国游戏研发和运营中心之一的三大关键因素⑥。同时，上海游戏产业具有由"双核心集聚"到"单核心集聚"演变的空间集聚特征，游戏企业存在集聚与扩散的双重态势，企业在向嘉定等城市外围地区扩散的同时，浦东、徐汇的集聚也在进一步加强，集聚区之间的集聚强度与集聚规模呈正相关⑦。后者如研究表明，将游戏与神话传说、武侠小说、诗词歌赋、中国哲学和历史等结合起来的游戏产品更具竞争力，如

① 卓武扬. 网络游戏产业研究 [J]. 江西财经大学学报, 2004 (1).
② 姜熙. 我国网络游戏产业链结构分析 [J]. 科协论坛 (下半月), 2008 (2); 高飞, 于浩. 关于网络游戏的价值链研究 [J]. 中国管理信息化, 2015 (16).
③ 陈正, 郭思哲. 产业链视角下的网络游戏知识产权保护 [J]. 科技和产业, 2018 (10).
④ 花建, 田野. 数字游戏产业上市企业的发展驱动力——以上海为重点的研究 [J]. 深圳大学学报 (人文社科版), 2018 (3).
⑤ 文嫱, 胡兵. 中国省域文化创意产业发展影响因素的空间计量研究 [J]. 经济地理, 2014 (2).
⑥ 汪明峰. 互联网时代的城市与区域发展 [M]. 北京: 科学出版社, 2015: 62 - 67.
⑦ 叶忠, 褚劲风, 顾怡. 上海游戏产业空间集聚及演化研究 [J]. 世界地理研究, 2019 (3).

《王者荣耀》在游戏设计过程中邀请中国科学院、北京大学相关专家从文学、音乐、历史和风俗等维度进行专业把关，游戏中近80%的角色源于中国传统文化原型。又如，《梦幻西游》的整体设计源自吴承恩《西游记》，《仙剑奇侠传》则是基于中国古代神话和武侠小说，通过中国风的充分植入构成唯美完整的故事情节①。因此，游戏产业既需要形成自身产业链的空间聚集，也需要与文化创意、体育、娱乐产业，乃至其他服务业企业形成空间聚集，形成游戏产业链竞争力②，并构成城市游戏产业竞争力的第二个一级指标。

城市游戏产业链竞争力本质上是游戏产业创新生态系统竞争力，包括创新主体、产品、活动和制度等要素③。创新主体包括原创研发游戏企业、创意工作室、大学及科研机构等，游戏产品包括移动、个人计算机（PC）等不同种类的产品，活动涉及游戏出版商、发行商、分发平台、技术中介、行业协会、创新联盟、金融机构、政府等行为，制度包括人才、财政等。以成都为例，号称中国"网游第四城"或"手游第四城"，研发构成成都游戏产业的发展核心，2018年四川省游戏研发类企业占比达到70.4%，该比重位居当年全国第一④，在中国形成了独具文化竞争力的游戏产业聚集区。

据此，城市游戏产业链竞争力由游戏产业营收、从业人数、企业数量、文化体育娱乐产值及服务业占城市国内生产总值（GDP）比重五个二级指标构成，权重分别为30%、25%、20%、15%和10%。

（三）城市游戏产业制度竞争力

波特钻石竞争力模型表明，代表制度构建与运营主体的政府是产业竞争力的重要影响因素之一。虽然政府不直接创造产业竞争力，但通过制度安排和制度运营来影响钻石体系的四项关键要素从而间接影响产业竞争力。其中，产业政策、人才政策和财政政策是政府制度安排的三项关键能力。就游戏产业的制度安排而言，游戏产业天然涉及文化和意识领域，因而自然会受到政府的重视和给予相应的监管。例如，2020年，总结国内外游戏产业监管经验和实践中的问题，中国《网络游戏适龄提示》团体标准强调适龄提示的标识符以三个不同年龄为标准，分别为绿色的8+、蓝色的12+、黄色的16+，但没有列入可能引起歧义的18+年龄段，这是中国标准与国外游戏分级制度的不同之处。同时，标准还规定了标识符使用的基本要求及具体使用场景。可以说，政府对游戏市场的监管与促进性产业政策对游戏产业竞争力有直接影响。

① 刘程悦，张宏树．论游戏出海与中国文化软实力建设［J］．今传媒，2019（11）．
② 孙高浩，陈伟．产业链视角下中韩网络游戏产业竞争力比较［J］．中国市场，2008（5）．
③ 田蕾．北京网络游戏产业创新生态优化路径研究［J］．决策咨询，2020（10）．
④ 伽马数据：2018年1～3月移动游戏产业报告．http：//www.cgigc.com.cn/gamedata/18777.html.

例如，在影响上海市游戏企业空间集聚的因素中，政府的政策与规划是吸引和改变游戏企业空间格局的重要引导性因素，产业基地与园区的人才与资本优势成为游戏企业集聚另一重要原因①。因此，中国各地纷纷出台政策推动游戏产业的发展。2019年12月，北京市委宣传部发布《关于推进北京游戏产业健康发展的若干意见》，明确将北京建设为"国际网络游戏之都"，通过打造全球领先的精品游戏研发中心、网络新技术应用中心、游戏社会应用推进中心、游戏理论研究中心和电子竞技产业品牌中心五大中心，力争到2025年游戏产业年产值突破1500亿元②。

同时，游戏产业涉及各级地方政府促进本地经济发展、就业、税收及文化软实力建设等经济社会问题，地方政府会纷纷出台促进游戏产业的相关制度，或通过工业园区和创新社区等方式促进本地游戏产业聚集，或为本地游戏企业的版号申报与获取提供便捷服务，或促进本地游戏企业上市形成规范化和集约化发展，等等。这些制度安排体现了政府公共政策影响游戏产业生产要素的配置形态，游戏产业的竞争形态和强度，也影响游戏产业发展的需求条件，从而影响钻石竞争力模型中的四项关键要素的组合效率，由此影响城市游戏产业竞争力。

据此，游戏产业制度竞争力构成城市游戏产业竞争力的第三个一级指标。城市游戏产业制度竞争力由政策有效性、综合制度及有效性两个二级指标构成。其中，政策有效性占20%二级指标权重，包括产业政策、人才政策和财政政策有效性三项三级指标，三级指标权重分别为50%、30%和20%；综合制度及有效性占80%二级指标权重，包括制度出台数量、游戏版号审批的数量及上市游戏企业数量三项三级指标，三级指标权重分别为40%、40%和20%。需要说明的是，上市游戏企业数量是所在地政府综合服务和专业服务能力的最终体现之一，是城市综合制度及综合服务成效的社会化成果之一。然而，由于该指标与代表性游戏企业竞争力及游戏产业链竞争力中游戏企业数量有一定的相关性，因此，赋予的三级权重为20%。

综上讨论，项目组提出如表5-1所示的城市游戏产业竞争力模型。该模型包含三个一级评价指标，即城市代表性游戏企业竞争力、城市游戏产业链竞争力及城市游戏产业制度竞争力，二级评价指标如上所述共包含12个。该模型既吸收了波特钻石竞争力模型的理论要素，也结合城市游戏产业竞争力的市场结构特征和产业链价值理论，既体现了产业竞争力模型的一般规律，也刻画了城市游戏产业竞争力的具体特征。从模型指标设计与选择来看，评价指标的维度具有较好的结构效度，适合于开展城市游戏产业竞争力的测算和分析。

① 叶忠，褚劲风，顾怡. 上海游戏产业空间集聚及演化研究［J］. 世界地理研究，2019（3）.
② 明星.《关于推动北京游戏产业健康发展的若干意见》发布［J］. 中关村，2020（2）.

项目组根据对业内从业人士访谈调查及游戏产业专家等的多轮德尔菲法，确定城市代表性游戏企业竞争力、城市游戏产业链竞争力及城市游戏产业制度竞争力三个一级指标的权重分别为35%、35%和30%。从三个一级指标的权重比例结构来看，考虑到代表性游戏企业和游戏产业链是一个城市游戏产业竞争力的两大竞争力基础，因而赋予两者均为35%的权重。同时，城市游戏产业制度竞争力也属于关键基础能力，因而也赋予30%的权重（见表5-2）。

表5-2　城市游戏产业竞争力模型

	权重（%）	指标	权重（%）
代表性游戏企业竞争力	35	游戏营收	50
		游戏研发投入	30
		游戏出海营收	20
		指标	权重（%）
游戏产业链竞争力	35	游戏产业营收	30
		游戏产业从业人数	25
		游戏企业数量	20
		文化、体育、娱乐产值	15
		服务业占国内生产总值（GDP）比重	10

		一级指标	权重（%）	二级指标	权重（%）
游戏产业制度竞争力	30	产业、人才、财政政策及有效性	20	产业政策有效性	50
				人才政策有效性	30
				财政政策有效性	20
		综合制度及综合成效	80	制度出台数量（到区一级）	40
				游戏版号审批的数量	40
				上市游戏企业数量	20

二、城市游戏产业竞争力测算方法

从表5-1的具体指标来看，评价模型既包含主观指标，也包含客观指标。客观指标数据可以通过国家或地方统计年鉴获取，或通过计算获得。主观指标数据可以通过调研问卷、业内专家访谈和多轮德尔菲法等方式获取。

项目组对表5-1城市游戏产业竞争力测算的具体步骤如下：

（一）城市代表性游戏企业竞争力测算

第一步，分别选取北京、上海、广州、深圳四个城市中游戏营收排名前5的五家游戏企业。

第二步，每个城市的五家企业利用标准值法分别对游戏营收、游戏研发投入、游戏出海规模三个指标进行评分（每个指标数值最高的企业为100分），再计算出每个企业的总分，选出总分第一的企业。例如，广州网易的游戏营收为400亿元，在广州排最高，则将其此项指标赋值为100分，三七互娱的游戏营收为200亿元，则三七互娱的游戏营收指标得分为（200/400）×100分＝50分。

第三步，对四个城市总分排名第一的四家游戏企业，再按照游戏营收、游戏研发投入、游戏出海规模三个指标排序打分（标准值法，方法如上），计算出四家游戏企业新的总分。

第四步，以上述四家企业新的总分为标准，重新计算其所在城市另外4家企业的分数，得出20家企业最终的分数。例如，网易在广州市的五家企业中是排名第一的企业，其本市对比得分为98分，而在与北京、上海、深圳三个城市排名第一的企业对比中得分为87分，则广州除网易外其他四家企业的得分依次乘以87/98×100，算出最终分数。

第五步，根据20家企业的最终得分，分别计算出北京、上海、广州、深圳四个城市五家企业分数的总和，得出每个城市代表性游戏企业竞争力这个指标的分数。

（二）城市游戏产业链竞争力测算

方法如上，根据每个指标的最终得分加权汇总得到每个城市的游戏产业竞争力的最终得分。单个指标按最高100分计算，根据标准值法得出其他城市的分数。例如，游戏产业营收，深圳在四个城市中最高，为800亿元，则得分为100分，广州为600亿元，则广州游戏产业营收得分为（600/800）×100分＝75分。

（三）城市游戏产业制度竞争力测算

测算步骤和方法同上。

（四）测算结果

根据表5-2模型，计算每个城市三个一级指标的最终得分，赋权加总后，获得比较对象城市间的最终竞争力得分。

第二节　北上广深游戏产业竞争力测算

根据第一节提出的城市游戏产业竞争力模型及测算方法，本节通过对该模型三项一级指标的相关数据进行收集、整理和分析，对北上广深四个一线城市游戏产业竞争力进行具体测算，为中国一线城市游戏产业竞争力提供量化分析的研究基础。

一、城市代表性游戏企业竞争力测算

（一）数据分析

2020年，中国游戏企业营收TOP50企业中广东仅占据11家，与上海齐名，略低于北京的16家（见图5-1），但广东游戏企业多数位于榜单头部。与2019年对比，在TOP50的企业中，广东减少了1家，北京和上海增加了3家。说明广东省游戏产业除了头部的腾讯和网易以外，中小企业的增长和创新与北京和上海相比相对较为乏力。例如，广州中小企业比例较大，除网易等具有研发实力的头部或骨干企业以外，虽然游戏企业数量多，但基本都是中小型游戏企业或工作室，因此，广州游戏产业主要为大企业带动，中小游戏企业与龙头企业之间呈现断崖式的营收结构。

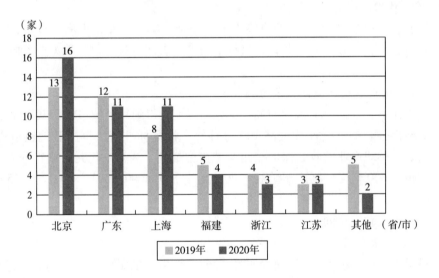

图5-1　2019~2020年中国游戏营收TOP50企业中各省市企业数量

资料来源：笔者根据2019~2020年广东省游戏产业报告整理。

2019年，广东在过审版号游戏企业业务分布上，研运一体的游戏企业占比最高，达到76.0%，运营类游戏企业占比21.3%，仅专注研发的游戏企业占比为2.7%。与其他重要地区进行对比也显示广东研运一体的游戏企业占比最高，目前广东游戏企业绝大多数具备研运一体的能力，这也有助于企业业务的全面发展（见图5-2）。

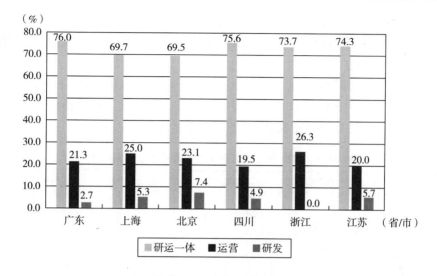

图 5 – 2 2019 年重要地区过审版号游戏企业业务对比

资料来源：2019 年广东省游戏产业报告。

中国游戏用户规模进入稳定发展阶段，在游戏版号的审批逐渐趋严的环境下，游戏出海和精品化已经成为行业的必然趋势。近年来，中国游戏公司的移动游戏开发、发行和运营经验优势愈加受到全球游戏产业和用户的广泛认可，国产游戏出海市场收入持续增长，这是腾讯控股、世纪华通、网易等公司海外市场收入取得出色成绩的市场基础。海外市场收入是评价游戏产业的重要参考信息之一。已取得较优秀的海外市场成绩，表明近年来公司在出海先发优势、产品海外研运能力等方面有丰厚积累，且后续发展具备充分的经验优势。而目前出海成绩欠佳的企业，虽然表明公司过往出海业务未能取得出色成果，但另一方面也表明其拥有较大的成长空间，因为绝大部分游戏公司均已持续加大海外市场开拓力度。精品化、内容为王的趋势也要求游戏企业更注重研发投入，研发投入成为衡量游戏企业的重要指标。

目前，中国游戏产品在海外的收入达到约千亿元，这一成绩也是其他文化创意类产业难以达到的，游戏产业存在着持续发展的必要性。2020 年，中国自主研发游戏海外市场实际销售收入达 154.50 亿美元，比 2019 年增加了 38.55 亿美元，同比增长 33.25%，继续保持高速增长态势。2020 年也仍旧是出海火热的一年，除腾讯、网易以外，四三九九等企业在海外也如鱼得水，助力广东网络游戏出海营收规模达 317.6 亿元，同比增长 31.1%。

（二）竞争力测算

项目组收集整理了所有上市游戏企业的数据，最终每个城市选择五家游戏营收最大的企业作为所在城市的代表性游戏企业（见表5-3）。因未上市企业难以采集相关数据，如北京的字节跳动、FUNPLUS、紫龙游戏、乐元素，上海的莉莉丝、米哈游，广州的四三九九、多益网络等企业。项目组根据业内人士的访谈收集部分未上市代表性游戏企业营收、研发和出海营收的估计数据，根据估计数据进行测算，与表5-3的结果相比没有结构性改变。因此，从谨慎性原则出发，依然采用表5-3的数据测算城市代表性游戏企业竞争力。

表5-3　2019年一线城市代表性游戏企业数据整理

北　京	总营收	游戏营收	游戏研发投入	游戏出海营收
完美世界	80.39	68.61	12.84	12.31
Funplus	58.70	58.70	7.40	58.70
金山软件	82.18	27.49	6.97	0.90
智明星通	20.98	20.95	3.77	18.42
掌趣科技	16.17	14.93	3.50	6.10
上　海	总营收	游戏营收	游戏研发投入	游戏出海营收
哔哩哔哩	67.78	35.98	4.75	1.00
游族网络	32.21	31.33	3.10	19.75
巨人网络	25.71	25.47	8.03	0.03
心动网络	28.38	23.79	2.67	12.70
恺英网络	20.37	16.38	3.00	1.15
广　州	总营收	游戏营收	游戏研发投入	游戏出海营收
网易	592.40	464.20	65.92	51.00
三七互娱	132.30	132.27	8.20	10.49
汇量科技	34.90	34.90	2.46	14.59
星辉娱乐	25.94	8.07	0.19	2.53
百奥家庭互动	6.81	6.79	0.97	0
深　圳	总营收	游戏营收	游戏研发投入	游戏出海营收
腾讯控股	3772.89	1147.10	92.08	50.86
中手游	30.36	30.36	1.61	0.13
创梦天地	27.93	24.47	1.67	1.00
惠程科技	10.92	7.84	0.52	0.25
冰川网络	4.12	3.92	1.09	0.25

　　资料来源：笔者根据各公司年报整理。各公司对于收入归属地定义不一，仅供参考。哔哩哔哩、创梦天地未披露海外营收，根据易观分析估计，其海外收入不足1亿元，我们按1亿元预估。游戏研发投入和出海规模按照游戏营收占总营收比例测算。

根据表 5-3, 计算出北上广深一线城市代表性游戏企业竞争力结果如表 5-4 所示。

表 5-4　2019 年北上广深城市代表性游戏企业竞争力

城市	综合得分
北京	34
上海	39
广州	80
深圳	100

从表 5-4 的结果来看, 广州、上海和北京的城市代表性游戏企业竞争力分别为深圳的 80%、39% 和 34%。或者说, 上海和北京之和的城市代表性游戏企业竞争力总体相对于深圳与广州两地的 40% 左右。同时, 如果深圳为城市代表性游戏企业竞争力的第一梯队的话, 那么广州稳居第二梯队, 上海和北京旗鼓相当, 属于第三梯队。

深圳在城市代表性游戏企业竞争力中得分最高, 主要是因为深圳拥有头部游戏企业腾讯, 腾讯的游戏营收规模较大, 占据全国游戏营收的 2/5 以上。广州排第二的基础在于拥有网易、三七互娱、多益网络等第一、第二梯队的头部、骨干游戏企业。从中可以看出, 北上广深一线城市游戏市场的头部企业效应明显, 市场集中度高, 主要游戏市场被第一梯队企业占据, 因此上海、北京的城市游戏产业竞争力得分较低。

二、城市游戏产业链竞争力测算

(一) 数据分析

首先, 游戏产业的总体营收状况是反映城市游戏产业链竞争力的重要指标。中国游戏产业链的研究多集中于产业链整体结构、各个节点企业、产业链层次等。随着游戏产业规模化的不断发展, 游戏产业的界限开始逐渐模糊, 产业链的范围开始延伸到游戏直播、电子竞技和相关泛娱乐产业, 相关产业也将就此获得巨大的商业利益发展空间。在地方政策的扶持下, 大湾区军团形成了自己完善的游戏产业链, 产业聚集群中的企业不再单打独斗去参与竞争, 而是形成了产业舰队, 提高了整体竞争力。

广东得益于腾讯、网易等经验丰富的企业在研发等方面的发展和积累, 游戏产业在全国甚至全球的影响力在不断提升。广东游戏营收占全国比重也增长到了 76.5%, 虽然和前两年 74.6%、75.6% 的占比相比增幅仍旧不甚明显, 但也仍保持着增长势头，未来五年占比有望突破 80%。2020 年广州市游戏产业的营收规模达到 646 亿元，占广东省游戏产业营收的三成以上（见图 5-3）。

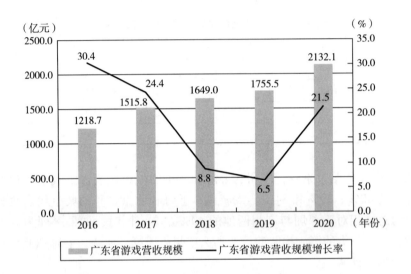

图 5-3   2016~2020 年广东省游戏营收规模

资料来源：2020 年广东省游戏产业报告。

其次，游戏从业者数量构成影响城市游戏产业链竞争力的重要因素。中国游戏产业的求职者主要集中在北上广深一线城市，从求职者的期望工作地区来看，近七成的求职者倾向于在北上广深工作。期望在北京工作的求职者数量在北上广深一线城市中最少（见图 5-4），一方面，高薪资使游戏从业者跳槽的可能性降低，导致北京游戏人才的流动性放缓；另一方面，北京的企业对于游戏产业人才的要求更高。从游戏从业者分布地区来看，广东集中了全国 31.4% 的游戏产业从业人员，在广东地区直接创造就业岗位超过 10 万个。

从游戏设计类及游戏策划类职位在各地区的分布来看，相较于其他地区，首先是广州对于游戏设计类人才需求最多，其次是上海和成都。上海对于游戏策划类人才需求高于其他地区，职位数量占比接近 1/4。不论是从实际的游戏从业者数量，还是求职者期望的地区来看，广州都具有较强的竞争力。虽然游戏薪酬较北京、上海、深圳有一定差距，但是广州独特的城市吸引力还是吸引着众多的游戏从业者。

根据天眼查游戏企业数据估算，仅广州和深圳的游戏及相关产业从业人员就达到了百万规模（见图 5-5）。广东既拥有腾讯、网易这类从业人员达到数万人的大型游戏企业，也拥有大量从业人员仅为数十人的小微型企业。

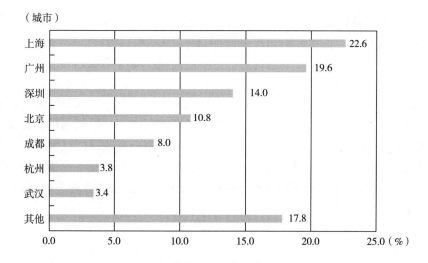

图5-4 2019年游戏产业求职者期望工作地区分布

资料来源：伽马数据与完美世界教育联合发布《中国游戏产业职位状况及薪资调查报告》。

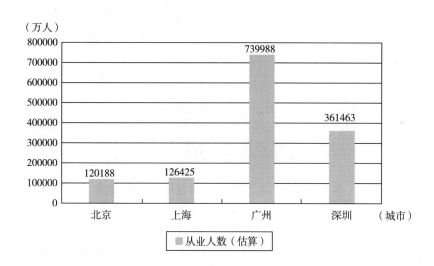

图5-5 北上广深游戏产业从业估算人数

资料来源：根据天眼查数据查询整理，数据截止日期为2020年12月31日。

从游戏研发企业地理分布情况分析，中国网络游戏研发企业主要分布于北京、上海、广东和浙江四个产业集群，以上四个产业集群的企业数量占比分别为25.5%、19.6%、19.0%和8.3%，合计占比超过70%。中国网络游戏研发行业产业集群的形成原因为北京、上海、广东及浙江地区储备了大量专业游戏研发技术人才等（如程序开发人员、美术人员、游戏策划人员等），有利于网络游戏研发团队的组建。除以上四个产业集群外，江苏、福建、四川三个地区集中了部分网络游戏研发企业，占比分别为6.4%、4.3%、4.1%。

再次，游戏企业的总体数量也是影响城市游戏产业链竞争力的重要因素。通过天眼查官网查询游戏相关的企业数量，广州的游戏企业数量最多，达到了55851家（见图5-6），这与广州较早进入游戏行业，培育了一大批游戏企业有关。虽然广州市头部游戏企业众多，广州网易、广州虎牙、广州腾讯、趣丸、多益、四三九九等均是游戏行业龙头企业，大部分为中小企业。广东因储备大量专业游戏研发技术人才等优势，形成湾区产业集群，企业数量在全国遥遥领先。2020年广东游戏企业占全国游戏企业的比重为33.1%，游戏企业总数超过万家，游戏企业数量在全国处于首位。

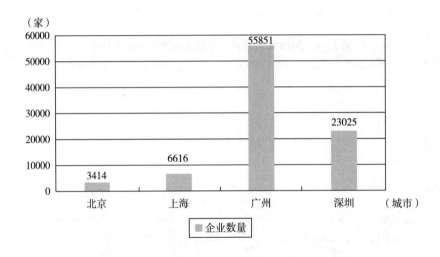

图5-6 2021年2月北上广深游戏企业估算数量

资料来源：根据天眼查数据查询整理，数据截止日期为2020年12月31日。

最后，游戏产业的周边产业网络与服务业环境也是城市游戏产业链竞争力的重要影响因素。2019～2020年在各大重点游戏城市中，广州国内生产总值（GDP）排名第四（见图5-7）。广州运营及生活成本相对较低，交通便利，对人才有较大的吸引力。公共设施完善、交通便捷、文化消费旺盛、生活宜居等优势，对游戏产业的关键环节企业及个体具有非常大的吸引力。

从北上广深一线城市的国内生产总值（GDP）增速对比来看，广州国内生产总值（GDP）体量和增长速度在四大城市中处于劣势（见图5-8）。

城市的文化、体育和娱乐产业构成游戏产业的周边产业网络。2019年，广州和深圳规模以上文化、体育、娱乐的营业收入分别达到314.6亿元和178亿元

（见图5-9）。可以认为，虽然广州和深圳文化、体育、娱乐产业形成的游戏产业周边基础，为两地游戏产业链竞争力提供了重要的文化氛围和创意土壤，但从两地总体来看，在文化、体育、娱乐产业的规模上无法与北京和上海相比。从长远来看，北京和上海游戏产业链依托文化和创意底蕴会对广州和深圳游戏产业链形成越来越强的竞争，这需要从城市战略发展层面给予重视。

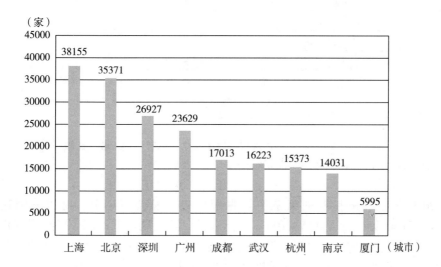

图5-7　2019年中国主要城市国内生产总值（GDP）状况

资料来源：国家统计局。

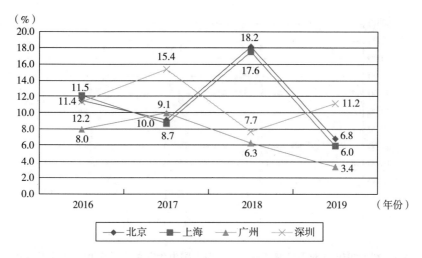

图5-8　2016~2019年北上广深国内生产总值（GDP）增速对比

资料来源：国家统计局。

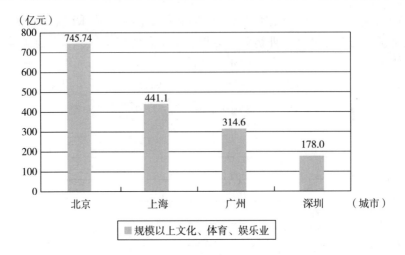

（亿元）

图5-9 2019年北上广深规模以上文化、体育、娱乐收入比较

资料来源：笔者根据各城市统计局网站数据整理。

2019年，广州和深圳第三产业占国内生产总值（GDP）比重分别达到71.62%和60.93%（见图5-10）。总体来看，第三产业基础四个城市之间没有像图5-9所示的文化、体育、娱乐周边产业网络那么明显，虽然深圳第三产业占比低于广州约10个百分点，上海和广州大致相同，北京比上海和广州高10个百分点，但四个城市的第三产业占比均达到超60%的服务经济结构，表明四个城

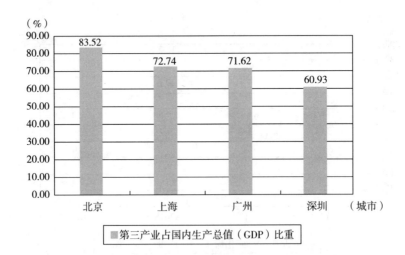

（%）

图5-10 2019年北上广深城市第三产业占国内生产总值（GDP）的比重比较

资料来源：笔者根据各城市统计局网站数据整理。

市经济结构均进入后工业化的成熟阶段，从而为文化创意等虚拟消费提供了重要的经济基础，四地数字化消费能力强〔规模以上服务业占国内生产总值（GDP）比重，因北京数据冲突，北京规模以上服务业企业合计 38908.8 家，超过北京地区生产总额 35371.3 亿元，所以用第三产业占比替代〕。

（二）竞争力测算

根据上述数据来源和整理分析，项目组收集了北京、上海、广州、深圳四个城市的游戏产业营收规模，游戏产业从业人数，文化、体育、娱乐收入，服务业占 GDP 比重，形成如表 5-5 所示的测算数据汇总。

表 5-5　2019 年北上广深城市游戏产业链竞争力数据

二级指标	北京	上海	广州	深圳
游戏产业营收（亿元）	758.6	802.0	538.9	1167.4
游戏产业从业人数（人）	120187.5	126425.0	739987.5	361462.5
游戏企业数量（家）	3414.0	6616.0	55851.0	23025.0
文化、体育、娱乐收入（亿元）	745.7	441.1	314.6	178.0
服务业占 GDP 比重（%）	83.52	72.74	71.62	60.93

资料来源：笔者根据各城市统计局数据整理。

根据表 5-5 的汇总数据，按照表 5-1 的模型指标权重加总，获得如表 5-6 所示的城市游戏产业链竞争力结果。

表 5-6　2019 年北上广深城市游戏产业链竞争力

指标	权重（%）	北京	上海	广州	深圳
游戏产业营收（亿元）	30	65	69	46	100
游戏产业从业人数（人）	25	16	17	100	49
游戏企业数量（家）	20	6	12	100	41
文化、体育、娱乐收入（亿元）	15	100	59	42	24
服务业占 GDP 比重（%）	10	100	87	86	73
一级指标得分	100	67	61	100	83

由表 5-6 可知，首先是广州游戏产业链竞争力最强，其次是深圳，北京和上海为第三梯队，深圳游戏产业链竞争力约为广州的 83%，北京和上海两个城市的游戏产业链竞争力约为广州的 64%，即深圳游戏产业链竞争力比北京和上海高出约 30%。其中，在游戏产业营收维度，深圳为标杆，上海和北京为第二

梯队（平均为深圳的 67%），广州位于四者之末，仅为深圳的 46%，上海和北京的约 69%；在游戏产业从业人数维度，广州为标杆，深圳为第二梯队，上海和北京为第三梯队，深圳为广州的 49%，上海和北京仅为广州的 16.5%，表明广州游戏产业在吸纳就业方面表现出极强的竞争力，也是广州游戏产业链竞争力的一个显著特征；在游戏企业数量维度，广州依然为标杆，深圳为广州的 41%，上海和北京依然为第三梯队，平均只有广州的 9%，表明广州游戏企业数量在一线城市中具有绝对的竞争优势；在文化、体育、娱乐产业收入构成的游戏产业周边产业网络来看，北京为标杆，上海为第二梯队，为北京的 59%，广州为第三梯队，为北京的 42%，深圳最末，为北京的 24%。可见，在该维度上北上广深四个一线城市的梯度结构非常明显，北京高出上海 40%，上海高出广州 40%，广州高于深圳 75%；在服务业占 GDP 比重维度，北京依然为标杆，上海和广州不相上下，构成第二梯队，深圳为第三梯队，但三个梯队之间的差别不是特别明显。

综上分析，可以认为，广州游戏产业链竞争力最强主要得益于两个方面：一是游戏产业从业人数和游戏企业数量维度在四个一线城市中具有绝对的竞争优势；二是服务业占 GDP 比重及文化等周边产业网络维度在四个一线城市中大致处于中间状态。两者相加在相当程度上弥补了广州游戏产业营收维度的竞争劣势，同时借助这种绝对竞争优势，广州形成了游戏产业链的显著竞争特征。如何维持和强化这种竞争特色，使之提升游戏产业产值，是广州游戏产业未来战略与政策分析中需要高度重视的内容。

三、城市游戏产业制度竞争力测算

（一）数据分析

在游戏产业政策出台方面，北京、上海、广州和深圳等城市纷纷发力，通过政策、资金扶持等措施推动本地游戏产业发展，促进了全国游戏产业资源的良性竞争（见附件二）。除了区位优势及地方扶持力度以外，地方所制定的实质性解决游戏产业发展痛点的政策，将成为当地游戏产业拓展的关键。2006 年广州就出台政策文件，设立广州市软件和动漫产业发展资金，每年安排 1.5 亿元资金，用于扶持软件和动漫产业发展。2016 年，广州市出台了《关于加快动漫游戏产业发展的意见》，扶持动漫游戏产业发展。2018 年，广州市印发了《关于加快文化产业创新发展的实施意见》，同年制定了《广州市时尚创意（含动漫）产业发展专项资金管理办法》，对游戏研发、游戏出口、组织和参加游戏展、搭建游戏公共服务平台等项目进行支持。

广州也关注到和游戏产业密切相关的电子竞技产业发展。2019 年 8 月，广州市委宣传部牵头组织制定《关于印发〈广州市促进电子竞技产业发展行动方案（2019～2021 年）〉的通知》，着手推进广州市电子竞技游戏、俱乐部和相关赛事产业发展，发出建设"全国电子竞技产业中心"的号角。广州各区也制定游戏和电子竞技产业规范和政策。天河区发布《广州市天河区电子竞技产业发展规划（2020～2030 年）》；黄埔区出台"游戏电子竞技双 10 条"，对电子竞技游戏企业每年最高奖励 5000 万元，对"双创"领军人才给予最高 15 亿元项目扶持；白云区发布《白云区白云湖街促进电子竞技产业项目资金申报指南》，对电子竞技赛事最高补贴 25 万元；花都区对开发原创产品、技术研发、电子竞技场馆建设和电子竞技赛事举办等企业可获奖励扶持，奖励金额最高可达 1000 万元。

在财政上，广州市将游戏产业纳入 4000 万元的广州市知识产权质押融资风险补偿基金，以及首期 6 亿元的广州市重点产业知识产权运营基金扶持体系中，为包括游戏产业在内的各行业利用知识产权投融资拓宽路子。2017 年、2019 年和 2020 年，广州市共安排时尚创意（含动漫）产业发展专项资金约 9000 万元专项资金，扶持 355 个动漫游戏项目。2021 年初，广州市天河区出台《广州市天河区关于扶持游戏产业健康发展的实施意见》，在产业、人才等方面加大对游戏产业的扶持力度，力求成为广州建设成为粤港澳大湾区游戏产业引领区。

在人才培养上，全国的第一个电子竞技职业院校校内实训基地在广州落地。同时，大力推进电子商务师在内的游戏行业基础人才，进一步放宽了对全日制本科学历、研究生学历人才以及专业技术资格人才入户的年龄限制。对于与游戏产业关系最为密切的知识产权保护、运用方面，广州也有所行动。广州版权金融服务中心已落户黄埔区，将在政策研究、平台搭建等多个方面开展工作，打造全国首家版权金融服务中心。根据调研结果，大部分受访者认为，广州在政策扶持和审批速度方面是有竞争力的，得分为 85 分。

在过审版号数量方面，国家新闻出版署对游戏版号的收紧措施，对游戏产品的精品化、知识版权的保护发挥积极作用，版号的获取速度和周期也将对游戏企业尤其是中小企业产生巨大的资金压力，进一步挤压中小企业的生存空间。2020 年，全年累计共发放了 1405 个版号（见表 5 - 7），其中有 7 款产品跨平台共享一个版号，获版号游戏总量同比减少 10.5%（减少 165 款），这部分原因可能是因为年初疫情导致审批进度变慢。2020 年全年过审移动游戏共 1299 款，占比92%；客户端游戏共 77 款，占比 5.5%；主机游戏共 30 款，占比 2.1%；网页游戏共 5 款，占比 0.4%。如果以国产与进口游戏为衡量标准，2020 年国产游戏获批 1308 款，占比 93%，进口游戏 97 款，占比 7%。

在撤销版号游戏方面，2020 年共撤销 19 款游戏的版号。2020 年版署首次发布了"版号撤销公告"，行业对游戏审批、产品商业化运营后的合规性又有了新的认知。同时，在游戏审批变更方面，除了撤销版号的产品之外，2020 年版署还公示了审批变更的产品。根据统计，2020 年共有 12 款游戏审批信息变更，其中，10 款移动产品、2 款客户端产品，变更信息主要为产品名称更改以及运营商更换两种。

表 5 - 7　2017～2020 年不同类别游戏版号数量情况

类别	年份	2017	2018	2019	2020
国内	移动游戏	9005	2016	1323	1223
	PC 游戏	143	39	35	61
	网页游戏	205	26	18	6
	主机游戏	18	6	9	18
进口	移动游戏	347	41	185	71
	PC 游戏	45	8	30	15
	网页游戏	7	2	2	0
	主机游戏	66	2	14	11
合计		9836	2140	1616	1405

资料来源：笔者根据国家新闻出版署发布数据整理。

　　2018 年 12 月重新开放游戏版号，2020 年国家新闻出版署共发放版号 1405 款，仅占 2017 年的 14.28%。版号限制导致大量中小游戏企业出清，但对于头部游戏公司，版号政策也导致游戏上线时间的不可控。与电影排期相似，游戏上线需要提前安排好档期、渠道广告位置等，每个月 100～200 个的版号释放速度很可能导致游戏延期现象（较为普遍），可能会影响游戏上线的流水表现以及公司的财务表现。截至 2020 年 12 月 15 日，广东省过审版号数量为 307 款（2019 年是 317 款），约占全国游戏审批量的 23.2%（2019 年是 19.60%）。和广东省在全国的游戏营收相比，广东在版号获取能力上并不强。其中，广州过审版号为 106 款（2019 年是 111 款），占广东省的 34.6%（2019 年是 35.1%）。较上海、北京、深圳差距较大（见图 5 - 11）。

　　在版号审批速度方面，版号的获取速度和周期对游戏企业尤其是中小企业会产生巨大的资金压力。根据调研问卷的结果，广州 81.25% 的游戏企业的版号获取周期在 6 个月以上（见图 5 - 12）。主要是因为缺少版号内容审核指引，版号各节点进度不透明，不能在审批流程中获知的进度、进展信息匮乏（见图 5 - 13）。

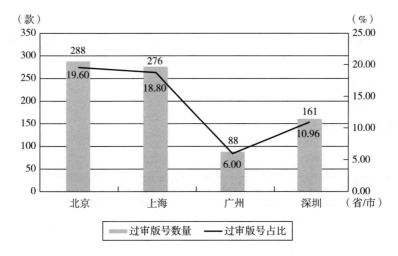

图5-11 2019年一线城市过审版号数量对比

资料来源:《2019年广东省游戏产业报告》。

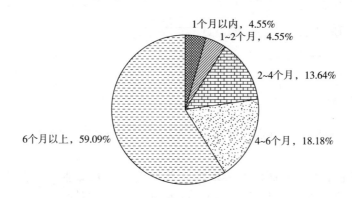

图5-12 广州市游戏产业版号获取周期调查

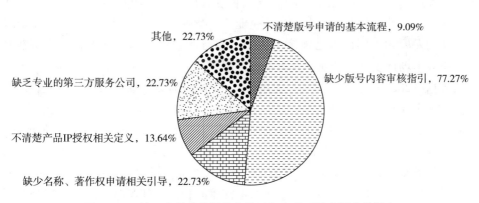

图5-13 关于广州企业版号申请过程中遇到最大困难的调查

从调查问卷中，在版号审批和政府服务方面，做得最好的城市是上海（见图 5 - 14），主要是上海政策针对游戏企业版号获取困难这一问题，启动了上海网络游戏出版管理申报服务平台，帮助游戏企业进行产品申报查询、建档，政策咨询等一站式服务，这也解决了中小游戏企业资源不足、缺乏版号申报经验等痛点，让中小型企业能够将更多的精力与资源放在打磨产品特性上，并提升企业产品上线的效率，助力产品更好地把握市场化机会。

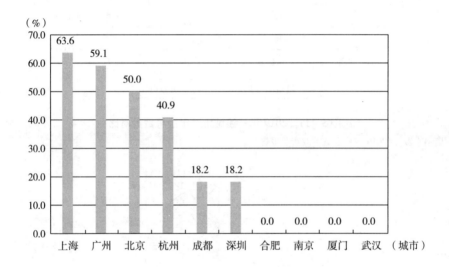

图 5 - 14　版号审批和政府服务方面做得最好的三个城市调查

在上市企业数量方面，近年来国内新增上市游戏企业数量显著减少（见图 5 - 15），这主要来源于两个方面：一方面，A 股市场对于上市游戏企业 IPO 审核更加严格，对于游戏企业的业务成长性、稳定性、盈利能力等方面要求更高，上市门槛的提高使新增上市游戏企业数量减少。另一方面，移动游戏市场经过多年的发展，头部市场已被多个大型上市游戏企业占据，后入者的机会在减少，游戏市场优质新兴企业的补充速度减缓。

根据《2020 年广东省游戏产业报告》，中国共有 206 家上市游戏企业，广东上市游戏企业数量仍旧排名第一，达到 49 家，占比 23.8%。其中，A 股 28 家，港股 17 家，美股 4 家。地域方面，深圳 28 家，广州 12 家，汕头 4 家，其他地区 5 家。报告指出，这主要是广东省在游戏产业发展初期的先发优势以及后期形成的良好发展环境等因素推动的结果。从北上广深上市企业数量对比来看（见图 5 - 16），北京遥遥领先，深圳位居第二，上海与浙江旗鼓相当，江苏略超广州，广州与福建大致相当。也就是说，在上市游戏企业方面，广州在一线城市中处于劣势，而且差距明显，在中国整体上处于第四梯队中，这是广州游戏产业竞争力中的一个明显短板，而且与广州游戏产业链竞争力的优势地位极不相称，有必要引起广州市相关部门的重视。

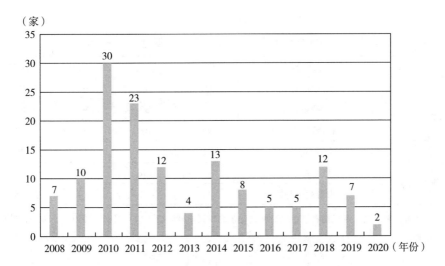

图5-15　2008~2020年中国新上市游戏企业数量

资料来源：伽马数据《2019~2020年中国游戏产业上市企业竞争力报告》。

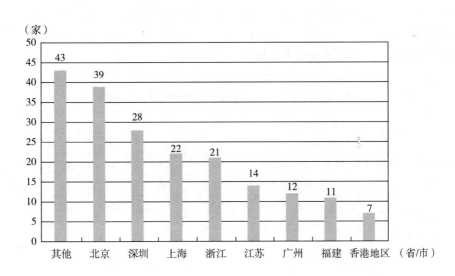

图5-16　2020年中国上市游戏企业地域分布

资料来源：《2020年广东省游戏产业报告》。

（二）竞争力测算

通过上述数据整理与分析，项目组对北上广深四个城市的游戏制度竞争力原始数据进行汇总，获得如表5-8所示的2019年北上广深城市游戏产业制度竞争力汇总数据。

表5-8 2019年北上广深城市游戏产业制度竞争力数据汇总

一级指标	二级指标	北京	上海	广州	深圳
产业、人才、财政政策及有效性	产业政策有效性	80	100	90	70
	人才政策有效性	70	80	90	100
	财政政策有效性	90	100	80	70
综合制度及综合成效	制度出台数量（到区一级）	21	27	17	10
	游戏版号审批的数量	288	276	88	161
	上市游戏企业数量	39	22	12	28

资料来源：制度由笔者根据各城市政府网站发布的政策整理。游戏版号根据《2019年广东省游戏产业报告》整理。

根据表5-8计算2019年北上广深城市游戏产业制度竞争力，具体结果形成表5-9。由表5-9可知，北京和上海在游戏产业制度竞争力上不相上下，均居北上广深一线城市的第一梯队位置。深圳和广州游戏产业制度竞争力虽然总体上分别相当于北京的63%和58%，但整体上处于同一梯队，即均居第二梯队位置。同时，广州游戏产业制度竞争力总体上稍弱于深圳。

表5-9 2019年北上广深城市游戏产业制度竞争力

一级指标	权重	二级指标	权重	北京	上海	广州	深圳
产业、人才、财政政策及有效性	20%	产业政策有效性	50%	80	100	90	70
		人才政策有效性	30%	70	80	90	100
		财政政策有效性	20%	90	100	80	70
综合制度及综合成效	80%	制度出台数量（到区一级）	40%	78	100	63	37
		游戏版号审批的数量	40%	100	96	31	56
		上市游戏企业数量	20%	100	56	31	72
		综合得分：		89	90	52	57
		最终得分：		98	100	58	63

北京和上海的游戏产业制度竞争力较高，主要原因有三个：一是北京和上海

将游戏产业作为支柱性产业给予高度重视，密集出台了一系列相关政策着力扶持本地游戏产业的发展；二是北京和上海两地为直辖市，对优势产业政策尤其是游戏产业这类文化创意类产业具有更灵活的制度设计与运作能力；三是北京和上海两地培养了数量较多的上市游戏企业。相比之下，虽然广州和深圳也出台了不少针对游戏产业发展的扶持政策，但在游戏版号的获取方面总体上落后于北京和上海。同时，相比北京和上海而言，广州在游戏产业发展的制度设计与实施方面缺乏相应的促进能力。

四、城市游戏产业竞争力测算结果

综合上述北上广深四个一线城市游戏产业三个维度的竞争力测算结果，按表 5 - 1 层次分析模型的计算，得到如表 5 - 10 所示的北上广深一线城市游戏产业竞争力结果。由表 5 - 10 可以看到，深圳和广州分别以 83 分、80 分位于四个一线城市游戏产业竞争力的榜首，上海和北京游戏产业在一线城市竞争力排行榜上位于第二梯队。具体而言，中国一线城市游戏产业第二梯队的竞争力约为第一梯队深圳和广州的 78%，表明粤港澳大湾区游戏产生竞争力的优势地位。该结论与游戏界内部分人士和学术研究者对北上广深游戏产业态势的直观感觉或评价接近或一致。

表 5 - 10　2019 年北上广深游戏产业竞争力

	权重	北京	上海	广州	深圳
代表性游戏企业竞争力	35%	34	39	80	100
游戏产业链竞争力	35%	67	61	100	83
游戏产业制度竞争力	30%	98	100	58	63
城市游戏产业竞争力	100%	65	65	80	83

根据表 5 - 10，从地域分布的游戏产业竞争力总体态势来看，粤港澳大湾区游戏产业竞争力处于第一方阵，长江三角洲位于第二方阵，京津冀游戏产业处于第三方阵。随着以上海和北京为代表的一线城市游戏产业竞争力的提升，粤港澳大湾区游戏产业竞争力"一枝独秀"的局面将在不远的将来被打破，从中国游戏产业整体发展来看是值得期待的，也从粤港澳大湾区游戏产业局部竞争来看则是值得引起重视的。这是表 5 - 10 反映出来的粤港澳大湾区游戏产业发展政策启示。

第三节　广州游戏产业竞争力分析

第二节北上广深城市游戏产业竞争力测算结果为广州游戏产业竞争力分析提供了量化分析基础。本节将结合质性研究数据，按照战略管理（SWOT）分析框架对广州游戏产业竞争力做初步分析。

一、广州游戏产业竞争力的优势

与中国其他一线城市相比，广州游戏产业竞争力的优势最集中体现在游戏产业链竞争力上。由图5-17可以看出，在城市游戏产业链竞争力上，广州游戏产业竞争力最为突出的是游戏企业数量和游戏产业就业人数两个指标上，在游戏产业营收，文化、体育、娱乐收入及服务业占国内生产总值（GDP）比重指标上均不占有优势。

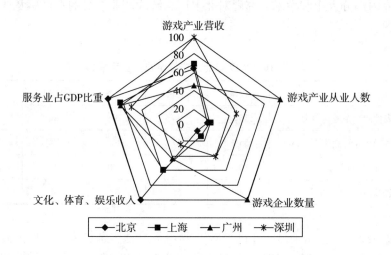

图5-17　广州游戏产业链竞争力的优势结构

2016~2019年，广州游戏产业增加值的年均名义增长率达到38.0%，远高于同期国内生产总值（GDP）的年均名义增长率（8.0%）。广州头部和骨干游戏企业数量相对较多，除网易外，三七、多益、虎牙、趣丸、四三九九均是游戏行业骨干企业。同时，广州游戏和电子竞技生态体系较为完善，涵盖游戏研发、内容运营、赛事运营、游戏运营、电子竞技投资、电子竞技直播、电子竞技场馆、电子竞技衍生产品、电子竞技电商等各产业环节。游戏方面有网易等众多企业源源不断地输出游戏内容，直播方面有虎牙布局电子竞技领域，创办自制赛事等。在电子竞技方面，网易领衔一批国际赛事落户广州。在电子竞技游戏游艺设备方面，广州占有国内70%以上、国际约30%的市场份额。在电子竞技园区方面，广州已拥有广州云湖竞城、广州数字创意体验中心（电子竞技生活馆）、广州大湾区数字娱乐产业园、花都数字文化创意产业园等多个园区，为电子竞技产业聚集发展打下了坚实基础。

广州游戏产业链竞争力优势的另外一个特点是游戏产业人才丰富，深厚的游戏产业基础和充沛的市场活力，广州新经济、新业态、新市场不断创造出诸多新的就业增长点。这与广州市场经济基础雄厚、商业气氛成熟、市场服务体系完善密不可分。

相比之下，在游戏产业链竞争力结构上，深圳凭借"一招鲜，吃遍天"的腾讯游戏吸金能力，占据图5-17游戏产业链竞争力雷达图的营收边角。北京凭借中国文化服务中心城市地位占据图5-17竞争力雷达图文化、体育、娱乐收入及服务业占国内生产总值（GDP）比重的边角。上海游戏产业链竞争力的结构非常均衡，文化、体育、娱乐收入竞争力超过广州和深圳。因此，如何利用好广州在游戏企业数量和游戏产业从业人数这两个竞争力突出优势上做好文章，谋篇布局，将非常考验广州游戏产业发展战略的智慧、定力和能力。

二、广州游戏产业竞争力的短板

广州游戏产业竞争力的短板主要体现在游戏产业制度竞争力维度上。由图5-15可以看出，广州游戏产业制度竞争力的短板最主要体现在游戏版号审批数量及上市游戏企业数量两个指标上。同时，在制度出台数量（到区一级）和财政政策有效性两个指标上也处于第三位置，只有在产业政策有效性和人才政策有效性两个指标上处于第二位置。其中，在人才政策有效性指标上，北上广深四个一线城市对游戏人才的竞争力相当接近。同时，在产业政策有效性指标上，四个一线城市也是不相上下。虽然广州也推出诸多促进游戏产业发展的优惠政策，但由于广州游戏企业数量众多，补贴等财政政策难以覆盖到所有的中小企业，市场化竞争激烈使本地头部游戏企业的排他效应逐渐放大，不可避免地挤压本地中小企业的生存发展空间。如何正视广州游戏产业制度竞争力的短板结构，扬长避短，也同样考验制度设计者的决心和产业促进能力。

图5-18显示，虽然北京和上海游戏产业制度竞争力在北上广深一线城市中均属于第一梯队，但上海在游戏产业制度竞争力上表现出比北京更佳的结构。其中，上海在制度出台数量（到区一级）指标上显示出明显的优势，在产业政策

有效性和财政政策有效性两个指标上也居首位，在游戏版号审批的数量指标上仅与北京略有差距，与深圳和广州拉开明显差距。北京在上市游戏企业数量指标上遥遥领先，并与深圳、上海和广州拉开明显差距。其中，广州在此指标上与深圳和上海相比也差距明显。因此，可以认为，广州游戏产业竞争力的短板最集中体现在制度竞争力上，而广州游戏产业制度竞争力的短板又集中体现在上市游戏企业数量和游戏版号审批数量两个指标上。同时，在制度出台数量（到区一级）指标上也处于竞争力弱势，仅比深圳好些。然而，虽然深圳在制度出台数量（到区一级）、财政政策有效性、产业政策有效性三个指标上位于四个城市的最弱位置，但唯独在人才政策有效性上处于四个城市制度竞争力的最强位置，而游戏产业制度竞争力最具代表性的指标则是人才政策有效性，因为人力资本代表了游戏创意竞争力的最具竞争力的资源。

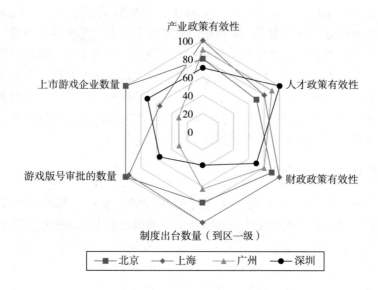

图 5 – 18 广州游戏产业制度竞争力的短板结构

三、广州游戏产业竞争力的机会

广州游戏产业竞争力的拓展机会主要体现在城市代表性游戏企业竞争力维度上。由图 5 – 19 可以认为，广州游戏产业竞争力的拓展机会方向一是在游戏出海上，二是在研发优势上。首先，广州代表性游戏企业的出海营收位于北京之后，与深圳和上海拉开明显差距，且与北京接近。2018 ~ 2020 年，广东游戏产业出口营收分别增长 24.5%、21.5% 和 31.3%。其中，2020 年广东游戏产业出海营收达到 317.6 亿元，反映出国际游戏市场的拓展机会。如果广州游戏产业进一步加大出海规模和市场力度，有望在未来超越北京形成产业新增长点。其次，广州游戏产业在研发投入领域与深圳位居第一梯队，北京和上海均为第二梯队且与第一梯队的研发投入优势差距明显。因此，如何充分发挥广州和深圳在游戏研发投入上的竞争优势，形成游戏产业竞争力的强大竞争潜力，构成广州游戏产业竞争力拓展机会的重要选择方向和努力实现目标。

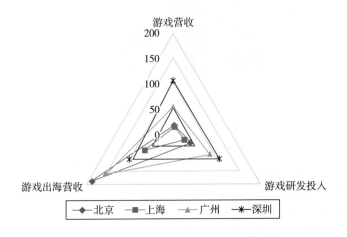

图 5 – 19　广州游戏产业竞争力的拓展机会

广州游戏产业如何通过提升企业社会责任来增强广州游戏产业的出海竞争力和增强国内游戏市场品牌竞争力，构成广州游戏产业竞争力拓展机会的具体发展方向。首先，在中国经济高质量发展阶段，游戏企业的社会责任不仅可以帮助企业树立品牌形象，还可以建立市场美誉度和知名度；其次，游戏企业的社会责任可以从根本上提升企业游戏产品的出海竞争力。2020 年 1 月伽马数据《2019 中国游戏产业——企业社会责任调查报告》显示，2019 年中国游戏企业的社会责任指数达到 12.4，较 2018 年的 11.0 提升了 12.7%。总体来看，中国游戏企业在青少年保护、参与公益、传播文化等方面的社会责任均有所进步。

另外，从 2019 年重点媒体报道网络游戏相关负面新闻类型分布情况来看，中国游戏产业中各企业仍存在未成年人沉迷游戏、企业经营状况、侵权、涉赌诈骗等方面的问题，此外还有用户权益保护等方面，企业社会责任的践行仍有很大改进空间（见图 5 – 20）。

2019 年 11 月，国家新闻出版署发布《关于防止未成年人沉迷网络游戏的通知》，在实名、使用时长、付费等 6 个方面明确了未成年人网络游戏应遵循的原则和规范。根据伽马数据发布的结果显示，85.2% 的游戏产品在每个环节都严格遵守。由此可以看出，近两年国内企业均在积极推动未成年人保护系统的建设。

其中，腾讯、完美世界等17家企业在未成年人保护系统的建设方面更为规范、全面，能够达到《通知》要求。然而，也有个别企业的产品仍存在随意输入错误身份证也可以通过验证登录游戏的情况。

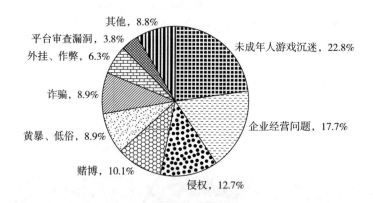

图5-20 2019年重点媒体报道网络游戏相关负面新闻类型分布

注：重点媒体是指《人民日报》《新华社》《中国青年报》《光明日报》《经济日报》及中央电视台等权威媒体。其余财经及产业类媒体，暂未计入考量范围。

资料来源：伽马数据《2019中国游戏——企业社会责任调查报告》。

自2020年以来，随着中国监管部门监管与合规力度的持续增强，游戏产业的负面报道数量急剧减少。同时，疫情期间游戏产品对平衡民众焦虑情绪不仅发挥了积极的作用，也引发政府与社会对游戏产业的多维度思考和认识，在线娱乐获得更多的正面评价，媒体态度也因此而发生转变。

2020年，广州游戏产业群对中国疫情防控也承担了相应的社会责任。2020年1月26日，广州市游戏行业协会发起捐助倡议，会员企业向疫情防控一线直接捐款累计近1.55亿元。同时，广州市游戏行业协会成立疫情防控工作领导小组和疫情防控党员先锋队，关注疫情，收集会员企业经营问题、物资困难、用工问题、法律及税务等方面的情况，在第一时间反馈对接相关单位协助解决。号召企业发挥行业特色，开设免费儿童学习资源平台和线上联合义诊等。

总之，如何发挥好广州游戏产业中的民间组织和群体，通过提升广州游戏企业社会责任感来拓展广州游戏产业的高质量增长机会，不仅是广州头部游戏企业需要考虑的战略问题，也是广州游戏产业民间组织和群体需要面临的现实问题，同时还是广州及部分区政府需要重视的数字经济产业发展战略和规划问题。

四、广州游戏产业竞争力的威胁

广州游戏产业竞争力的总体态势可以用"前有标兵，后有追兵，身边有尖兵"来形容,即广州游戏产业竞争力的提升威胁主要来自三个方面:一是深圳作为中国游戏产业城市竞争力的标杆作用,对同为大湾区的广州游戏产业竞争力构成同台竞技的压力;二是北京借助其制度设计优势和雄厚的文化产业基础,正在大力发展游戏产业而对广州形成追赶压力;三是上海大力打造游戏产业链及出海竞争力而对广州形成直接竞争,两者均为中国第二梯队的游戏产业群之间的竞争将是非常激烈的。

由图5-21反映的广州游戏产业竞争力总体态势可以认为,广州游戏产业竞争力的提升威胁主要来自游戏产业链竞争力方向。在代表性游戏企业竞争力维度上,广州处于第二梯队位置,且位置靠近深圳,上海和北京的代表性游戏企业竞争力与广州相比存在明显差距。同时,在游戏产业制度竞争力维度上,广州和深圳与北京和上海相比也存在明显差距。只有在游戏产业链竞争力维度上,北京与上海处于同一位置,深圳虽然位于第二梯队位置,但与广州和北京、上海相比都差距不明显。可见,虽然广州游戏产业链竞争力构成广州游戏产业竞争力的核心,但该维度总体上与深圳、上海和北京没有拉开明显差距。

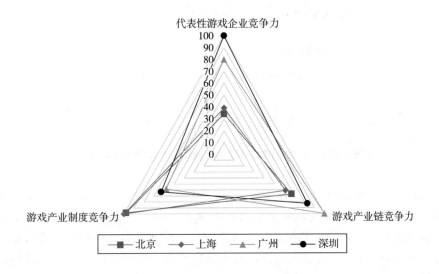

图5-21　广州游戏产业竞争力的提升威胁

如前所述,从广州游戏产业链竞争力的内部结构上来看,游戏企业数量和游戏产业从业人员数量是两个显著优势,但从游戏产业链竞争力的维度上分析,深圳、上海和北京的其他指标优势对广州游戏企业数量及从业人员数量的优势进行了部分抵消,导致广州在游戏产业链竞争力维度上与深圳、上海和北京的优势被缩小了。

这样，在北上广深城市游戏产业竞争力三个一级维度中，广州在代表性游戏企业竞争力维度上仅次于深圳，但与上海和北京拉开差距，在游戏产业制度竞争力维度上与深圳处于第二梯队，且与第一梯队差距明显，广州在制度竞争力维度上短期难以超越北京和上海的第一梯队，即这两个竞争力维度的结构大致是稳定的。唯独在广州游戏产业最具竞争力的产业链竞争力维度上，四个城市的竞争力水平大致接近。因此，北上广深游戏产业链竞争力的近似结构，成为广州游戏产业竞争力的提升威胁。图 5 – 22 提供的广州游戏产业三个维度上所有具体指标的竞争力雷达图，也直观反映了这一点。

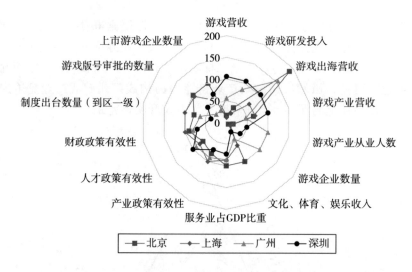

图 5 – 22　北上广深城市游戏产业竞争力二级指标雷达图

由图 5 – 22 可以认为，与深圳、上海和北京相比，广州游戏产业竞争力结构独树一帜，在游戏数量及从业人数规模上尤其明显。上海与北京竞争力结构近似，但北京游戏出海营收指标竞争力尤其突出，广州随后。深圳在游戏营收（代表性游戏企业营收）、游戏产业营收两个指标竞争力明显，城市竞争力结构在四个一线城市中属于相对最稳定的结构。

第六章　游戏产业竞争与互动创新

对广州游戏产业竞争力做深入分析，需要结合游戏产业发展趋势和数据驱动的游戏产业互动创新转变趋势来一并探讨。在经济数字化转型加速和数字经济环境下，城市游戏产业竞争力分析需要高度重视产业未来发展趋势，尤其是从经验驱动向数据驱动的游戏产业互动创新发展趋势。

第一节　游戏产业沉浸式融合竞争

目前中国移动游戏市场正处于发展的关键节点，无论是版号导致的行业洗牌，还是5G、云游戏等新兴技术带来的行业革新，都有可能彻底改变行业格局。作为迭代升级速度较快的产业，游戏的内容创新能力尤为重要，是推动产业发展的首要动能。2020年，中国游戏产业深耕产品制作，从IP产品的孵化到游戏、动漫、影视等多平台的跨界联动，再到文化衍生品的授权开发，产业链条不断延伸，形成游戏产业沉浸式融合竞争趋势。

底蕴丰厚的中国传统文化，为网络游戏的内容创新提供了更为广阔的发展空间，激发了北上广深一线城市游戏产业及企业生产更多思想精深、艺术精湛、制作精良的精品力作，催生出了更多内容丰富、形态多样的游戏产品，进一步满足了消费者的精神文化需求。消费需求是中国"十四五"期间的重要发展方向，游戏产业沉浸式融合竞争将进一步提升广州乃至中国游戏市场的消费水平，形成对数字经济高质量发展的强大支持。

一、技术驱动的游戏产业竞争

随着5G技术在中国市场上的发展，新一轮科技革命和产业变革正蓄势待发，云计算、VR等产业加速演进。技术赋能、产业升级成为2020年中国游戏产业的重要标志。智能信息技术的发展为移动游戏的开发提供了全新平台和发展机会。随着中国移动游戏发展持续推进，市场份额逐年增长，3A 游戏、超休闲游戏、独立游戏、功能游戏（基于 VR、AR 制作的虚拟实验室等）、云游戏等越来越体现出技术驱动的游戏产业竞争特征，从而变革既有游戏产业的市场结构和竞争态势。

（一）3A 游戏

3A 游戏的说法最早诞生于 20 世纪 90 年代的美国。彼时的北美游戏行业为了与以任天堂为首的日本游戏企业竞争，厂商将自己的游戏贴上 3A 的标签，以此来宣告此款游戏是公司的一线产品，有着顶级的预算和技术支持①。当时的 3A 游戏在很大程度上只是欧美游戏产业的一个宣传手段，事实上却并不被日本在内的游戏市场所接纳。随着欧美游戏产业的强势崛起，3A 游戏的概念开始全球化，成为欧美游戏产业攻占全球市场最华丽的宣传标语以及抗击日本游戏产业最粗暴的资本武器。凭借着高昂研发成本带来的惊人视觉冲击、体量差异，微软和索尼打得难分难解，曾经的日本厂商代表任天堂显得力不从心，3A 游戏这个概念开始慢慢渗透到电子游戏产业的各个角落。

3A 游戏在国内游戏圈是个经常被念叨的词语，它意味着业内最顶尖技术、最高昂成本、最高品质标准的游戏作品。一款游戏能够称为 3A 是对其制作方能力的肯定；一家大型 3A 游戏厂商背后必然有业界最高水准产业链的支持。以《荒野大镖客：救赎 2》为例，其游戏开发历时 8 年，整合其开发商 Rockstar 旗下所有工作室人力，耗资 5 亿美元，刷新了整个游戏上成本最高的游戏的纪录。而游戏最终的成品如何大伙也是有目共睹的，无论是画面、剧情还是在内容丰富程度上都可以堪称业界标杆，再一次革新了玩家对于单机游戏的认知。游戏在上市不到一周就完全回本，随之而来的就是净利润。

远在大洋彼岸的波兰，由著名游戏开发商 CD Project Red 开发的大型 ARPG 游戏《巫师 3》，其开发时间 3 年半，波兰本地开发人员就有 240 人，同时还有世界各地超过 1500 人的其他开发者，耗资 8100 万美元。这个数字比起上面的《荒野大镖客》还是相形见绌，但其游戏本身的素质也是过硬，丝毫没有偷工减料的迹象，质量高到以至于开发商完全没有为游戏采取任何反盗版的措施，就是要靠游戏品质让玩家心甘情愿地自掏腰包。凭借着这份自信，着实打动了所有玩

---

① 在国际上的评级标准中，往往以字母 A 到 E 来为事物评级，"A"固然是代表最好的，那三个"A"顾名思义就是几乎顶级的了。在游戏领域中的"AAA"通常是指"A lot of money（大量的金钱）"、"A lot of resources（大量的资源）"以及"A lot of time（大量的时间）"，表示游戏的开发成本高、开发周期长、消耗的资源多。"3A"自始至终只是一个很笼统的概念，迄今为止从来没有一个对于开发成本、耗时和资源有所规定的标准，也没有任何机构或者组织具有"3A"认证的资格，"AAA"这个说法只停留在概念层次上，并不像其他领域有着官方的评定标准。

家，游戏的最终销量十分可观，取得了商业上空前的成功。

并非高投入的同时也能取得高回报。尽管多数 3A 游戏最后都取得了不错的成绩，但这些游戏在开发之初往往也伴随着高风险。如果投入这么多结果最终的成品仍不理想，那么成本再高的游戏也难逃暴死的命运。对于游戏公司而言，是否选择开发 3A 游戏无疑也是一场豪赌。其中，最典型的例子要数著名游戏开发商兼发行商 THQ，其旗下的多数游戏如《黑道圣徒》《暗黑血统》等众多游戏都是叫好不叫座的名作，可公司一直入不敷出导致公司难逃破产的命运，让人为之惋惜。同样，3A 游戏本身也暴露出越来越多的问题，画面越来越华丽，游戏性越来越原地踏步；预算越来越高，游戏方式越来越同质化；宣发策略越来越精明，游戏"爆雷"的概率却越来越高。

在国内，虽然游戏产业经过多年的发展取得了不俗的成绩，但是迄今为止，也未能有一款真正意义上的 3A 游戏。对于国内玩家来说，"什么时候中国能有一款 3A 游戏"成为争论不腻的永恒话题，表达了国内游戏产业对于行业高水准产业模式的羡慕和憧憬。近年来，国内诸多大厂如网易、腾讯均开设了 3A 游戏工作室，向主机市场进军。

作为游戏业中旗舰级的产品，3A 游戏从来就不是一蹴而就，其中的艰难与困苦难以想象。首先，早期游戏知识产权的薄弱。国内的盗版游戏遍地横行，国内多数玩家缺少正版意识。尽管现在玩家的正版意识已经有了明显的提升，但愿意掏钱购买游戏的玩家还是占少数。其次，3A 游戏的风险较高，游戏能否赚钱成为衡量游戏成功的标准。与其冒着巨大的风险选择开发高成本大作，不如选择成本低回报高的手机市场。3A 所需的大资金、大团队、长周期研发，对"追求投入产出比"的国内游戏企业来说是不可能完成的任务。最后，3A 游戏开发的难度较大。游戏开发的一大特色便是"规模化"，一个 3A 项目的开发至少需要数百人、数个团队共同奋斗数年，同时更大的投资和规模也意味着更大的工作量和更紧的开发周期。

虽然 3A 游戏的开发困难重重，但 3A 仍是游戏行业的风向标，是位于游戏业中金字塔顶端的旗舰级产品，对于团队以及研发力量、技术、手段，都将起到推动科技和平台创新的作用，推动国内整个游戏行业的发展。

在市场方面，根据 Newzoo 的预测，主机将成为 2020 年仅次于移动游戏的第二大细分市场，同比增长 6.8%，收入达到 452 亿美元。到 2023 年，这一数字将增长至 578 亿美元。主机游戏最大的市场在全球，成功 3A 产品一大标签就是全球化。在逐步实现对手游市场渗透后，中国公司如果要继续扩张版图，那么下一个目标必然会是主机平台。

在用户方面，随着玩家的认知水平提升，中国玩家对于游戏的审美也逐渐趋于国际化，例如，越来越多的海外主机 PC 游戏在中国开始流行，除了早年的《仙剑》《古剑》《轩辕剑》之外，现在中国公司做 3A 游戏不再需要完全为国内玩家的游戏习惯而设计，而是为全球市场定制，一款成功的 3A 产品诞生也标志着国内厂商向着国际化迈进。

随着游戏开发工作不断地专业化、细分化，不论是玩家的意识还是研发的技术和资金，国内游戏均具备了开发 3A 游戏的门槛。部分国内游戏厂商也在强化自身的研发实力向 3A 水准、主机平台迈进。在众多国内厂商的强势集结下，相信在下一个时代的主机平台上能见到国产 3A 大作，只是时间问题。

（二）超休闲游戏

目前在国内主流的移动游戏产品中，大多数产品类型为重度游戏，流水收入来源于小部分付费用户，这也使重度移动游戏用户生态失衡，企业致力于寻找更多高付费用户，从而造成了用户获取成本提升的状况。而更多非付费用户的潜力有待挖掘，凭借超休闲游戏则能够提升更多轻度付费、非付费用户的商业化价值。超休闲游戏的主要变现方式来源于广告，用户付出时间即可得到游戏奖励，这也使每一个游戏用户均具备了商业化价值。超休闲游戏本身并不具备深度、复杂的付费数值体系设置，其侧重于对用户反应、技巧、熟练度等方面的考验，这也使产品内容更易传播，并获得较多用户的关注。在全球范围内，超休闲游戏也受到了用户的认可，根据 Sensortower 发布的相关数据，2018 年全球游戏下载榜单 TOP20 产品中 15 款为超休闲游戏。同时，超休闲游戏也带给中小型开发商更多的破局机会，这主要体现在以下三个方面：

第一，超休闲游戏需要的研发资源相对较少，大多数开发者均有能力研发，获客成本也相对较低，能够缓解重度游戏市场激烈竞争带来的生存压力，让开发者聚焦于核心玩法的研究与创新，成为企业生存与发展的重要机会。同时，超休闲游戏开发周期短，普遍周期在 1~2 个月，更容易抓住移动游戏市场快速变化的机会，且开发团队可在短时间内推出多款产品，试错成本低，不会因为研发周期的拉长增加资本投入。

第二，超休闲游戏推出后即可获利，这主要是因为广告是其主要的收入来源，产品与广告可同步推出，这意味着产品凭借用户量在早期便可进行广告变现。相比之下，内含大量 IAP（内购付费）的游戏需要随时间推移从最活跃的用户处获得收益，前期营销活动投入较大。同时，超休闲游戏全球范围内用户数量庞大，休闲化的特点使得其用户覆盖面更广，且产品淘汰速度较快，用户对于产品的需求旺盛，超休闲游戏的开发商具备较高的机会切入市场。

第三，广告变现模式丰富且新颖，超休闲游戏的变现方式包括横幅广告、原生广告、视频广告、可试玩广告等多种形式。结合游戏场景，展开多种广告形式的组合使用，也能够部分缓解广告对用户体验的负面影响，甚至获得用户的认同。例如，可试玩广告可以让广告变得有趣，从而提升用户的留存比例，激励视频也能够让用户感受到收益，从而强化对于广告的关注和提高广告的转化率。

然而，目前广州乃至广东在超休闲游戏领域尚未出现代表性团队与产品，主要原因在于近年来国内小游戏快速发展，中小型游戏团队将开发精力放在微信、支付宝等小游戏渠道上。从产品本身来看，超休闲游戏与小游戏存在较大的交叉性，虽然"轻度化"的产品特征较为明显，但小游戏更多依托于单一渠道的用户资源，全球化发展的难度较大，超休闲游戏则可以通过全球化的广告平台对接全球用户，从而更快导入用户流量。未来广东游戏产业若想进一步全球化发展，超休闲游戏也是重要的机会领域之一。广州乃至广东企业可依托于买量及小游戏开发、运营优势，在全球范围内发展超休闲游戏，虽然超休闲游戏盈利能力不及中重度游戏，但可拓宽用户流量渠道，也可凭借超休闲游戏拓展全球化的游戏市场。

（三）功能性游戏

游戏企业具备布局功能性游戏的必要性。功能性游戏即着重强调使用功能，研发初衷为解决社会与行业问题的游戏，将游戏的元素、设计、技术和构架创新应用于其他领域，早期的功能性游戏主要包括教育类游戏、训练类游戏等。现阶段功能性游戏的概念已经得到延伸，在保证其功能性的同时，在实际使用过程中还能产生较高的娱乐性，为大多数用户所接受，从而取得一定的商业化成功，主要包括沙盒类、模拟经营类等。腾讯游戏、网易游戏等企业均布局了这一领域，代表性产品有《家国梦》等。同时，功能性游戏可能更具典型的是与军事相关的用途，如特别考虑到无人机普及下等未来战争形式在向键盘操作模式演变。近年来，国内的功能性游戏取得了一定的发展，主要受到市场需求、政策监管、品牌发展等方面的影响。

功能性游戏的价值及发展机会主要体现在以下三个方面：

第一，功能性游戏本身具备教育、知识普及、医疗等方面的实用价值。例如，核心玩法为创造、建造的《我的世界》、涉及都市规划与商业发展的《都市运输》系列及医疗科学的《肿瘤医生》等产品，在具备娱乐性的同时在其他领域拓展了一定的价值，对于推动社会发展具备实质性促进作用。

第二，功能性游戏能够满足社会大众利益需求，提升游戏产业社会效应。随着游戏产业的快速发展，其已成为国内年轻用户主流的娱乐方式之一。但一系列社会问题也因此产生，例如，未成年人沉迷游戏，这一类事件长期受到新闻媒体报道，并影响了产业及企业的社会形象。多年来游戏企业致力于完善防沉迷系统，从而改善自身的社会影响，但部分媒体依然对游戏产业及企业存在理解误区。而功能性游戏的发展能够对社会的发展产生实质性的促进意义，并强化游戏产业的正面影响。以《家国梦》为例，该产品为《人民日报》和"腾讯"联合推出庆祝中华人民共和国成立70周年公益移动游戏，帮助用户建设城市与国家，同时了解扶贫攻坚、绿色出行、减税降费等政策，还能感受到各地的地域文化特色，推出后该产品迅速登上了免费榜榜首，并获得了大量正面的媒体与社会评价。

第三，功能性游戏具备较高的商业化空间。功能性游戏商业化的价值主要体现在两个方面：一方面，为其本身所能带来的收入，以《我的世界》为例，该产品全球卖出超过1.76亿份，销售收入超过百亿元，本身能够带来较高的收入；另一方面，功能性游戏具备较高的商业附加值，例如，其在教育领域能够得到很好的应用，帮助儿童或青少年在游戏过程中学习知识，本身能够作为教育产品出现，从而分享教育产业超过万亿级的市场。此外，随着在医学、体育训练等其他领域的应用，商业化价值也有望进一步延伸。

受国内游戏自主研发能力发展较晚影响，功能游戏在国内市场的起步也较晚，但随着近年来国内游戏研发技术的不断成熟，加上政策的鼓励、引导，以及企业自身对游戏边界的探索，预计未来几年国内功能游戏市场将会得到较快发展，到2022年，市场实际销售收入将达到13.48亿元。从功能游戏的用户规模统计来看，虽然功能游戏用户可能会存在局限性，但相对于全国游戏用户超6亿的规模，当前中国功能游戏的用户规模仍显低，这对于未来入局的优质功能游戏则更为友好，可享有更多用户红利，预计到2022年，用户将达到0.53亿。

中国的功能游戏市场在整体游戏市场的比重不足0.5%，远低于全球整体水平。作为全球第一大游戏市场，中国的功能性游戏正亟须发展。2015年，据Newzoo数据显示，中国游戏市场规模首次超越美国成为全球第一大游戏市场，但在功能游戏领域的发展则显缓慢。通过比较2020年我国功能游戏市场占我国游戏市场的比重与全球功能游戏市场占全球游戏市场的比重，可以发现，中国的功能游戏市场的比重不足0.5%。

2020年上半年，在国内各个应用领域的功能游戏中，教育类产品创造的流水占据着较大比例，这主要是因为我国功能游戏发展尚在初期，而教育类功能游戏是最易入手的领域，无论是产品设计难度还是寻找目标市场和用户，都具有较大优势，从头部产品《我的世界教育版》《程序员升职记》等更能看出，偏向于教育类产品更易取得较高收益。

（四）云游戏

随着5G的快速发展叠加云计算的支撑，云游戏将成为5G商用备受期待落地场景的重要领域，云游戏发展将推动5G、云计算基础设施的进一步完善，只有云端才能真正实现轻量化终端的随时可玩，只有 5G 的连续覆盖、深度覆盖才能真正实现游戏用户的随地可玩，5G 和云计算的发展将有更大的市场空间可拓展，诸如云游戏等行业应用是技术发展的必然，是大势所趋。

云游戏是以云计算为基础的游戏方式，游戏在服务器端运行，并将渲染完毕后的游戏画面压缩后通过网络传送给用户，用户所使用的设备终端，只需具有基本的视频解码能力和网络连接功能即可体验云游戏，无须下载游戏，实现"即点即玩"。2020 年 5G 商用加速落地，也加速了云游戏的发展进程，5G 技术的超大带宽和低延时，正是云游戏在未来普及的基础。2019 年中国云游戏市场规模为5.35 亿元，2020 年有望达到 12 亿元，未来两年预计年增长率超过 100%，到2022 年，云游戏市场规模有望突破 40 亿元，云游戏产业将步入快速发展的成长期。

由于布局云游戏需要较高的成本和技术门槛，游戏大厂在云游戏的布局上更为积极。截至 2020 年 5 月，在百亿元以上的市值并且拥有游戏业务的上市企业中，已布局的企业占比为 35.1%。在云游戏产业链上游的内容方面，腾讯、网易、完美世界、中手游等游戏厂商均已提前布局，拥有原生云游戏研发实力的公司及拥有丰富精品游戏产品矩阵的游戏公司（现有游戏上云）将在云游戏时代建立自己的竞争壁垒，也有望助推游戏的精品化趋势。目前，网易、咪咕快游、天翼云游戏等云游戏平台已正式上线，其中，多数采用购买游戏时长的订阅付费模式，独家精品游戏内容是未来驱动云游戏平台用户增长的核心，拥有精品游戏研发实力的厂商或将提高自身的议价能力。终端方面，由于云游戏不限于手机、PC，因此，在电视大屏等方面有望丰富大屏经济的商业化方式，助推大屏经济的发展。

5G、云计算、虚拟化技术、编码技术、人工智能、区块链、数据中心等一系列互联网新技术的深入应用，将为在线娱乐和云端经济带来新的发展机遇。这些新技术将加快云游戏及 AR、VR 等多终端游戏的发展和升级迭代，能有效提升用户体验。网络游戏企业应顺应技术发展潮流，利用新技术为新产品、新业态赋能，实现游戏形态的升级换代，满足市场需求。

2020 年上半年 5G 商用落地加速，国内和国外科技巨头、云服务供应商、游戏公司、通信运营商等都加快了云游戏布局，使云游戏平台接连落地，存量游戏开启"云化"进程。由此带来了游戏方式、产品类型、用户体验等方面的全方位升级，加速了游戏产业生态融合及数字娱乐产业创新发展进程。

此外，中国游戏企业加大了对大数据、人工智能等先进互联网技术的研究投入，并将其关键技术应用于游戏产品的研发和运营管理，为更多精品游戏的推出提供了有力支撑。前沿科技的应用场景拓展到更广阔的领域，让精品游戏更贴近用户，也进一步推动了行业管理和产业生态的持续变革。

2020年1～6月，中国云游戏市场实际销售收入达4.03亿元，同比市场增长79.35%。随着5G技术日益普及、网络宽带环境优化，云游戏产业将得到快速发展。虽然云游戏的前景广阔，但云游戏仍处于秉烛夜行的摸索阶段，用户体验与商业模式都尚不清晰。从谷歌的Stadia平台至今，国内外都已经有多个公开面向用户的云游戏平台出现，但无论是市场关注度还是变现能力，都没有引起太多的热度。从用户体验角度来说，目前在国内已开放的云游戏平台中，大多只能提供基础的画面清晰度，对于4K、60帧这样的高质量画面仍有一定差距，并且在游戏过程中仍无法做到完全的流畅无顿挫感。这也直接导致用户的付费意愿较低，特别是当前云游戏平台普遍采取订阅制的付费模式，这对于习惯"F2P"的中国用户来说，进一步加深了付费的阻碍。

二、功能游戏的产业竞争

功能游戏是产学研相结合的典范，其最大特点是游戏研发要借助学术理论支撑，因此，通过校企结合、企业与研究机构结合的方式则是游戏开发的有效办法。另外，游戏领域实力的快速发展将为功能游戏的发展提供强有力的支撑。随着游戏市场进入精品阶段，作为有益于社会的功能游戏市场有较大机会获得爆发性的增长与发展。从国内已上市的游戏企业来看，已布局功能游戏的游戏企业（有已知产品或有公开信息投资布局的企业）数量占比仍很小，但腾讯游戏、网易游戏、盛趣游戏等已积极布局，且拥有一定相关产品产出或代理发行的动作。头部和骨干游戏企业的布局必将带来较多的优势资源介入功能游戏领域，随着功能性游戏的爆款产品出现，功能游戏领域将会产生更多积极介入的中小游戏企业及初创类企业。

与传统游戏不同，功能游戏的分类主要根据其应用领域、场景划分，从全球范围来看，功能游戏较常见的应用领域主要为教育医疗、文化公益、商业和军事等领域。

首先，教育为我国最为重视的发展领域之一，因此也成为功能游戏需要着重研究的领域。从年龄和适应人群出发，教育领域的应用场景主要包括幼儿教育、K12教育、高等（成人）教育。同样地，功能游戏在医疗卫生领域应用也极其广泛，既可以帮助患者了解复杂病情的具体情况及治疗过程，又能够帮助医疗工作人员练习技能，在医疗科研中，还可以把难题通过众包形式分散于游戏用户，来集众智解决问题。

其次，在文化公益领域，游戏的模拟功能、记录功能可以更好地记录重要文化以实现传承，这一类功能游戏也十分具备发展价值。以我国非遗文化类功能游戏为例,《佳期》《画境长恨歌》等游戏对特定的非遗文化进行了不同程度的数字艺术诠释,形成了非遗文化传承与发展的新场域,体现该品类游戏特殊的社会功能。同时,在公益方面,功能游戏可以让公益活动氛围更轻松愉快,最终获得启示,在国内外公益领域均有一些功能游戏产品涉猎,应用场景包括科普、防灾演习和关爱弱势群体等。

最后,在商业和军事方面,功能游戏在销售、管理等技能训练上都有成功的产品案例,在金融、市政等方面也有产品涉猎,应用面较广。同时,军事领域功能游戏最早被美国军事机构所应用,目前国内相关案例仍较少,只有军备认知类功能游戏较为常见。

总体来看,目前广州乃至中国功能游戏产业竞争也遇到一定障碍,国内市场中功能游戏的市场规模占比仅有0.34%,商业产出较低主要是由于缺少适应国内的较为成熟的商业化模式。在商业化程度不足的情况下,企业布局的动力将大打折扣,尤其是中小企业,周期内产品能否实现盈利直接关系着自身生存能力。此外,功能游戏更多涉及各个领域的专业知识或技术,这对于游戏企业而言存在一定研发障碍,同时对各专业领域而言,游戏性的策划与设计则成为难题。

从海外的发展程度与国内对功能游戏领域的探索情况来看,国内功能游戏市场有较大机会获得爆发性的增长与发展。具体表现在以下三个方面:

第一,游戏领域实力的快速发展。自2015年以来,中国游戏市场受市场需求红利催动,已经成为全球第一大游戏市场,这种需求红利也吸引大量企业投入到游戏领域中来,激烈的市场竞争使中国游戏产业在技术、研发、营销与运营等方面积累了大量经验与人才,这将为功能游戏的发展提供强有力的支撑。

第二,当前游戏市场进入精品阶段,行业管理政策的密集出台以及有效管理,大大修正了游戏市场的野蛮生长,我国各级相关部门对功能游戏的鼓励态度不断显露。有益于社会的功能游戏产品将有很大概率在未来获得政策上的绿色通道,这也将在一定程度上解决游戏市场野蛮生长带来的研发资源溢出问题,进而带来更多就业需求,促进游戏行业的健康发展。同时,资源的投入和相应的商业化产出必须成正比才能保证功能游戏领域可持续的健康发展。国内企业可更多参考国外的商业模式,如政府和机构定制采买、产品广告植入、付费游戏、道具内购等变现方式特点,进一步提升市场份额。以医疗机构采买为例,通过VR游戏技术研发外科手术操作模拟产品,再通过医疗机构资源销售获得销量;而广告变现则可以通过大数据手段筛选功能游戏需求群体,进一步互推功能游戏产品,同步实现广告变现与用户群体扩充。

第三,功能游戏在海外的发展与应用成为中国功能游戏发展的良好参考,国外面向垂直行业应用的功能游戏已形成相对完整的开发、运用体系,在国土安全、医疗健康、教育、企业商业等领域已形成较大的市场，并带动大中小企业和高校以及科研机构加入这个生态当中。同时，在国内市场量级下，头部大厂入局，功能性游戏的爆款出现可期，而爆款的市场效应将吸引更多资本入局，促进相关领域良性发展逐步成熟。此外，中国游戏从业者在与国际功能游戏不断学习的过程中，将研发出更多具有中国特色以及元素的国产功能游戏，走向全球，实现中华优秀文化与世界文化的交流与碰撞。

三、VR/AR 游戏产业的竞争

虚拟现实（Virtual Reality）游戏，是指利用计算机模拟产生一个三维空间的虚拟世界，进而向游戏用户提供一个能够自由与该空间事物进行互动的模拟游戏。增强现实（Augmented Reality）游戏，是指基于将虚拟信息与真实世界深度融合的增强现实技术构建的游戏产品或服务。这种游戏产品或服务又被广泛应用于多媒体、三维建模、实时跟踪及注册、智能交互、传感等多种现实场景中。在VR/AR 游戏场景中，文字、图像、三维模型、音乐、视频等虚拟信息模拟仿真与真实世界的两种信息互为补充，形成对真实世界的虚拟与增强。例如，任天堂3DS 都具备增强现实的功能，通过 AR 技术将游戏内容与现实结合。与传统游戏相比，VR 游戏的代入感和拟真度较为强烈，促进用户的沉浸式体验提升。虚拟现实技术在游戏模拟方面展现出较大的优势，虚拟现实游戏所具有的逼真互动性以及沉浸式的游戏环境丰富了用户的娱乐形式，虚拟现实技术使用户与游戏角色合二为一。

2019 年，中国 AR 市场实际销售收入 0.7 亿元，较 2018 年的 0.5 亿元增加了 0.2 亿元，同比增长 64.3%，增速较快。中国 AR 游戏用户规模从 2018 年的120 余万人增加至 2019 年的 140 余万人，虽然同比增长达 14.4%，但由于用户基数较小，用户数量仍无法达成规模。2019 年度，中国 VR 游戏市场实际销售收入达到 26.7 亿元，且增长较快，较 2018 年增加了 8.8 亿元，同比增长 49.3%。中国 VR 游戏用户规模从 2018 年至 2019 年增加 150 万人，同比增长 22%，中国VR 游戏市场受制于环境和技术等因素，用户规模仍然处于较低的水平。随着硬件技术成熟和网络传输能力提高，中国 VR 游戏市场或将迎来新的发展机遇。优质内容驱动硬件设备的销售，而硬件的普及又将为内容开发者带来更大的市场想象空间。根据 Statista 预估，2019～2023 年，全球 VR 设备的出货量有望从 700 万台增长至 3670 万台，成为下一个主机级别的内容平台。

在产业竞争上，VR/AR 游戏不仅改变了游戏玩家的社交方式，而且也极大地推动了游戏产业的沉浸式融合竞争。具体表现在以下两个方面：

第一，在网络游戏领域，用户在游戏过程中的信息交互方式依赖于"基于键盘的文字输入"。游戏用户之间的交流需依赖即时对话框，单一的社交方式难以满足用户的沟通需求。多人互动游戏的发展以及空间定位和多人交互技术的提高将激发游戏的社交属性，满足多用户间的协作和交流，有效解决单人 VR 体验的不足，提升娱乐体验。部分移动类型游戏的用户对于游戏沉浸感、视觉冲击感等方面的需求较高。VR 设备在该类型游戏中的应用将加重游戏氛围的渲染，引领用户跨越虚实的边界，获得更加优质的感官体验。需要指出的是，VR 设备的发展推动了部分类型游戏与 VR 技术融合程度加深。其中，较成熟的移动 VR 游戏包括 FPS、RPG、AVG、ACT 和 RCG 等。

（1）FPS（第一人称视觉射击）类游戏。用户借助 VR 头盔调整游戏中的视角，使用可穿戴设备跑步或行走可以同步控制游戏中的角色，举枪瞄准射击等所有操作如同实战，基于 VR 技术，FPS 向用户呈现更加立体化的虚拟画面、紧张刺激的节奏氛围及真实的参与感。

（2）RPG（角色扮演）类游戏。用户借助 VR 技术呈现画面并营造氛围，通过简单便捷的操作强化角色代入感。RPG 类型游戏对于角色沉浸感的需求强烈，用户可以融入到剧情故事中扮演其中的某个角色，感受游戏世界。

（3）AVG（冒险）类游戏。AVG 游戏通常是根据推理小说、悬念小说及惊险小说改编而来的平面探险游戏。该类游戏的传统玩法是载入图片，播放文字、音乐、音效，然后循环的老旧系统，导致用户缺乏真实的代入感。但 AVG 类游戏借助 VR 技术以及诡异神秘的背景音乐营造阴森恐怖的场景氛围，用户通过完成阶段性任务拉动剧情发展，并获得真实的情结体验。AVG 类游戏利用 VR 技术实现的体验效果远比客户端游戏更加有代入感。

（4）ACT（动作）类游戏。通过用户控制游戏人物，并利用各种武器消灭敌人完成关卡的游戏，较注重打击的流畅感和真实感。动作游戏与 VR 技术的融合，使其在画面效果、氛围营造及操作体验方面都将提高用户的融入感。VR 化的动作游戏使得用户自如地操控角色，从而真实地体验游戏中的打击体验感。

（5）RCG（竞速）类游戏。通常是通过模拟各类竞速运动的比赛场景。该类型游戏的用户以体验驾驶乐趣为主要诉求，速度是用户追求的唯一目的。传统的平面竞速游戏是根据用户的速度值控制背景画面的卷动速度，用户需躲避各种障碍，并且在限定的时间内赶到终点。RCG 类游戏与 VR 技术的融合将打破平面画质的制约，让用户真正感受到"速度"的真实感。

第二，VR/AR 线下体验店的市场规模在扩展中竞争，在激烈的竞争中市场规模得到拓展。由于 VR 游戏的开发以沉浸式人机交互体验为发展重点，因此，用户的真实互动体验感是行业最重要的聚焦方向。线上的营销推广往往以文字描述、图片展示、视频介绍等简单化方式进行，难以将 VR 设备的优势完全展示出来。而线下 VR 体验店能够提供优质的产品体验服务环节，让用户身临其境，切身感受 VR 设备的特点。为此，VR 体验店将成为重要的引流渠道，为客户提供产品体验服务，从而实现实际性的运营收益，体验式服务购买和交易将成为 VR 游戏产业重要的创收模式。

VR/AR 技术的普及应用最核心的要素依然是服务体验，即用户在 VR/AR 世界中的实际体验是否符合人类真实的服务需求。现阶段，VR/AR 技术的重要性分歧颇大，作为一种剑指未来的新兴技术，VR/AR 自身也在逐渐突破硬件和内容的局限中。VR 早期设备昂贵、游戏内容少的缺点一直为人诟病，但随着 HTC、三星、Facebook 等的加入，消费级的 VR 设备在游戏用户间已经逐渐铺开；《Half - Life：Alyx》等游戏的成功，也为 VR 游戏的开发者和市场提供了良好的示范，打了一剂强心针，随着未来开发成本的下降，内容上的缺失自然也就迎刃而解了。AR 更不用多说，《Pokemon Go》掀起了一阵 LBS 游戏的热潮，尽管后续由于版号等多种原因在国内市场迅速衰落，但腾讯游戏《一起来捉妖》展示了 AR 游戏在国内市场的可行性。在技术方面，苹果对 AR 技术的热情依然在持续燃烧，利用封闭生态系统的优势以及高性能的处理器，AR 不论是在应用层面还是在游戏层面，利用率和表现相较于安卓而言，都更加优秀。总之，VR/AR 游戏开发成本不是绝对的障碍，游戏玩家的体验感才是技术产品普及应用的核心要素。

总之，云游戏、功能型游戏及 VR/AR 游戏的交互融合，既为广州游戏产业带来竞争的活力和提升竞争力的动力，也会给广州游戏产业提升竞争力带来诸多挑战。在未来的游戏产业竞争中，机会与挑战并存。

第二节　泛娱乐推动游戏产业多元化竞争

虽然二次元这个概念并非从游戏中诞生，但泛娱乐产业的庞大人数刺激了二次元游戏的诞生。或者说，泛娱乐产业的兴起与游戏玩家中二次元玩家比例的迅速增加密切相关。与普通用户相比，二次元游戏用户拥有更为丰富的网络娱乐经验，更乐于与厂商进行沟通，既挑剔又宽容。开发与运营二次元游戏，厂商不仅要投入更大的美术资源，还要更加注重剧情策划与用户运营。与相对粗放的 MMO 市场不同，二次元游戏是对厂商的产品能力考验最严格的市场。二次元游戏与 IP 游戏、女性向游戏市场高度重合。

随着线上动漫平台的兴起及二次元亚文化在年轻代际群体中的传播，中国泛二次元用户规模迎来高速增长，成为二次元游戏市场发展的重要利好因素。同时，随着游戏研发能力的提升，除了基于动漫 IP 研发的游戏之外，还诞生了多款原创国产二次元游戏 IP 产品。并且在泛娱乐加持之下，二次元移动游戏的生命周期也得到了充分的延长，2016 年上线的《阴阳师》《崩坏 3》《火影忍者》等游戏，至今都是中国二次元移动游戏代表性产品，仍保持着较强的生命力。2019 年，中国泛二次元用户规模已接近 4 亿人，预计 2020 年将突破 4 亿人，增长率为 4.9%，二次元用户开始进入缓慢增长期。

无论相比于移动互联网用户还是移动游戏用户，二次元用户的增长速度都是遥遥领先的，这主要得益于下沉市场内容消费行业的高速发展，培育了大量的新生泛二次元用户。对于移动游戏厂商而言，结构日益丰富的二次元用户群在带来极佳的发展布局机遇的同时，也为用户研究和触达工作带来了更加严峻的挑战。不仅要正确认识核心二次元用户的行为和偏好，也要不断提高用户触达效率。即使是最大的二次元社区 B 站，也存在大量的泛二次元甚至非二次元用户。而软色情、低龄化等二次元生态问题也在提醒着移动游戏厂商：布局二次元游戏市场，首要任务就是将社会责任视为最高要求。总体来看，泛娱乐推动游戏产业的多元化竞争主要体现在游戏直播与电子竞技两个主要竞争领域。

一、游戏直播推动游戏产业多元化竞争

游戏直播促进了相关产业的整合，构建起多元的行业盈利模式，成为文创领域重要的经济增长点。2019 年，中国游戏直播市场快速增长，独立游戏直播平台市场规模超过 200 亿元。其中，虎牙直播 2019 年总营收同比增长 79.6%，斗鱼直播营收同比增长 99.3%，预计在 2021 年整体市场规模将扩张至近 400 亿元。总体来看，游戏直播平台市场规模的快速增长来源于两个方面：一方面，带宽、主播等成本的控制等拉动平台盈利能力持续提升；另一方面，平台付费用户规模的增长及直播带货、云游戏、付费直播等新业务拓展带动整体市场快速扩张。2019 年，中国游戏直播平台用户规模达到 3 亿人，较 2018 年增长 15.4%。在新冠疫情影响下，玩游戏、看直播成为人们休闲娱乐的选择，并推动游戏直播用户规模在 2020 年的稳健增长。随着未来用户增速的逐渐趋缓，付费用户规模的增长及用户 ARPU 的提升将成为游戏直播平台下一步的发展方向。

游戏直播带动周边产业的迅速发展，游戏直播产业链的深度融合导致商业模式不断出现，促进盈利模式的重新发展。在深挖与完善现有的业务盈利模式基础上，整合周边的产业资源，提高运营水平，游戏直播与公会经纪公司、游戏公司、赞助商等合作，将进一步丰富和完善游戏的生态环境。

近几年国内游戏直播行业市场经过发展后格局逐渐固定，斗鱼和虎牙头部位置难以撼动，国内直播领域的发展空间越来越小，各大企业开始在内地以外地区以及海外寻求新的市场机会。从2015年开始，17、7Nujoom等以泛娱乐业务为主的直播平台打开了东南亚等地区的市场，随着资本的注入及技术和商业模式的不断成熟，越来越多的直播平台尝试在东南亚等地区开辟市场。国内的直播平台也纷纷布局海外市场，斗鱼参与投资出海移动视频直播平台Nonolive；触手在东南亚市场推出游戏直播平台Game. ly；虎牙也推出游戏直播平台NimoTV进军东南亚及南美市场，在印度尼西亚、越南、泰国、巴西、墨西哥等多个国家的畅销榜位居前列（见表6-1）。

表6-1 游戏直播平台及其主要市场

平台名称	主要市场	平台主要内容
17	中国港台地区、东南亚、美国	泛娱乐
7Nujoom	中东	泛娱乐
Bigo Live	泰国、越南、印度尼西亚等东南亚国家	泛娱乐
Live me	北美、中国台湾、日本	泛娱乐
Up Live	港台、中东、印度尼西亚、印度	泛娱乐
Nonolive	东南亚、欧洲	泛娱乐
Mico（Kitty Live）	东南亚、南美、中东	泛娱乐
NimoTV	东南亚、南美	游戏
doyo	东南亚	游戏
Game. ly	东南亚	游戏

资料来源：伽马数据《2019年中国电子竞技产业报告（直播篇）》。

目前，游戏直播竞争格局总体如下：随着虎牙、斗鱼的敲钟上市，触手退场、战旗转型，游戏直播行业集中度不断加强并基本确立"两超多强"的整体竞争格局。自2019年以来，没有新的独立游戏直播平台成立，说明游戏直播行业已逐渐趋于饱和。但游戏直播作为重要的内容产业赛道，仍具有强大的吸引力和新机会：一方面，哔哩哔哩、快手、西瓜视频等新锐拓展游戏直播业务并持续加大投入；另一方面，酷狗直播、Now直播、爱奇艺等众多娱乐直播平台均延伸出游戏直播内容，构建多元化直播内容生态，游戏直播下半场的竞争仍然十分激烈。

根据小葫芦大数据平台数据显示，热度TOP1000主播集中在头部游戏直播平台，其中，斗鱼、虎牙在头部主播拥有量上处于领先地位，均占据了全平台30%以上的热度TOP1000主播，快手直播、企鹅电子竞技、哔哩哔哩直播等平台共同占据38.2%的热度TOP1000主播。观察热度TOP1000主播所属公会，千位主播所在公会/MCN 总数超过 200 家，公会归属集中度相对较低。

总体来看，直播行业在经历了洗牌期后，熊猫直播、全民直播、凸凸 TV 多家直播平台倒闭或者退出游戏直播领域，游戏直播的市场份额进一步向以虎牙、斗鱼为代表的直播平台集中，根据"伽马数据"统计的相关数据，2019 年上半年虎牙、斗鱼及哔哩哔哩、快手四家直播平台占据近 90% 的主要游戏直播平台游戏开播量，中国游戏直播市场马太效应进一步加剧。

近年来，直播游戏在竞争中逐渐兴起构建生态体系的趋势。直播内容一直都是直播平台的核心竞争力。随着行业的发展，游戏直播平台的内容竞争已经从游戏主播挖角竞争转变为内容生态竞争。可以看到头部游戏直播平台在原有游戏和赛事直播内容之外，不断拓展出娱乐、秀场、自制赛事、自制综艺等多样化内容形态。在疫情期间，游戏直播平台在社会公益、在线教育、电商等方面做出更多探索性直播尝试。从表 6 - 2 可以看出，目前国内直播平台上几乎都采取游戏等多元化组织内容来吸引用户，一方面推动游戏产业的多元化竞争，另一方面极大推动游戏与其他数字产业的深度融合，从而成为中国数字经济高质量发展的一股新生力量。

表 6 - 2　国内直播平台的游戏等多元化内容组合推动产业多元化竞争

	国内直播平台				海外直播平台
	虎牙直播	斗鱼直播	企鹅电子竞技	哔哩哔哩直播	Twitch
游戏直播	√	√	√	√	√
赛事直播	√	√	√	√	√
秀场直播	√	√	√	√	√
二次元	√	√	×	√	×
虚拟主播	√	×	×	√	×
户外直播	√	√	√	√	√
影视综艺	√	√	√	√	√
音乐电台	√	√	√	√	√
交友陪玩	√	√	√	√	×
美食直播	√	√	×	√	√
体育健身	√	×	×	√	√
社会公益	√	√	×	√	√
在线教育	√	√	×	√	√
电商购物	√	√	×	×	×

资料来源：艾瑞咨询《中国游戏直播行业研究报告》。

从游戏和娱乐直播内容出发，各大游戏直播平台已发展出众多垂直细分直播领域。随着游戏直播平台用户流量和整体影响力的稳步提升，直播将越来越重要，各类内容与直播结合将产生新的能量。这一点在疫情期间表现得尤为明显，借助直播，可以接触到更多的用户群体。

二、电子竞技推动游戏产业多元化竞争

在中国游戏直播市场中，电子竞技游戏是重要的组成部分，2018 年中国电子竞技游戏直播市场实际销售收入超过 54 亿元，占整体游戏直播市场的 72.0%。进入 2019 年，电子竞技游戏依旧受到直播用户的关注，例如，《王者荣耀》《英雄联盟》《DOTA2》以及新上线的《APEX 英雄》《刀塔自走棋》等新品电子竞技游戏，在各游戏直播平台上均获得了良好的播放热度。根据"伽马数据"预计，2019 年电子竞技游戏直播市场收入接近 80 亿元，占游戏直播市场的收入比例会进一步提高。

2003 年，中国电子竞技就被国家接受认可为正式体育运动项目。然而 2004 年的一纸禁令使电子竞技陷入停滞缓慢发展阶段。从 2008 年开始，随着官方态度回暖，我国电子竞技行业利好政策频出，目前电子竞技产业发展迅猛。2019 年对许多电子竞技战队来说都是开创性的一年。赞助等传统收入来源实现了巨幅增长。电子竞技市场也在以全新的方式日趋成熟，直播和虚拟商品等创新性的收入来源崭露头角。而这些新的变现模式都是传统体育所无法触及的，这表明人们正在逐渐意识到电子竞技相较于传统体育的优势。这些收入来源为电子竞技战队、赛事主办方及发行方拓展业务提供了更多富有开创性的方式。

根据 Newzoo 的预测，到 2020 年，全球电子竞技观众将增至 4.95 亿人。其中，核心电子竞技爱好者 2.23 亿人（见表 6 - 3），年同比增长 2500 万人，且将以 11.3% 的复合增长率（2018 ~ 2023 年）在 2023 年达到 2.95 亿人。与此同时，全球偶尔观看的非核心观众数将从 2019 年的 2.45 亿人增至 2020 年的 2.72 亿人，并且还将继续以 9.6% 的复合增长率增长，在 2023 年达到 3.51 亿人。2020 年，全球将有 20 亿人知晓电子竞技市场，相较 2019 年的 18 亿人有所增加。中国作为对这一数字贡献最大的国家和市场片区，拥有 5.3 亿人次的电子竞技人口。

表 6 - 3 2020 年全球网民与电子竞技人口及收入状况

比较指标	数值
人口数（亿人）	77.95
网民数量（亿人）	43.97
电子竞技人口（亿人）	19.56

续表

比较指标	数值
核心电子竞技爱好者（亿人）	2.23
电子竞技总收入（美元）	$ 11
每位核心电子竞技爱好者带来的平均收益（美元）	$ 4.94

资料来源：Newzoo《2020 年度全球电竞市场报告》。

　　拉丁美洲、中东、非洲和东南亚等新兴市场的观众数量正在增加，对电子竞技的认知度也在提高。这主要得益于城市化和信息技术基础设施的发展以及像《PUBG：Mobile》和《GarenaFreeFire》这类爆款移动游戏的流行。在全球范围内，移动游戏日益流行，第一人称射击游戏、战术竞技类游戏和 MOBA 类游戏热度不减，持续不断地吸引新用户和观众群体的加入。此外，在游戏和游戏视频的陪伴下成长起来的年青一代也加速了整个观众群体的增长。

　　"黑铁时代"是中国电子竞技史"黎明前的黑暗"。随后在国家正确的引领和规范下，中国电子竞技开始奋起直追，经过厚积薄发的"白银时代"，中国电子竞技在国际性赛事上频频斩获佳绩，当前已迈入"黄金时代"，一览众山小的"王者时代"未来可期。目前电子竞技产业发展迅猛。我国已成为世界上具有较强影响力和发展潜力的电子竞技市场。作为重要的文化消费行为之一，电子竞技逐渐成为游戏产业新的利润增长点。在当前电子竞技商业化价值凸显，游戏用户向电子竞技赛事观众大量转化的背景下，观众的观赛需求将会有巨大的增长，大众传媒对赛事的传播将进一步拓展。

　　2020 年，中国电子竞技游戏市场实际销售收入 1365.57 亿元，比 2019 年增加了 418.3 亿元，同比增长 44.16%，整体处于快速增长阶段。与市场整体状况类似，移动电子竞技游戏营销收入 581.9 亿元，同比增长 25.8%，尽管较上年增速减少 7.7 个百分点，但仍维持较高增速。移动电子竞技市场销售收入连年增长，每年均实现 100 亿元以上的销售收入增长，预计将是未来电子竞技游戏市场的主体。"伽马数据"整理的 2019 年电子竞技产业收入构成表显示，游戏收入仍然是整个电子竞技产业收入的绝对大头，占总体的 88%，直播收入占总体的 10.1%，而与电子竞技赛事相关的赛事收入、俱乐部收入，仅占整个行业收入的 1.6%，电子竞技赛事未能跟上电子竞技游戏的盈利，仍然在探索自身的发展道路。

　　2020 年，中国电子竞技游戏用户规模达 4.88 亿人，同比增长 9.65%，用户数量保持稳定增长。观赛用户规模的逐渐扩大，电子竞技内容消费市场潜力的进一步释放，也将推动电子竞技赛事城市主场化进程。电子竞技赛事的主场化将改变以往集中在单一城市举办赛事的局面，各城市电子竞技俱乐部的建立及俱乐部场馆的落地有利于培养当地游戏用户的品牌忠诚度与用户黏性，从而对当地电子竞技文化的发展起到重要的促进作用。

从电子竞技用户省级渗透率来看，湖南用户不仅渗透率占比名列前茅，偏好度更是位列省级第一（TGI136）；从城市渗透率来看，上海用户对电子竞技的偏好度高达 421，在全国省市中一骑绝尘。总体来看，电子竞技在下沉市场的渗透率更高，电子竞技俱乐部的主场馆为城市文化提供了一种展现方式，以城市为载体将俱乐部品牌价值沉淀到线下为俱乐部搭建了更加多元的传播渠道。电子竞技赛事将有效地带动游戏核心用户社群的运营，延长游戏自身的生命周期，甚至可以延长整个游戏上中下游整体的游戏产品形态。

电子竞技产业链包括"上游的内容授权，中游的电子竞技赛事，下游的内容传播"。赛事是电子竞技生态体系的核心，成功的电子竞技赛事可以反哺游戏内容本身，而电子竞技内容传播和泛电子竞技衍生产业也均围绕着电子竞技赛事展开。电子竞技是一个新兴行业，对城市发展和产业生态建设有着重要意义，上海在这方面做得很好；广州打造电子竞技之城，重要的是要先找准自己的位置和战略方向。广东是我国的游戏大省，无论产业营收、企业数量还是研发水平，在全国均居于前列。2019 年，整个产业的营收规模达到 1755.3 亿元，占全国的75.6%，游戏企业的数量超过一万家。与此同时，尽管 2019 年广东电子竞技产业收入达 924.9 亿元，电子竞技收入占比 95.1%，占据绝对主导地位。但电子竞技产业上下游的俱乐部、赛事等收入占比均小于 0.1%，收入规模在千万元级别，产业发展显现短板。而国内游戏产业另一重镇——上海，作为国内电子竞技产业起步最早的城市，近年来在电子竞技产业方面全面布局，集中引进知名赛事、电子竞技俱乐部等资源，产业发展优势凸显，吸引全国各地城市参观学习。

总之，游戏直播和电子竞技构成游戏产业多元化竞争的两大关键因素。其中，游戏直播与电子竞技之间又相互融合，形成游戏产业多元化竞争的第三种新兴力量。这些都将为广州游戏产业竞争力提升带来新的发展机会，同时也形成新的市场挑战。

第三节　数据驱动的游戏产业互动创新趋势

广州游戏产业发展要抓住游戏产业沉浸式融合竞争与多元化竞争的两大趋势，需要强化游戏企业与玩家或用户的互动创新，推动游戏企业从经验式驱动的互动创新向数据驱动的互动创新转变。游戏企业要做好与玩家或用户的互动创新，具体要构建起高效的游戏产品开发的用户反馈机制。本节从游戏产品开发的用户反馈机制角度具体探讨游戏产业互动创新的新趋势。

一、游戏产品的用户反馈特征

根据我们的经验和分析，游戏产品的用户反馈特征有以下四个方面：

第一，反馈数据颗粒度较细，能够集中量化处理。游戏产品的反馈数据以线上系统整合多渠道为主，数据经过指标分类，收集回来的反馈信息颗粒度较细，如公司的舆情系统或公司的反馈集中平台均能够收集并向开发者集中展示各渠道的反馈数据，便于开发者集中清洗数据。

第二，用户重复性问题得到解决。游戏产品用户 ID 的唯一性具备数字化特点，能够解决用户重复性问题。例如，某游戏在处理用户反馈数据时，可以通过识别用户的游戏账号 ID 进行重复数据的剔除。

第三，尽管系统可预筛选伪需求，但也需结合开发者的经验判断进一步识别。游戏产品的数据分析系统可根据反馈特征进行初步的真假需求筛选，由于游戏产品的设计与用户的认知心理和反馈行为的联系性更强，因此，对开发者的经验要求更高。如某游戏虽然有大数据平台能够对有偏激或前后矛盾的虚假需求进行识别剔除，但基于合服①需求，开发者根据经验采取合服措施并未收获好的成效，主要原因在于开发者在判断此需求的真伪性时出现失误，误把伪需求当成消费者核心需求。

第四，即时响应用户、作出反馈。在收集方面，游戏产品是直接面向用户的，可以快速直接收集到用户的具体反馈；在采纳用户反馈之后，由于游戏产品的功能迭代较为敏捷迅速，基本上每周一次更新迭代，开发者能够即时响应用户的更新需求，鼓励用户持续参与到游戏产品的优化创新。例如，某游戏收集到丢帧反馈后，能够即时面向用户响应，在问题发生后仅一周内就发布了问题排查及优化指南，指导用户解决问题。

由上述分析可以看出，实物产品与数字产品在用户反馈机制的流程上基本类似，大体可分为收集用户反馈、分析处理数据和应用采纳反馈三个步骤。两者都是在保持产品整体风格的基础上，对用户的反馈通过一系列手段进行收集整合和评估分析，从中刨除不符合品牌发展需要的伪需求，选择合适的需求进行开发创新的过程。然而，由于两者产品特性和运作方式的不同，在用户反馈运作的具体方式上呈现三种区别：一是数字产品较实物产品的反馈数据颗粒度更细。主要原

---

① 合服是把两个服务器（区）数据合并到一个服务器（区）。

因是实物产品渠道分散，人工回收占比大，使数据颗粒度较粗，难以量化处理；而数字产品一般是通过系统集中整合多渠道数据，在大数据分析方面能表现出独特的优势。二是两者都存在真伪需求的问题，数字产品可更高效判别真伪需求。实物产品依靠人工处理，很难在庞大的数据中发现异常的个例反馈，因而存在难以识别人为干预的虚假反馈的现象，如"刷单、刷评论"等；而数字产品的数据分析系统可根据反馈特征进行初步的真假需求筛选，这就对数字产品开发者的经验要求有了更高的要求。三是数字产品较实物产品能解决用户重复性问题。主要原因是实物产品渠道分散，导致同一用户可以在不同渠道进行同一反馈，开发者难以对反馈信息进行唯一的身份辨识；而数据产品的用户具备 ID 化、数字化的特点，能够通过身份识别同一用户的反馈，减少重复性。

此外，数字产品较实物产品能够更即时地面向用户。主要的原因是实物产品的产业链条庞大复杂，反馈的收集时间较长；而数字产品是直接面向用户的，可以快速直接收集到用户的具体反馈，并且可以通过敏捷迭代，即时面向用户响应问题。因此，游戏企业需要创造性地构建与用户的反馈机制，推动游戏产业从经验驱动的用户反馈模式向数据驱动的用户反馈模式转变。下面以某企业《X》游戏产品为案例，具体解剖和分析游戏产业向数据驱动的互动创新转型发展趋势。

二、《X》游戏产品从用户反馈到产品优化的实现

《X》游戏的用户群体具备成熟性和真实性，因而开发者对其用户反馈的调研与有效应用对指导游戏开发具有正向促进作用。

首先，买断制游戏吸引成熟用户群体。该游戏用户多为成熟玩家，偏好射击类游戏，不仅游戏经验丰富，熟悉国内外游戏发展情况[①]，还具备较高游戏能力，拥有较长游戏和测评经历。《X》游戏开发者强调，"目前，《X》游戏的成绩得到了市场验证，上线不到半年，已创造了其他国产精品游戏上架 1～2 年才能获得的效果"。作为一款品牌效应良好且开发者出品的买断制游戏，据其用户数据分析，该游戏用户对买断制的高认可度来源于其对商业化水平较深的认识。因而《X》游戏在更新过程中，尤为注重目标用户的游戏反馈，通过分析辨别，优化广泛用户真实需求，滚动关注用户反馈，形成采纳机制闭环。

其次，大数据确认用户的真实性。《X》游戏具备识别用户真实性的能力和方法。从访谈中得知，《X》游戏开发团队借助了自有渠道用户的设备显卡和内存等硬件参数，或用户在平台上留存的行为数据标签等方法，验证了用户的真实性。另外，游戏内容开放量与用户角色等级正相关，游戏用户的等级和在线时长

---

① 资料来源于对《X》游戏开发者的访谈。

也可印证用户的真实性。经过交叉分析和利用，标准化和标签化的数据可较为真实地呈现用户反馈，从而加快开发者对用户需求的响应速度。

通过作者对《X》游戏的实地调研与关键对象访谈，发现其在采纳用户反馈的实践过程中主要涉及对用户反馈的模式区分、对反馈的应用和产品迭代、支持系统平台三个部分，下面将对各个部分进行介绍。

（一）《X》游戏用户反馈的主动与被动组合模式

在收集用户反馈方面，该游戏采用了被动反馈意见收集和主动反馈意见收集两种模式。我们总结了《X》游戏用户反馈模式概要如表6-4所示。其中，用户主动反馈是指用户自发地在某个渠道上进行反馈并希望获得官方的回应或至少能够被官方看到的一种反馈，一般是用户向论坛、官网客服中心、游戏内客服中心、游戏内FAQ和游戏内建议模块等渠道主动反馈问题、情感和建议等。用户被动反馈分为言论和行为两种形式，言论反馈是指用户在官方以外的其他平台上发表言论，并不期待获得官方回应或不愿被官方看到的反馈；行为反馈是指用户通过进行与游戏相关的动作而在系统上留下的操作数据，往往是用户都不自知的数据。

表6-4　用户反馈模式概要

方面	用户主动反馈	用户被动反馈	
渠道	官方渠道①	非官方渠道	内部产品数据
抓取内容	言论收集	舆情收集	行为收集
渠道举例	论坛、官网客服中心、游戏内客服中心、游戏内FAQ、游戏内建议模块	百度贴吧、TapTap、AppStore等公开渠道	用户存储在系统中的行为数据
平台支持	客服系统	爬虫系统	大数据平台

资料来源：调研访谈。

通过从主动反馈渠道获取的用户评论和从被动反馈渠道获取的舆情和行为数据，并经由爬虫系统、大数据平台和客服系统进行分析判断，开发者能够基本覆盖用户的主动与被动反馈信息（见图6-1）。

下面将对用户主动反馈和用户被动反馈两种模式进行详细介绍。

1. 用户主动反馈意见模式

用户主动反馈意见后，游戏开发者通过IM即时办公软件和客服系统，对不同类型的问题进行反馈（见图6-2）。

_____

① 官方渠道是区别于如Steam、TapTap、百度贴吧等第三方平台的渠道，实际调研显示，用户更愿意通过官方渠道提供他们认为有助于游戏优化的建议。

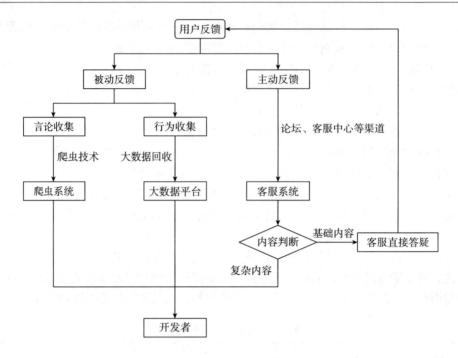

图 6-1 《X》游戏对用户反馈收集工作流

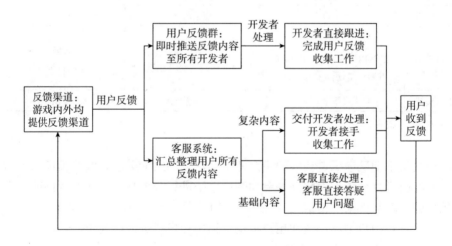

图 6-2 用户主动反馈信息流

（1）收集数据。游戏用户通过官方渠道主动向游戏开发者反馈的信息，被归类为用户主动反馈意见，如客服系统负责人所述，"凡是在官方渠道如官网、论坛等反馈的内容，都会汇总到这个系统"。主动反馈数据由客服系统负责采集、筛选和整合，通过流程化服务，分发给对应的工作人员（客服或开发者）。

（2）分析处理，即根据反馈的不同内容，跟进对应渠道。"系统会初步筛选反馈的需求，并通过 IM 即时办公软件传递至开发者。当反馈内容与系统预设问题相符，客服系统将提供自动的智能化回答；当反馈内容为基础问题时，由客服人工回答；当反馈内容为复杂问题时，开发者会在 IM 即时办公软件上查阅到该反馈并进行处理。"①

经过以上流程，用户在客服和开发者的帮助下，获得官方对其反馈的回应，并在游戏版本更新中体验到有效变化。

2. 用户被动反馈意见模式

当用户不愿或不能向游戏开发者主动反馈时，开发者不能单靠官方渠道获得用户反馈做出决策。借助人工智能或大数据技术，企业能够获得全面的消费者需求和动态。这种用户被动反馈模式又分为言论收集和行为收集两种形式。

（1）介绍言论收集。《X》游戏主要爬取收集官方渠道以外的网站数据，如论坛公开讨论内容、官方微信公众号评论和游戏内的公共频道内容等渠道，通过简单的语义分析来达到监控、引导舆情的效果。② 爬取收集游戏数据的方式可以在一定程度上代替手工访问网页，高效利用互联网有效信息。为展示便利，作者整理了《X》游戏的爬虫系统在挖掘整合用户反馈时的实现流程：

1）数据采集。对外部用户的零散评论，爬虫系统按照一定的规则，自动抓取网络信息，对多项外部渠道的数据进行周期性、自动化采集。

2）数据预处理。主要包括智能翻译和清洗两个步骤。智能翻译将其翻译成开发者理解的语言，清洗则保证了入库数据对游戏的有效性。根据特定的词表词库，系统对入库数据进行逐一过滤，并识别违规内容的过程。

3）数据分析。系统对反馈的内容进行情感分类（如消极与积极、正向与负向等），关键词预警，提取具有普遍性和通识性的观点内容、特殊话题监控等。

4）数据可视化。将处理好的数据以直观易懂的可视化工具方式展示给系统使用者，以便系统使用者高效提炼用户反馈内容。

通过爬虫系统进行以上操作，将互联网中有关《X》游戏的相关数据信息进行采集和整理，可以在一定程度上代替手工访问网页，更高效率地利用好互联网中的有效信息。

（2）行为收集。"如果要分析用户在游戏内的各种行为，我们一般会倾向通过用户的'无声反馈'来判断用户对于游戏的真正看法。"《X》游戏主要借助大数据平台的游戏数据分析系统，通过对游戏运营指标数据的查看与分析，研究用

---

①② 资料来源于对《X》游戏开发者的访谈。

户行为数据，为游戏内的玩法调整提供数据支撑。

对《X》游戏用户行为的分析维度主要包括以下六个方面：①活跃分析，即对新增用户和活跃用户的数据进行多维度分析；②留存分析，即对用户活跃的留存情况和活动参与的留存情况进行分析；③销售分析，即对游戏在不同渠道的销售量进行分析；④回归分析，即对用户流失后重新在游戏活跃的情况进行分析；⑤事件分析，即针对不同活动的用户参与情况进行分析；⑥流失分析，即对用户流失的情况进行分析。

通过多维度分析，大数据平台的用户研究人员可以总结出当前存在的问题，并提供相对应的建议。以大数据负责人所述的"对每日试炼玩法的分析"为例，大数据平台根据用户参与趋势、通关率判断游戏难度以及游戏内各等级段间的差距分布；从通关战斗时间来判断用户单局游戏体验舒适度；通过用户整体留存表现与复玩率来判断玩法对用户的吸引力等。

(二)《X》游戏用户反馈的应用与迭代

基于"以用户导向为设计理念的企业"和"以设计师导向为设计理念的企业"（肖静华等，2018）两种企业类型，本书认为，X 公司属于后者，即由游戏开发者的专业决策提供策略和工具，并引导实现用户的需求；研发过程中产生的用户反馈数据同时影响着游戏开发者，形成互补而非替代的关系。

在《X》游戏的版本更新过程证明其通过分析与采纳游戏用户的反馈，帮助开发者把握用户需求，结合自身产品的核心玩法与定位，做出更能满足用户需求的优化决策。例如，该游戏于 Steam 平台上的版本更新说明中，每次都会在公告中附有"如果你们遇到游戏崩溃、闪退、无法启动等问题，导致没办法及时使用反馈功能。可以将 Steam 名字、问题的具体描述或截图发送到×××.com，我们会第一时间检查并定位问题"这样一段文字。在其更新版本中也看到了大量基于用户反馈而做出的更新调整，甚至还有对提出某项建议的热心用户特别感谢。这些对用户反馈积极的回应说明《X》游戏非常尊重用户的需求，以开放的态度接纳用户反馈，并真正通过版本更新部分满足了用户需求。

另外，开发者还会对用户反馈需求进行优先级排序，并根据优先级的高低进行功能实现的排期，以帮助开发者优先解决核心的问题，防止出现重大失误。《X》游戏用户反馈问题的优先级分为极高优先级、高优先级、中优先级和低优先级四类，不同优先级所代表的对应处理速度和重视程度不同。例如，极高优先级包括外挂类等问题，一旦出现就会立即安排相关人员进行解决；高优先级包括游戏内的异常情况反馈等，也会较为快速地安排处理；中优先级包括权益类问题等，会根据情况与排期进行妥善的跟踪；低优先级包括除以上问题以外的用户其他反馈或建议，一般排在靠后位置解决。

最后，用户反馈应用流程还会对结果应用进行观察、分析、评估与改进。《X》游戏开发者强调，"我们会重复'收集与分析'这两个环节，从中分析每一次优化是否能够满足用户期望以及分析是否还有不足之处。根据分析情况的不同，总结优化经验，进一步优化内容"。

　　这些从对用户反馈的激励、采集、分析与应用，再到向用户交付与听取用户新反馈的整套流程，形成了《X》游戏用户反馈采纳机制的完整闭环。用户和开发者在不同环节贡献自己的资源、技术、经验和见解，以实现价值共创，解决了用户和游戏开发者之间因信息不对称而造成的游戏内容与用户需求脱轨等问题，提升了开发者和用户在整个产业链条中的获益。多系统平台的联动满足了开发者对用户反馈的主被动收集，开发者依据团队自身的经验、风格、技术等，完善了对用户偏好的整体判断，然后通过制定方案、程序开发，并测试发布，构成了"用户反馈—设计研发—用户反馈"的良性循环（见图6-3）。

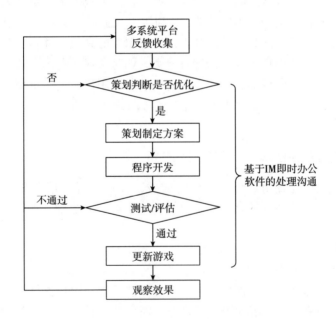

图6-3　《X》游戏对用户反馈的应用与迭代工作流

　　（三）《X》游戏用户反馈的数据平台

　　《X》游戏主要使用客服系统、爬虫系统和大数据平台三种工具对用户在不同渠道的主被动反馈数据进行收集与分析。这些工具并非为《X》游戏而生，它们是企业适应不同发展阶段的衍生品，应用于产品并完善于产品，吸纳不同产品、不同业务的营养完成更新迭代。《X》游戏结合既有工具实现了自适应的用户反馈系统整合。其中：

客服系统能够对用户从官方渠道主动反馈的一手数据进行处理。"它通过智能化的问题筛选、解答与处理用户反馈，并对用户进行细致的分级和打标签，快速响应不同类型的用户需求。这个客服系统能够为开发者和客服提供梳理好的、有一定逻辑和重点的信息，而工作人员基于这些信息对用户的反馈进行恰当的回应。"① 在这个过程中，系统与人工相互配合，进行互补。

爬虫系统用于高效抓取、清洗、整合、可视化外部渠道的用户被动反馈。爬虫系统负责人称，爬虫系统可爬取并整合用户在第三方平台上发表的数据，引入情感分析、观点分析、分类模型和关键词解析等来提升数据的复用价值。这种方式完善了用户反馈采纳渠道，通过筛选与整合降低了开发者对数据的理解成本，提升了数据利用效率。借助大数据平台，游戏开发者可以对每个普通消费者的"无声"信息进行清洗整合与存储，对用户行为数据如用户的上线时间时长、购买行为和发言行为等进行诊断性、交互性的分析。大数据平台负责人为我们举例说明了大数据平台能实现的不同功能："利用大数据平台，可以通过页面统计了解某个页面被用户访问次数，以此判别内容吸引度的高低，并得到日活、新增等通用数据；还可以对用户行为数据进行分类，如对游戏在不同渠道的销售量、用户活跃和活动参与的留存情况、用户流失的情况、用户流失后重新在游戏活跃的情况等进行分析。"这些功能为游戏内的玩法调整和精细化运营策略决策提供了预测性和探索性的判断与分析。

三、《X》游戏用户反馈应用的成效分析

为验证《X》游戏用户反馈应用的成效，分别从玩家用户和开发者两种角度，通过半结构性访谈并结合问卷调研结果，了解其对当前《X》游戏用户反馈采纳的满意度和看法。

（一）用户方对用户反馈机制的满意度情况

1. 玩家反馈意愿度情况

根据反馈意愿度分布数据显示，在有过反馈经历的用户群体中，85%以上的用户对"我愿意在《X》游戏中提供相关反馈意见"且"我愿意继续在《X》游戏中提供相关反馈意见"表示同意及以上意见（见表5-2）；根据描述性统计测算结果显示，"我愿意在《X》游戏中提供相关反馈意见"和"我愿意继续在《X》游戏中提供相关反馈意见"的平均值在4分以上（同意=4分），说明样本用户群体游戏反馈意愿较好（见表6-5）。

① 资料来源于对《X》游戏开发者的访谈。

表6-5　反馈意愿度分布

选项	我愿意在《X》游戏中提供相关反馈意见		我经常在《X》游戏中提供相关反馈意见		我愿意继续在《X》游戏中提供相关反馈意见	
	人数	占比（%）	人数	占比（%）	人数	占比（%）
非常同意	60	45.45	33	25.00	60	45.45
同意	59	44.70	28	21.21	53	40.15
一般	10	7.58	59	44.70	16	12.12
不同意	0	0.00	8	6.06	0	0.00
非常不同意	3	2.27	4	3.03	3	2.27

表6-6　描述性统计测算结果

题项	平均值
我愿意在《X》游戏中提供相关反馈意见	4.311
我经常在《X》游戏中提供相关反馈意见	3.591
我愿意继续在《X》游戏中提供相关反馈意见	4.265

值得注意的是，相比其他两个题项，在"我经常在《X》游戏中提供相关反馈意见"问题中选取"一般"的用户占比最多（44.70%，见表6-5），平均值低于4分（见表6-6），这与单个用户所要反馈的问题数有限存在一定关系；同时也可能与用户对问题中"经常"一词的定位模糊有一定关系，即用户不清楚到底多少次反馈算得上"经常"，进而更容易选取"一般"这种定义也较为模糊的选项。

2. 玩家对反馈渠道体验评价情况

首先是样本用户游戏反馈的渠道主要集中在"QQ群反馈"和"在游戏内的反馈页面提交问题"这两个平台，其次便是"在官网的客服中心反馈"，采用"在官方微信公众号留言"进行反馈的情况最少。

由于渠道上宣传和指引的差异，各渠道使用情况存在分布差异。据与《X》游戏开发者访谈，"在游戏内的反馈界面提交问题"这一渠道在游戏进入界面就对用户进行了初步指引，反馈界面设置深度较浅指引用户反馈操作，"在官方微信公众号留言"和"在官网客服中心反馈"渠道宣传较少且该渠道还需要用户主动去搜索寻找，用户反馈难度和麻烦程度较大。

问卷还要求各用户根据已使用过的渠道，再针对性地对渠道进行体验评价。由表6-7数据可知，有47.47%的用户对各反馈渠道的评价处于满意及以上，用户满意度较好；多数用户对各渠道的评价都集中在了一般水平，说明用户对各反馈渠道还存在更高的期许，各反馈渠道在用户体验上仍有较大提升空间。

表6-7　各渠道体验评价情况

选项	在游戏内的反馈页面提交问题		在官方微信公众号留言		在官网的客服中心反馈		在各大游戏论坛发帖		QQ群反馈	
	人数	占比（%）	人数	占比（%）	人数	占比（%）	人数	占比（%）	人数	占比（%）
非常满意	10	11.24	0	0.00	0	0.00	3	16.67	19	19.79
满意	23	25.84	2	50.00	5	50.00	6	33.33	35	36.46
一般	46	51.69	2	50.00	4	40.00	8	44.44	35	36.46
不满意	5	5.62	0	0.00	1	10.00	0	0.00	4	4.17
非常不满意	5	5.62	0	0.00	0	0.00	1	5.56	3	3.13

3. 玩家对反馈有效度的认知情况

由表6-8数据可知，63.63%的样本用户认为自己的反馈是可以得到及时回应的（表示认可及以上态度），说明游戏内的反馈机制的及时性较强；对于反馈的问题可以得到解决这一方面，表示"一般"评价的样本用户数占据了37.88%，占比最多，说明用户心目中反馈的问题并不是都被解决了，此方向仍有提升空间。

表6-8　反馈有效度分布

选项	反馈能够及时得到回应		反馈的问题能够得到解决		游戏的反馈方式是有效的	
	人数	占比（%）	人数	占比（%）	人数	占比（%）
很认可	36	27.27	26	19.70	31	23.48
认可	48	36.36	38	28.79	50	37.88
一般	27	20.45	50	37.88	39	29.55
不认可	13	9.85	11	8.33	6	4.55
很不认可	8	6.06	7	5.30	6	4.55

总之，大部分样本用户认为《X》游戏内的游戏反馈方式是有效的，其中，认可及其以上评价的用户数占据了用户总数的61.36%。但相比上述反馈意愿的平均值情况，反馈有效度的平均值均低于4分（4分＝认可），说明游戏反馈机制的有效性得到了用户的认可，但仍需继续提升解决问题的能力（见表6-9）。

表6-9 描述性统计测算结果

题项	平均值
反馈能够及时得到回应	3.689
反馈的问题能够得到解决	3.492
游戏的反馈方式是有效的	3.712

（二）从开发者角度谈用户反馈采纳机制的成效

目前用户反馈采纳机制对《X》游戏所产生的成效如何？通过对游戏开发者的访谈，本书了解到以下四点：

（1）不同阶段游戏用户反馈的采纳率不同。上线前期，《X》游戏还处在快速成长的阶段，开发者通过大量满足市场需求以提升在激烈的市场竞争中的存活率。此阶段《X》游戏的迭代内容大多来源于反馈和bug修复，根据用户反馈所做出的版本迭代更新占了一半。随着游戏进入稳定运营期，产品核心特征已经形成，游戏运行与目标用户也相对稳定，用户反馈的采纳率和占比也会下降至两成。

（2）用户反馈总体促进了亮眼的市场表现。《X》游戏的市场数据证明了采纳用户反馈的成效。它以整个游戏中的多元文化元素以及丰富多样的游戏内容迅速进入了海外市场，获得了Steam单周销量前十名。除了收到平台多次推荐之外，它还获得了众多玩家的好评。截至2021年1月18日，《X》游戏在Steam平台上过去30天内的1899篇用户测评中有92%为好评，在全部26596篇用户的游戏测评中有93%为好评。

（3）用户反馈存在的真伪需求，需较高的需求判别能力。用户反馈的内容不仅存在正向促进游戏迭代的需求，也存在负向阻碍游戏发展的需求，如果未加以甄别而盲目地满足这些需求，那么会导致较差的市场数据。在分析游戏竞品《A》和《B》时，本书已说明了"用户反馈真实性甄别至关重要，开发者需透过现象看本质"这一结论，在《X》游戏的用户反馈采纳实践中，也面临着对用户反馈的真伪性进行甄别的挑战。如经评估，开发者判定"鼠标反转"需求属于非核心玩法的真需求，便在后续更新中实现了这一需求；又如，开发者分析用户提出的"倒地爬行功能"，认为当用户在多人游戏中倒地后进入濒死状态时，可以进行缓慢的移动，利于其余队友能够在安全的位置进行救助，因此确认该需求属于核心玩法中的真需求，有助于改善倒地后的用户体验，促进救援目标的实现，从而采纳并在后续的版本中进行了优化。

（4）用户反馈采纳尚有不足。《X》游戏开发者标识当前的用户反馈采纳机制还存在很多不足，例如，信息获取能力不足。因非游戏渠道中获取的用户反馈因 ID 不同、较难追踪与定位等原因，开发者无法结合用户的实际行为特征以及其他情况（如硬件体验等）来做综合判断，甚至出现决策失误。

（三）用户反馈采纳的成效结论

在用户问卷调研中，超过一半的用户曾通过官网渠道反馈，用户的整体反馈意愿度尚可。除无反馈需求的用户以外，影响用户进行反馈的主要原因是不知道怎么反馈，另外一个重要原因是反馈过程太麻烦，进而导致放弃反馈；在反馈意愿度方面，进行过反馈的用户群体中，大部分用户都表示愿意在《X》游戏中提供反馈意见，且愿意继续提供反馈意见，样本用户反馈意愿较好；在反馈渠道体验方面，各反馈渠道在用户体验上仍有较大提升空间，多数用户对各渠道的评价都集中在了一般水平，说明用户对各反馈渠道还存在更高的期许；在反馈有效度方面，用户对《X》游戏的反馈机制的有效性和及时性的认可度还是较高，但依然还存在改善的方向，尤其在问题解决方面。综上，用户对《X》游戏的反馈机制的有效性和及时性的认可度比较高，用户体验较好。

在对游戏开发者的访谈中，开发者对当前用户反馈采纳的实践价值作出了肯定。用户反馈的采纳与应用在不同阶段有着不同的作用，总体上正向促进了游戏的迭代与发展。但目前的用户反馈采纳机制仍有需要提升的部分，需要后续根据理论和实践的发展不断优化。

基于以上结论，对《X》游戏提供以下五个建议：一是适当增加一定的反馈机制使用指引，帮助用户进行游戏意见反馈；二是可以适当简化一定的反馈操作，调优反馈界面的深度，方便用户更快更好地进行游戏意见反馈；三是加强"官方客服中心""官方微信留言"等第三方渠道的宣传和引导，在激励用户反馈的同时，解决其疑惑与困难；四是完善开发者应用用户反馈机制，如提升需求判别能力和信息获取能力做出决策；五是整合用户与开发者资源形成共创。

上文向大家展示了《X》游戏在用户反馈采纳机制上的相关实践现状。现状说明《X》游戏重视用户反馈对游戏优化的重要作用，利用智能系统对数据进行整合分析，能够正向影响游戏版本的迭代，以期对《X》游戏基于用户反馈采纳的产品创新机制进行理论萃取和总结，并指导具体实践的优化。

四、《X》游戏基于用户反馈采纳的产品创新机制

价值共创理论解释了为什么需要用户参与到产品研发及创新中，用户和游戏开发者共同创造的游戏，能够帮助双方获得更大的收益。通过跨案例分析，本书肯定了用户在游戏版本迭代中产生的重要价值。那么《X》游戏的用户是如何与游戏企业相互作用，并促成产品迭代的呢？这种共创的形式又具体产生了何种价值呢？本书通过对价值共创理论与相关实践的研究，提出了《X》游戏基于用户反馈的价值共创机制模型（见图6-4）。

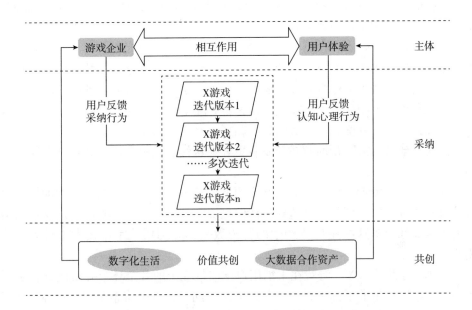

图6-4　《X》游戏基于用户反馈的价值共创机制模型

玩家受认知心理行为作用，在评价、购买和消费方面产生反馈行为，从而对所参与的游戏质量及服务体验等提出自己的意见并输出需求，与开发者的用户反馈采纳行为一起构成价值共创的两大基础。每一次用户反馈采纳行为和用户反馈认知心理行为的互动都直接或间接成就了产品不同版本的迭代，潜移默化地促成了开发者向用户构建数字化生活及大数据合作资产的共创价值趋势。

大数据合作资产，是指企业和消费者在数字化服务交互中成为能够被另一方所拥有和利用的并能创造当前或未来经济收益的数字化资产，主要包括数字化技术、服务交换和可转移的使用权三个要素（Xie et al.，2016）。在《X》游戏基于用户反馈的价值共创机制模型中，由游戏企业和用户体验共创的大数据合作资产，是基于客服系统、大数据平台和爬虫系统等数字化工具所整合的用户言论及行为的数据，被游戏开发者高效、低成本、即时地获取和利用，从而实现游戏开发者和用户的服务能力交换和数据化资源使用权的转移，使游戏开发者和用户能够在价值共创过程中贡献自己的知识、经验和技能，同时利用大数据资源实现游戏版本的迭代、个人社交资源的建立、知识的获取等。

数字化生活，是指互联网与大数据等智能技术相结合，推动信息技术发展对经济、政治、文化、社会、军事等领域都产生了十分深刻的影响，深刻渗透到社会生活的各个领域，推动形成数字化生活（邬贺铨，2019）。在《X》游戏基于用户反馈的价值共创机制模型所形成的数字化生活趋势，具体是指依托互联网、爬虫系统、大数据平台等数字科技技术和设备的成熟应用的一种生活方式。根据马斯洛需求理论，除衣食住行外的生理需要外，人们还有安全、情感、归属、尊重和自我实现的需要，而游戏企业和用户通过价值共创所形成的数字化生活构建趋势，正是对这些需要进行延伸和满足。例如，游戏开发者通过即时获取用户的bug反馈或用户行为的异常数据，发现系统中被黑客入侵的安全漏洞；用户通过在游戏社区中进行社交，满足其情感、归属与尊重的需要；另外，用户还可以通过对游戏的建言献策，帮助游戏开发者更好地迭代游戏版本，以满足其自我实现的需要。

在企业和消费者两个主体的交互作用下，基于大数据等智能技术的助推，促进了玩家通过认知心理行为创造和传播信息资源，促进了企业通过用户反馈采纳行为来获取和分析这些用户所产生的行为数据，并利用数字化技术进行的价值创造。

为进一步优化《X》游戏在采纳用户反馈过程中的各个环节并解决其在运行机制过程中所产生的平台不联动、非标准化等问题，本书将整个《X》游戏基于用户反馈价值共创机制的实现流程划分为收集与整合、分析与判断、落实与优化和观察优化效果四大模块，并通过清洗、分类、分析、处理、优化和再收集的循环流程，构成一个完整的用户反馈采纳闭环，促进产品创新的持续迭代。流程如图6-5所示。

（一）收集与整合阶段：优化反馈渠道，人工智能细化反馈数据颗粒度

人工智能系统高效便捷获取用户主被动反馈，这使细化数据颗粒度便于处理分析。通过用户反馈认知心理行为产生主动反馈和被动反馈，《X》游戏开发者通过不同的技术和工具对用户的主动和被动反馈进行多渠道收集，并使用系统完成初步的筛选和处理。

用户作为共创价值的关键一方，需要通过反馈认知心理行为表现出积极的态度。调研发现，《X》游戏参与反馈的用户群体中，大部分用户都表示愿意持续反馈意见。为加大用户反馈的数据量，获得更有效的反馈，《X》游戏开发者还使用了一定的物质或精神激励手段，推动数字化生活和大数据合作资产实现的趋势可能性。

除了从意愿上激励用户反馈以外，流程上也应减少用户反馈可能产生的阻碍。调研显示，影响用户的主因是"不知道怎么反馈"或"反馈过程麻烦"。针对反馈渠道的这些问题，《X》游戏开发者进行了一定的优化，如用户反馈界面增加指引、为用户设置深度较浅的反馈程序、游戏内支持直接提交等。

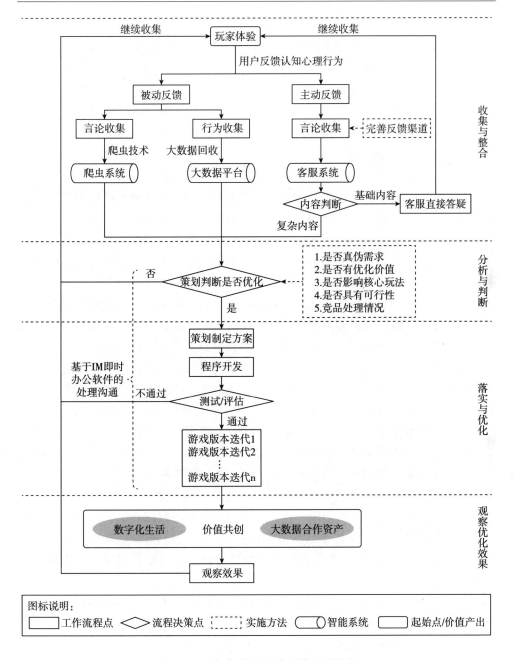

图 6 - 5 《X》游戏用户反馈实现流程

在用户渠道的评价方面，调研结果显示集中在一般水平。这就要求对用户主动反馈的收集渠道需辅以清晰的指引和足够有吸引力的激励措施。

此外，通过爬虫系统、客服系统和大数据平台对用户的主动反馈和被动反馈进行数据的获取，采用智能手段即时、分门别类地对分散的言论和行为反馈进行整合，并以可视化的形式呈现给游戏开发者加以使用。凭借相关反馈具有颗粒度小、即时、可视化程度高等特点，系统可按照既定规则、标准对数据完成实时收集，清洗、筛选并分类，针对预设的关键词适时发出预警信号，帮助开发者从繁杂的信息中高效完成检索，这也是数字产品基于用户反馈采纳的创新机制与实物产品在处理反馈时最大的不同。

（二）分析与判断阶段：数据处理能力与经验判断能力结合

在分析与判断阶段，系统的数据处理能力与开发者的经验判断能力结合，能够把握产品核心本质进行迭代创新。开发者根据其经验判断能力，对已经整合过的信息进行判断，决定其是否进行优化。其处理流程可以概括为判断反馈问题→归类反馈问题→优先级评估→根据情况展开不同工作流程→工作流程由不同岗位的负责人共同跟进。

在具体分析的过程中，需要注意能够得到有效应用的用户反馈既能符合本游戏产品的核心要求，又能解决用户亟待解决的问题，切忌忽略产品本质，盲目听从用户反馈。游戏开发不仅仅要依靠系统的数据分析能力，更要提升游戏开发者的经验判断能力。智能系统在为游戏开发带来的高效快捷的同时，也不可避免地暴露其技术的两面性特征。当用户反馈存在伪需求，而系统无法基于当前标准和原则予以剔除时，全盘接收系统整合的用户需求会导致游戏研发方向偏离正轨，产生失误，而智能工具的出现只会加速朝向这个既定方向的进程。游戏行业是一个创意行业，对用户反馈的分析与应用基本上是依据团队的经验来选择合适的需求，对不同需求的采纳也可能会因产品不同、开发者不同而有不同的结果，因而专家对目标的确定和对流程的把控是绝对不可缺少的重要环节。《X》游戏开发者在使用系统的数据分析能力时，就有一些能够有效规避用户的伪需求、实现真需求的案例。例如，在第五章第一节中提到的"鼠标反转"需求和"倒地爬行功能"，开发者将数据的分析能力与专家的经验判断能力结合起来，正确使用获取到的信息。

在《X》游戏用户反馈调查中，过半的样本用户认为自己的反馈是可以得到及时回应的，说明游戏内的反馈机制应答及时性表现较好；而对于反馈的问题可以得到解决这一方面，表示一般的用户比例约占 1/3，说明用户心目中反馈的问题并不是都被解决了。从用户和开发者双方的调研来看，对用户反馈的采纳存在着"不完全应用"的现象，其主要取决于游戏开发者的数据分析能力与经验判断能力，通过对产品发展方向的核心把控，对符合可优化标准、不偏离产品核心本质、促进产品优化迭代的需求进行应用，而对不符合优化标准的、表面的、甚至会负面影响产品的需求不予采纳。

通过对实践的总结，本书认为，在判断一个需求是否能够被采纳时，一般可以从以下六点进行判别：①是否是真伪需求；②是否具有优化价值（如其投入产出比）；③是否影响核心玩法；④是否具有可行性（如技术能力是否能够满足）；⑤竞品处理情况；⑥优先级。这些判断项目可以帮助游戏开发者在处理反馈时更全面地考虑需求的应用价值，减少误判，也是对开发者的经验判断能力进行规范，并更好地与系统的数据分析能力相结合的助推器。

（三）落实与优化阶段

在落实与优化阶段，多角色联动开发、多环节验证迭代方案，对在前两个阶段获取和分析的数据结果进行落实与优化。

开发者收集到用户反馈，确认规则有欠缺，需要进行优化时，即会制定开发方案并推进到程序制作。例如，在玩法的决策层面，可以通过武器的数据分析来对版本内过强失衡的武器进行评估，推进后续武器数值的修正等。程序收到开发者需求，开始排期制作内容；制作完毕后，由测试人员进行测试，包括判断哪种需求、技术、想法符合公司及产品研发标准，满足怎么样商业需要、成本如何、预估收益如何等，测试完成后进入评审流程；通过评审的版本会选择适当时机进行更新，以实现不同版本的持续迭代。整个过程基于 IM 即时交流软件进行即时高效的沟通、存档与信息交换，又进一步提升了落实和优化阶段的效率。《X》游戏对一项战队积分功能的后续落实与优化就体现了上述流程："我们接到制作战队积分即将上线或已经上线后完成战队任务的提示这个任务后，会与程序进行联合开发，经过测试、评审后更新游戏，提供给用户优化的内容，再去观察用户使用情况和后续反馈。"经过策划、程序、测试、评审多轮协同与验证，产品能够在最大程度上保证不受个人纯经验主义的误判影响，并能各自发挥所长，提升开发效率。

（四）观察优化效果阶段

在观察优化效果阶段，游戏开发者和用户形成了共创数字化生活和大数据合作资产的趋势，开发重点又转向了对新一轮用户反馈的采纳上，通过循环反馈实现创新流程的闭环。

在游戏迭代版本发布后，游戏开发者会继续观察更新的效果并收集用户新一轮的反馈，分析此次优化是否满足期望及是否有不足之处，并根据情况总结优化经验，进一步优化其他内容。正如《X》游戏开发者所言：

"在我们用全新人民币购买道具活动推出之后，用户反馈数据表现很好，这个道具同时吸引了外观向用户和实用向用户。这时我们就会分析用户反馈满意的原因——无论用户属于外观型消费群体还是实用型消费群体，都可以通过高性价比的额外付费实现跨圈消费，感受不同类型消费的内容。有了这样的反馈和分析之后，我们也会采取对应的跟进计划，例如，在其他档期也继续复用这种类型的活动等。在其他档期复用后，从日活量和用户标签来看，确实也吸引了不少的新用户，于是我们又根据新观察到的反馈现象，进一步扩大了该活动的覆盖范围。"

《X》游戏通过"收集与整合""分析与判断""落实与优化""观察优化效果"再到"收集与整合"，将整条用户反馈采纳机制形成了一个闭环系统，用户通过用户反馈认知心理行为主动或被动地贡献自己的知识、经验，用户的认知心理行为反馈在评估后得以应用到游戏中。而游戏开发者也会不断结合数据分析能力和经验判断能力对游戏产品用户即时反馈的内容进行有效获取。这种循环式的迭代，使游戏企业和用户在基于用户反馈采纳的创新机制得以具备更好的反脆弱性，通过试错、验证、取得较好成果、扩展等一系列行为消灭劣势，推动大数据合作资产和数字化生活趋势的构建。这一趋势将数据作为企业与个人的资产并加以管理和应用，使企业可以利用大数据技术对海量数据进行采集、存储、计算、处理、识别、分析等能力，把在各智能处理平台上获得的数据资产有效地进行统筹，并且围绕关键需求和指标来创造符合游戏产品特性的价值；帮助游戏企业和用户之间打破数字信息的鸿沟，减少不同角色在信息的掌握、拥有和使用能力之间的差距，推动信息在不同地区、不同角色、不同群体之间的均衡化发展，共同创造一个围绕数据资产建立的可控制、可量化、可变现的管理机制；帮助两者依托互联网和智能科技应用享受更高效便捷的生产生活模式，并在智能系统的支持下使大数据大规模、即时地在企业和用户之间进行共享、交换，并循环影响着企业与用户的相互作用。

五、《X》游戏基于用户反馈采纳的创新优劣分析

目前《X》游戏基于用户反馈采纳的创新机制呈现的优势主要有三点：

（1）反馈数据颗粒度细，可即时面向用户具体需求。同其他数字产品、实物产品相比较，《X》游戏的反馈数据基本以线上系统整合多渠道为主，并对数据进行分类，使收集回来的反馈信息颗粒度较细。在处理分析之后，开发者也可以通过线上方式，即时向用户响应。在反馈数据多渠道整合方面，《X》游戏是使用自主研发的客服系统、爬虫系统分别对不同渠道的主动与被动反馈数据进行综合收集，经过初步筛选后，通过 IM 即时办公软件传递给开发者[①]。例如，当收到"某某道具如何使用"等符合系统预设问题时，客服系统将立即自动智能化回答；当收到"我的属性怎么不见了"等基础类问题时，由客服线上即时回

---

① 资料来源于对《X》游戏开发者的访谈。

答；当反馈内容为"我希望组队功能进行优化"等复杂问题时，开发者可以在IM即时办公软件上查阅到该反馈并进行处理，最终通过客服系统反馈给用户，时间一般不超过一周。

（2）数据分析能力与经验判断能力相结合。一方面，X公司通过自主研发配套的大数据平台使《X》游戏在数据分析能力方面展现出独特的优势。借助大数据平台，游戏开发者可以对每个普通消费者的"无声"信息进行清洗整合与存储，对用户行为数据进行诊断性、交互性的分析，为游戏内的玩法调整和精细化运营策略决策提供预测性和探索性分析①。例如，当收到用户反馈时，《X》游戏匹配的大数据平台可以通过用户上线时长、活动行为等来判断该反馈是否存在虚假性。另一方面，《X》游戏的开发者善于在既有数据分析的基础上，利用自身丰富的经验判断能力对反馈数据进行深层次的剖析，以此判断并做出产品优化的具体措施。例如，第五章所提的针对"鼠标翻转"和"倒地爬行功能"的两种需求，开发者根据系统提交的反馈结果进行分析，确认该需求实现的必要性和可操作性，并在后续的版本中进行优化，就反映了开发者基于数据分析和经验判断能力相结合做出的判断决策。

（3）形成与用户共创大数据合作资产与数字化生活的趋势。《X》游戏的用户反馈采纳机制从收集到优化再到收集，形成了一个闭环系统。在此闭环系统中，开发者和用户之间已潜移默化地形成了共创数字化生活和大数据合作资产的趋势，并正在逐步强化这方面的优势。主要体现在：

用户反馈的采纳行为和用户反馈的认知心理行为构成了价值共创的基础。《X》游戏的用户并非游戏小白，而是较为成熟的游戏用户②，并且在用户反馈方面呈现较大的意愿度③，能够在体验《X》游戏过程中积极做出反馈行为，从而对游戏质量及服务体验等提出自己的意见；与此同时，《X》游戏开发者也非常重视用户反馈，积极甄选采纳合理的需求反馈应用在游戏迭代上。两者的积极共同促进了游戏的优化迭代，如第五章第二节中提到的《X》游戏推出全新人民币购买道具并复用到其他模块的行为，体现了对玩家反馈的循环应用。

成熟的共创基础促进了大数据合作资产和数字化生活趋势的形成。在《X》游戏中，利用爬虫系统、大数据平台等智能工具对海量的反馈数据进行采集、存储、计算，并对各种数据进行加工、处理、识别、分析，最终将分析结果应用到《X》游戏迭代价值提升，即时地在企业和用户之间进行共享、交换，循环影响着企业与用户的相互作用，以此形成了一种由"企业和消费者在数字化服务交互中实现的包括数字化技术、服务交换和可转移的使用权三个要素在内的大数据合

---

① ② 资料来源于对《X》游戏开发者的访谈。

③ 资料来源于对《X》游戏用户的调查问卷结果。

作资产"的趋势。如第五章第一节所述的"大数据平台对每日试练玩法的分析"已经介绍了大数据平台可以从用户既有的行为数据来判断试练玩法对这部分用户群体的吸引力，从而对玩法做出相应的优化，实现产品的迭代。随着大数据技术的发展，未来此类大数据合作资产还将呈现更显著的价值。

另外，在《X》游戏中，开发者与用户之间的数字信息鸿沟得以逐步打破，用户可以实时看到产品的迭代更新，开发者亦可以实时获取用户的主动反馈和被动反馈信息，两者对彼此资源的依赖性促进了在客服系统等平台上的互动交流并形成完整的数据链，促进游戏产品的迭代、个人价值的实现、情感安全等需求的满足，为人们了解世界、创造价值、学习知识和利用资源打开了一片新的天地，能够更好地享受数字化生活。

目前《X》游戏基于用户反馈采纳的创新机制也存在以下三点不足：

（1）系统联动缺乏有效的规划，大数据处理和学习能力有待提升。大数据平台、客服系统、爬虫系统等工具并非为了《X》游戏而创建，而是基于公司的业务需求在不同的发展阶段产生，各项功能模块以本系统工具为轴心进行运作，彼此缺乏有效联动甚至几乎完全独立。从设计上没有充分考虑这类技术工具的统筹与规范，使其在应用到不同类型的场景分析中时，各系统的低效、错误联动将产生难以预期的负面效应，例如，出现不同系统的功能存在重复或完全空白的情况。本书对《X》游戏所使用的各个平台进行的调研也是分开进行的。访谈中游戏开发者也谈道："因为以上三个系统并非同一个部门的产品，因而在综合使用过程中还需要对重复的信息进行筛选，并尽可能找出我们需要但还欠缺的部分，通过一定的方式再去挖掘。"可以看出，目前在整合统筹系统功能方面仍需加强，以更高效地完成对完整信息的获取和处理。

此外，目前整套系统只具备市面常见的数据分析能力，在系统自我成长、自我学习方面仍有较大的缺陷，研发能力不足是其中一个比较重要的关键影响因素。例如，当《X》游戏用户在游戏中使用正向的语言来表示反讽的意思时，爬虫系统会基于情感判断功能判定其为正向反馈，但大数据平台基于对用户行为的分析，发现其日活跃量降低，则会认为是一个负向反馈，不同平台针对同一用户的不同行为所做出的正向、负向评价的平衡问题，也是开发者需要慎重考虑并处理的问题。总而言之，平台需要从孤立走向统一，明确平台的功能定位和联动机制是很重要的一项工作，最终将直接影响用户各项数据分析颗粒度的粗细。

（2）尚未输出经验标准化的指导文件。数字化产品的研发在很大程度上依赖开发者的个人经验，虽然是行业的共有特征，但也出现了前人经验无法被后来者有效继承的问题，在不考虑行业机遇的情况下，尽管爆款往往来自某个人或某个团体，但不能转化为组织层面的开发能力。《X》游戏开发团队在沟通过程中提到了个人经验判断能力对游戏开发的重要性，且说明这也是行业共识的开发因素，但并未针对需要何种程度的判断能力等规范提供标准指导文件。经调研，《X》游戏开发团队更多依赖于日常沟通与传授来进行培训，这种方式在游戏制作初期可以更快响应用户需求，进行快速迭代。但当游戏发展到成熟期时，对相关实践经验的提炼和总结会更能帮助团队沉淀宝贵经验，用于指导后续的开发。

（3）反馈渠道仍需优化。在反馈渠道体验方面，用户认为各反馈渠道在用户体验上仍还有较大提升空间，主要集中在对反馈渠道的获取便捷度、指引清晰度等方面。这在一定程度上阻碍了部分用户通过用户反馈认知心理行为进行价值共创的积极性，因而在后续的实践中需加强对反馈渠道的优化。

在对用户的满意度调研中发现，用户对各渠道的评价都集中在了一般水平，说明用户对各反馈渠道还存更高的期许。用户也对《X》游戏用户反馈采纳机制提出了建议，主要包括对反馈渠道的易获取性、指引的清晰度和操作的简便性提出了更高的要求。游戏在反馈机制指引、反馈操作等方面均需要进行调优。

此外，价值共创理念尚未充分形成，开发者的单向经验论仍占据主要地位。开发者重视用户反馈，但未能有效感知用户反馈的共创价值，用户仍然是意见方而非合作方，相对应地，作为主导方的开发者，也未能引导用户认识到这一点。在共创层面，双方处于无意识的混沌状态，潜移默化实现产品的正向迭代，但开发效率和有效性方面有待商榷。

在对开发者的访谈过程中发现，尽管开发者认同用户反馈的价值，但却并未将用户看作其开发流程中的一部分，因而无论是在对用户反馈的采纳还是在对用户的宣导方面，都没有强调用户作为平等的合作开发者的价值与地位，而更多是用户提出问题、开发者解决问题这样一种单向开发流程。在对《X》游戏用户的访谈中，从其用户回访数据来看，用户也并未意识到自己在参与产品开发的共创价值。因而在后续的用户反馈采纳创新过程中，要强化游戏开发者和用户对两者共创价值身份的认知，提升共创数字化生活与大数据合作资产的效率与积极性。

综合来看，《X》游戏的用户反馈采纳应用在颗粒度、数据分析与经验判断、价值共创数字化生活和大数据合作资产方面具有突出的优势，但其用户反馈采纳实践过程中仍暴露出了各系统工具不联动、团队经验未输出标准化的指导文件、反馈渠道仍需优化等问题，亟须开发团队在后续实践过程中总结经验、找到合适的解决方式，以推动《X》基于用户反馈采纳的创新机制的不断完善与迭代。

通过上述对《X》游戏产品用户反馈机制创新的案例研究，可以认为，未来游戏产业互动创新将更多地从经验驱动的互动创新模式转变为数据驱动的互动创新模式。虽然目前不少游戏企业还难以真正做到数据驱动的用户互动创新，更偏向于基于用户反馈的调整优化机制上形成互动创新思路或方案，但从经验驱动的互动创新转变为数据驱动的互动创新已经成为游戏产业创新的新趋势、新潮流。同时，数据驱动的游戏产业互动创新趋势极大地推动了数据驱动的游戏产业竞争，大数据杀熟等市场行为被更多地隐含在玩家策略中，既促进消费又带来新的市场监管需求。政府监管部门需要对此开展专项研究来形成持续创新的监管策略，这些都涉及城市游戏产业发展的战略与政策问题。

第七章　广州游戏产业战略与政策

本书第五章广州游戏产业竞争力分析为研究广州游戏产业发展战略、制定游戏产业促进政策提供了理论依据和政策启示。本章拟从战略的 PEST 分析入手，结合广州游戏产业竞争力分析的主要结论，提出促进广州游戏产业发展的政策措施。

第一节　广州游戏产业发展 PEST 分析

一、政策因素分析

未来一段时期内，广州游戏产业发展面临的政策因素影响主要包括以下四个方面：

（1）国际关系微妙，出海不确定性增加。近年来，以美国为代表的部分西方国家为了扭转贸易逆差、促进本国产业与经济发展、保持在全球贸易格局中的优势地位，纷纷实施贸易保护主义、单边主义政策，在全球范围内的逆全球化势头有所上升。特朗普政府"美国优先"的对外经济政策，破坏了稳定的多边经贸关系和多个区域及双边经贸关系，对国际贸易和投资以及世界经济增长均造成了较大的负面影响，也对国内企业拓展海外市场、促进海外投资造成了较大影响。

受中美两国经贸冲突以及美国与其他国家的贸易冲突影响，全球国际贸易在 2019 年出现了萎缩。2020 年受新冠疫情冲击，国际贸易再次萎缩，且萎缩幅度显著扩大。2020 年 1～2 季度，世界货物出口额同比增长率分别为 -6.4% 和 -21.3%。比 2019 年同期降幅分别扩大 4.0 个和 18.1 个百分点。排除价格因素后的实际世界货物出口总量同比增长率分别为 -2.7% 和 -16.3%，比 2019 年同期分别下降 3.3 个和 16.0 个百分点。

随着全球政治局势日趋紧张,诸多行业格局都在发生显著变化,为游戏产业的海外市场带来新的风险。例如,此前美国对 TikTok 的"巧取豪夺",针对中国 APP 的"净网行动"。中印两国局势紧张,以至 2020 年 9 月印度封禁了 118 款其政府认为存在安全风险的来自中国开发商的移动应用。虽然首要目标可能都是大企业,但不可避免地挫伤中小企业的出海业务,甚至造成积极性层面的打击。中小游戏企业出海正变得越来越重要,也越来越普遍,不稳定的国际关系,很容易对中小游戏企业发展造成影响。受影响大的反面,其实也说明了目前中小企业出海业务势头良好,虽然以腾讯、网易为代表的大厂出海势头凶猛,但海外竞争格局相对"公平",在没有常见渠道的前提下,海外市场竞争更加百花齐放。

(2)国家积极推进游戏文化产业发展。随着游戏产业的发展,游戏运营成为游戏产业的必不可少的一环,其中,免不了市场推广。从 2015 年 4 月起,我国在新颁布的《中华人民共和国广告法》中对于游戏推广做出了明确规定,包括"在针对未成年人的大众传播媒介上不得发布药品、保健食品、医疗器械、化妆品、酒类、医疗、美容广告以及不利于未成年人身心健康的网络游戏广告"。《中华人民共和国新广告法》明确了游戏广告、宣传推广的边界,对游戏产业以及游戏运营行业的健康发展具有重要的推动作用。

此外,2016 年国家新闻广电总局发布《网络出版服务管理规定》,重申了游戏上网需要经过国家出版广电总局审批。2018 年,国务院办公厅关于印发《完善促进消费体制机制实施方案(2018~2020 年)》(以下简称《方案》)的通知,其中,提出要"拓展数字影音、动漫游戏、网络文学等数字文化内容。完善游戏游艺设备分类,严格设备类型与内容准入",并在强调进一步扩大和升级信息消费时提示,要"推进网络游戏转型升级,规范网络游戏研发出版运营"。总体来说,我国游戏运营行业在政策的推动下,呈现出规范健康的发展(见表 7-1)。

表 7-1　根据游戏相关政策整理

时间	部门	政策	相关内容
2005 年 7 月	文化部、工信部	《关于网络游戏发展和管理的若干意见》	首次明确网络游戏享受软件产业优惠政策、重点支持原创网络游戏的创作和研发
2007 年 3 月	文化部、信息产业部	《关于网络游戏发展和管理的若干意见》	支持网络游戏产业健康发展,支持民族原创网络游戏产业的发展,使内容健康向上、形式丰富多彩的网络游戏产品居于国内市场的主流,民族原创网络游戏产品尽快占据国内市场主导地位,打造一批具有中国风格和国际影响的民族原创网络游戏品牌

续表

时间	部门	政策	相关内容
2009 年 6 月	文化部、商务部	《关于网络游戏虚拟货币交易管理工作的通知》	定义了虚拟货币，并且明确指出，同一家企业不能同时经营虚拟货币的发行与交易，虚拟货币不得用以支付、购买实物产品，或兑换其他企业的任何产品和服务，防止网络游戏虚拟货币对现实金融秩序可能产生的冲击
2009 年 9 月	国务院	《文化产业振兴规划》	指出了动漫游戏企业是文化创意产业着重发展的对象要重点扶持具有民族特色的网络游戏等产品和服务的出口，支持动漫、网络游戏等文化产品进入国际市场
2009 年 9 月	国家新闻总署	《关于贯彻落实国务院〈"三定"规定〉和中央编办有关解释，进一步加强网络游戏前置审批和进口网络游戏审批管理的通知》	规定将网络游戏内容通过互联网向公众提供在线交互使用或下载等运营服务是网络游戏出版行为，必须严格按照国家法规履行前置审批，禁止外商以独资、合资、合作等方式在中国境内投资从事网络游戏运营服务，变相控制和参与网络游戏运营业务
2009 年 11 月	文化部	《关于改进和加强网络游戏内容管理工作的通知》	阐述了网络游戏经营单位的监管新措施，对建立网络游戏经营单位自我约束机制、完善网络游戏内容监管制度，以及强化网络游戏社会监管与行业自律三个方面提出了具体要求
2010 年 8 月	文化部	《网络游戏管理暂行办法》	系统地对网络游戏的娱乐内容、市场主体、经营活动、运营行为和法律责任作出了明确规定，确认了从事网络游戏活动的基本原则，明确了适用范围及"网络游戏""网络游戏上网运营""网络游戏虚拟货币"等概念，同时对网络游戏内容管理、未成年人保护、经营行为、虚拟货币等有关网络游戏市场的热点话题做出了明确的制度安排
2011 年 11 月	第十七届中央委员会	《中共中央关于深化文化体制改革推动社会主义文化大发展大繁荣若干重大问题的决定》	加快发展文化创意、数字出版、移动多媒体和动漫游戏等新兴文化产业

时间	部门	政策	相关内容
2016 年 2 月	广电总局、工信部	《网络出版服务管理规定》	从事网络出版服务，必须依法经过出版行政主管部门批准取得《网络出版服务许可证》。网络游戏上网出版前，必须向所在地省、自治区、直辖市出版行政主管部门提出申请经审核同意后，报国家新闻出版广电总局审批
2016 年 5 月	广电总局	《关于移动游戏出版服务管理的通知》	游戏出版服务单位负责移动游戏内容审核、出版申报及游戏出版物号申领工作。游戏出版服务单位需按照规定程序向省级出版行政主管部门进行申请，并由国家新闻出版广电总局批复。未经国家新闻出版广电总局批准的移动游戏，不得上网出版运营
2016 年 12 月	文化部	《关于规范网络游戏运营加强事中事后监管工作的通知》	首次明确规定网络游戏虚拟货币、虚拟道具不能兑换法定货币，同时指出网络游戏运营企业应当要求网络游戏用户使用有效身份证件进行实名注册，并保存用户注册信息；不得为使用游客模式登录的网络游戏用户提供游戏内充值或者消费服务等
2017 年 4 月	文化部	《文化部"十三五"时期文化产业发展规划》	要培育一批具有较强品牌影响力和国际竞争力的骨干游戏企业，创作生产一批内容健康向上、富有民族特色的游戏精品。大力推进游戏产业结构升级，推动网络游戏、电子游戏等游戏门类协调发展，促进移动游戏、电子竞技、游戏直播、虚拟现实游戏等新业态发展
2018 年 3 月	广电总局	《游戏申报审批重要事项》	由于机构改革，版号无法核发，游戏审批暂停
2013 年 8 月	国家新闻出版署等八部门	《综合防控儿童少年近视实施方案》	实施网络游戏总量调控，限制未成年人游戏时间
2018 年 12 月	中宣部	网络游戏道德委员会	中宣部指导，网络道德委员会成立，并对首批 20 款存在道德风险的网络游戏进行评议

  各地政策支持力度加大，产业发展呈现全新景象：各地区依据各自的地缘优势和地方特色，聚焦区域产业发展，游戏开发和制作呈现出新景象（见

表7-2）。例如，北京立足产业全局，大力推动"一都五中心"建设工作，构建网络游戏发展的产业新格局；上海依托经济优势，着力打造中国"电子竞技之都"的产业标签，在组织电子竞技联赛、游戏解说方面取得了较快发展，孵化了一批有实力、有技术、有品牌的游戏企业。此外，越来越多的地方都在响应国家有关文化产业的政策号召，向以游戏为代表的数字内容产业发力，制定相关的城市游戏产业发展规划。

表7-2　中国部分地方政府出台的促进游戏产业政策措施

省/市	发布时间	主要政策名称
北京	2020.4	《北京市文化产业发展引领区建设中长期规划（2019~2035年)》
	2020.2	《关于应对新冠肺炎疫情影响促进文化企业健康发展的若干措施》
	2018.7	《关于推进文化创意产业创新发展的意见》
上海	2020.2	《上海市全力防控疫情支持服务企业平稳健康发展若干政策措施》
	2019.6	《关于促进上海电子竞技产业健康发展的若干意见》
	2018.5	《全力打响上海文化品牌加快建成国际文化大都市三年行动计划（2018~2020年)》
	2017.12	《关于加快本市文化创意产业创新发展的若干意见》
广东	2020.4	《关于加快文化产业创新发展的实施意见》（深圳）
	2019.8	《广州市促进电子竞技产业发展三年行动方案（2019~2021年)》
	2019.1	《关于加快文化产业创新发展的实施意见》（广州）
江苏	2020.4	《南京数字经济发展三年行动计划（2020~2022年)》
	2019.3	《关于促进电子竞技产业集聚发展的实施细则（试行)》（苏州）
	2018.6	《关于加快电子竞技产业发展的实施意见（试行)》（苏州）
浙江	2019.9	《温州经济技术开发区关于支持电子竞技文体数字产业发展的若干意见（试行)》
	2018.4	《杭州市下城区人民政府关于打造电子竞技数娱小镇促进产业集聚发展的实施意见（试行)》
海南	2020.9	《海南自由贸易港高层次人才分类标准（2020)》
	2019.6	《海南国际电子竞技港专项政策》
西安	2020.3	《西安曲江新区关于支持电子竞技游戏产业发展的若干政策（修订版)》
	2018.8	《西安市电子竞技游戏产业发展规划（2018~2021年)》
成都	2020.5	《关于推进"电子竞技+"产业发展的实施意见》
	2017.5	《成都市文化产业发展"十三五"规划》

（3）在版号审批与游戏版权方面采取政策创新。在版号审批上，国内版号发放数量进一步减少，头部集中趋势明显。根据统计截至2020年12月发放国产

游戏版号共计是 1219 款，其中，移动游戏 1138 款，加上进口游戏 97 款，合计 1316 款，2020 年整体获取版号游戏数量与 2019 年持平并略有降低，这一方面说明了审核的严格，另一方面也显示报审的数量在下降，行业中小公司不断被淘汰。

2020 年，游戏版号的监管趋严从政府审批收紧到各发行渠道审查蔓延。日前，游戏平台 Steam 中国版透露，当发行游戏时，厂商必须填写游戏版号。此前，已有苹果应用商店和字节跳动的穿山甲联盟对游戏提出版号要求。2021 年初，国家新闻出版署公示 2020 年 1316 款游戏过审，同时也发布 17 款游戏"因存在违规行为"遭到版号撤销。严格的版号审批背后，与游戏版号违规交易市场以及保护未成年人防沉迷有着密切关系。控制游戏总量，追求精品游戏成为当前的首要选择。

同时，游戏产业的快速发展对版权保护提出了更高要求。作为版权的持有方，游戏企业运用多种手段保护自身合法权益，著作权意识在不断增强，版权管理水平也在不断提高。当然，游戏版权的保护管理既离不开来自国家和行业层面的指引，也离不开法治的保障。2020 年 8 月 2 日，中国版权协会网络游戏版权工作委员会在京成立。同年 11 月 11 日，十三届全国人大常委会第二十三次会议表决通过了关于修改著作权法的决定，修改后的《中华人民共和国著作权法》将于 2021 年 6 月 1 日起施行，成为我国现阶段保护公民、企业知识产权合法权利的有力工具，也为游戏行业的版权授权、使用、保护等工作提供了指引，使游戏行业的版权管理工作日趋规范。

（4）防沉迷工作是游戏产业健康发展的基础。在主管部门的严格要求和管理下，游戏防沉迷工作在整个行业内得以全面、有序推进，如完善网络游戏账号的实名认证系统升级工作、严格管理未成年人的网络游戏时长、重点监督未成年人的游戏付费服务、强化行业监督和适龄提示制度等。防沉迷工作已成为融合行业管理、家长引导、学校监督于一体的社会责任义务。2020 年 10 月，我国《未成年人保护法》的修订为游戏行业发展提出了新的要求。加强未成年人的保护工作是全社会必须履行的社会责任和基本义务。在"社会效益为先"的重要原则推动下，《网络游戏适龄提示》团体标准已基本完成，体现了全行业贯彻落实《未成年人保护法》的共识。

最后，在资金方面，在 2020 年中央经济工作会议提出引导资金投向供需共同受益、具有乘数效应的先进制造、民生建设、基础设施短板等领域，促进产业和消费"双升级"；同时中央继续强调坚持"六稳"（稳就业、稳金融、稳外贸、稳外资、稳投资、稳预期），深化供给侧结构性改革，以创新驱动和改革开放推动高质量发展。这为游戏产业的发展提供了新的机遇。

二、经济因素分析

全球经济疫情下前景面临不确定性，生产总值大幅下降。新冠危机在中期内很可能给经济留下长期影响，因为劳动力市场的恢复需要时间，不确定性和资产负债表问题抑制了投资，学校停课对人力资本造成损害。预计全球增速将在中期逐步放缓至3.5%左右的水平。产出相对于疫情暴发前预测水平的累计损失将从2020～2021年的11万亿美元上升到2020～2025年的28万亿美元，这将使所有国家提高平均生活水平的进程出现严重倒退。

经济前景仍面临巨大的不确定性，既有上行风险，也有下行风险。虽然疫情对世界经济产生了一些长远影响，但如果疫情得到有效控制，世界经济短期内会得到很大程度的恢复；如果疫情无法得到控制，甚至进一步恶化，那么世界经济活动将持续受到疫情和疫情防控的抑制；且疫情持续时间越长，经济受到的长期损害越大，越难以在短期内恢复。因此，在未来一段时期，特别是2021年的世界经济形势，在很大程度上取决于新冠疫情本身的发展趋势。同时贸易和投资限制措施增加，地缘政治不确定性上升，这些因素都将损害经济复苏。

2008年国际金融危机的爆发使许多产业效益不佳，社会经济动荡不安，而网络游戏却在金融危机带来的冲击下平稳地发展着。网络游戏作为新世纪的一种重要的新兴文化生活和消费方式，受到了广大人民群众的喜爱和青睐，2009年的网络游戏收入规模就已达到了258亿元，它的贡献远远超过了传统三大娱乐产业即电影票房、电视娱乐及音像制品的发行，也是在金融危机环境下我国经济发展中的增长亮点，和我国扩大需求的目标具有一致性。

2009年作为网络游戏发展的第10年，为我国经济带来很大的影响。2009年中国网络游戏海外出口收入达到1.06亿美元，较2008年增长47.2%，而2008年海外出口收入同比增速仅为30.9%。由此，不论我国经济如何变化，网络游戏始终保持着它平稳发展的趋势，为我国经济贡献了一波又一波的利润。

随着我国"一带一路"的建设和发展，与沿线各国共同打造政治互信、经济融合、文化包容的利益共同体、责任共同体和命运共同体，造福沿线国家人民，促进人类文明进步事业。这一战略的实施，为我国游戏海外出口带来了新的机遇，特别是一些拥有中国文化的游戏逐渐得到了国外市场的认可，此外，游戏开发企业也有意识地将一些跨国家、跨地域的文化元素纳入游戏之中，进而帮助游戏产品开拓海外市场，给游戏运营企业带来新的更多机会。

消费升级，教育文化娱乐支出比重增加。随着中国经济的不断增长，2019年中国人均国民总收入（GNI）突破1万美元，人均可支配收入突破3万元人民币。随着居民可支配收入的增长及消费升级的加速，服务型消费占个人消费支出占比将会逐步上升，文化娱乐旅游消费、教育培训消费、绿色消费、健康养老消费成为重点消费领域。

广东省依托粤港澳大湾区的区位优势，发布了《广东省关于加快文化产业发展的若干政策意见》等政策助力粤港澳大湾区增强文化软实力；广州市作为粤港澳大湾区规划中的重要城市，除了推进《广州市关于加快文化产业创新发展的实施意见》以外，已初步形成"1＋N"的文化产业政策体系，服务文化产业发展。粤港澳大湾区拥有广泛成熟的产业配套，除了拥有大量高新技术产业之外，还存在许多不同的传统制造业，这为人工智能、智能制造、机器人、新材料、云计算、工业互联网、新一代信息技术等先进技术与传统工业结合奠定了基础。粤港澳大湾区的建立对游戏产业来说，是一个新的机会、新的飞跃，因为这是一个世界级的大湾区，它的经济体量将影响着全球，吸引着世界的目光。

粤港澳大湾区区域发展的核心引擎为广州打造"全国电子竞技产业中心"提供了独一无二的优势。以中国游戏产业年会为例，国内不少城市均向其伸出"橄榄枝"，最终游戏产业年会落户广州。未来，广州将加强与香港地区、澳门地区和大湾区兄弟城市企业合作，继续推进中国国际漫画节与港澳动漫产业的密切合作，有效发挥港澳地区在动漫游戏展示、动漫人才培养、动漫产品进出口贸易等方面的优势，促进动漫游戏产业协同发展。黄埔区也将与广州市两级联动共建大湾区国际电子竞技创新中心，加快建设鱼珠中国游戏软件谷"产业地标"。

三、社会因素分析

在经济转型过程中，从社会结构上来看，中国各城市都在逐步完成自己的转型。人们在知识、教育、娱乐的认同程度也在逐步提高，人们幸福感也同步升高，在休闲活动中有更多的选择。在消遣娱乐中对个性化的要求越来越严格，对亚文化的理解也更能接受，其中，网易游戏在《阴阳师》中的式神角色运用了《犬夜叉》主角犬夜叉和杀生丸，让一大批粉丝涌入进来并且为之沸腾。这满足了人们在玩手机游戏的同时回忆了自己喜爱的动漫，吸引了一批固定的动漫粉丝。在高速发展的社会中，人们还面对很大的生活精神压力，拥有良好解压方式在生活中十分重要。很多年轻人会选择在家里休息放松自己，休息的同时玩玩难度系数中等的游戏，可以充分利用碎片化的时间解决游戏进度，不会在游戏过程中花费更多精力。

中国国民多注重传统文化，随着经济的不断发展，人均可支配收入也在不断地提高，居民生活在逐渐实现着全民小康。而从消费角度来看，消费多属于内销，娱乐作为人民生活的一部分，在很大程度上受到民众的关注。游戏产业作为娱乐的一大支柱产业，发展空间不可估量，在庞大人口基数的支持下，游戏产业发展具有先天优势。

随着游戏产业的快速发展，社会由于游戏产业的认可度不断提升，甚至有的大学都推出电子竞技专业。此外，在手机游戏的发展过程中，吸引了不同年龄段的用户，降低了对游戏的偏见，提升了游戏的认知，游戏产业及时地满足了社会的文化需求。我国国务院还发布了《关于加快构建现代公共文化服务体系的意见》，提出增强公共文化服务发展动力，鼓励和引导社会力量参与，加强文化创意产品研发，创新文化产品和服务内容。游戏作品为文化创意产品中的主要构成，在满足社会文化需求上，发挥了特有的作用，得到了社会的认可。

GPBullhound 发布了报告《社交游戏——促进我们的关系》，探讨了使游戏变得越来越容易获得和社交的潜在驱动因素，并确定了正在改变该行业的主要趋势：游戏融合了社会各个领域的现实世界和在线世界；为游戏开发商和公司带来新的收入来源；内容对于留住用户并延长可玩性变得越来越重要；随着游戏成为社会不可或缺的一部分，它将社会责任带入虚拟世界；最终用户对有意义和互动内容的需求不断增长，将游戏推向了一个全新的高度。我们正处在一种将变得更加深入和社会化的游戏形式中，通过这些游戏平台培育和建立关系的用户将带领我们进入下一代娱乐。

移动互联网技术的发展，也导致游戏语音通信的激增。尽管游戏中的语音交流已经存在了数十年，但现在它已经传播到大众中，游戏不再被视为反社会。许多人玩电子游戏是为了与不同时区和国家/地区的朋友共度时光。可以说，我们在游戏中的交流比在工作中的交流更多。例如，Discord 在 2018 年 5 月的 DAU（日活跃用户数量）已超过 1900 万人，而 Slack 在 2019 年 10 月的 DAU 已达到 1200 万人。

四、技术因素分析

最初几年我国自主研发技术在网络游戏起步的阶段并不突出，随着网络游戏产业的不断发展，我国将技术研发纳入"863"计划，并予以拨款投资。随着网络游戏的不断创新，各大运营商也逐步创建自己的研发技术基地。

游戏运营行业是以网络基础建设为前提的产业，截至 2018 年上半年，我国互联网网民数量达到了 8.02 亿人，2018 上半年新增网民数量为 2968 万人，与 2017 年相比增长 3.8%，互联网普及率为 57.7%。此外，国务院还下发了《关于加快高速宽带网络建设推进网络提速降费的指导意见》《三网融合推广方案》等文件，加强我国宽带网络的建设。这些政策措施和技术发展为游戏运营行业提供了良好的网络支持。

最后，智能硬件的快速发展也为游戏产业创新提供了基础条件。从游戏领域来看，智能手机、平板电脑的更新和迭代，与移动游戏规模相辅相成。随着 5G 时代的来临，可穿戴智能设备、VR/AR 等硬件的发展，为下一阶段的游戏产业及运营发展提供了新的方向。

近年来，国家以创新为驱动，人工智能、大数据、云计算、5G 技术、物联网等前沿科技成果层出不穷，为游戏产业的技术发展打下了坚实的基础。新技术在游戏领域中的应用使全球游戏产业进入了变革的关键时期，也为游戏与其他行业的融合提供了可能。这些新技术主要包括人工智能（AI）、区块链、云计算、虚拟现实（VR）技术、第 5 代移动通信（5G）技术等。人工智能（AI）技术使游戏中的非用户角色（Non‑Player Character，NPC）更为人性化，游戏设计也更为简洁；区块链技术则加强了游戏中虚拟财产的安全性；以云计算为基础的"云游戏"使游戏本身摆脱了对部分硬件的束缚，从而极大地提升了游戏用户的体验。目前，在全球游戏市场上已经产生形式上的寡头垄断。就主机游戏而言，微软、索尼与任天堂三足鼎立；在软件研发与发行方面，腾讯、网易、暴雪、EA、育碧等老牌游戏巨头在国际市场上展开了激烈竞争；在发行渠道方面，PC 游戏端由 Steam 平台占据较大市场份额，谷歌与苹果则基本上垄断了移动端渠道绝大部分的市场份额。新技术的应用，不仅关系到游戏的巨大变革，也关系到行业格局的重组与游戏公司的未来发展。因此，行业内各大游戏巨头之间相互结盟，相互抗衡，并且这些游戏巨头开始跨行业与高科技软硬件企业进行合作。

五、宏观环境（PEST）分析总结

通过上述宏观环境（PEST）分析，可以认为，广州游戏产业具有得天独厚的竞争优势，首先反映在随着中国经济高质量发展，人均国民总收入（GNI）连续两年超过 1 万美元，预计未来五年国家经济整体进入中等发达国家行列，这些都将极大地促进游戏等文化创意产业的需求。同时，随着国家从顶层设计上陆续出台游戏防沉迷等监管措施，进一步规范游戏产业的技术创新和社会责任方面的商业伦理标准，会为广州游戏产业的发展提供更好的促进保障。同时，以互联网、大数据、人工智能、区块链等新一代信息技术和实体经济深度融合，尤其是人工智能受到政府和产业界的高度重视，都将为游戏产业发展提供更为成熟的技术基础和强大的社会需求。

因此，在宏观外部环境上广州游戏产业存在诸多扩张机会和发展条件，北上广深一线城市的游戏产业都适合采取积极的扩张战略，北京和上海已经明确了游戏产业增长型或扩张型战略方向。

第二节　广州游戏产业发展SWOT分析

在第五章广州游戏产业竞争力分析中已经基于竞争力模型结果对广州游戏产业做了量化角度的态势（SWOT）分析，本节从质性研究角度对广州游戏产业发展进行态势（SWOT）分析。质性研究的主要依据来自两个方面：一是项目组对广州游戏产业部分业界人士的半结构化访谈；二是项目组对广州游戏产业发展二手数据的整理分析。

一、广州游戏产业发展优势

广州游戏产业优势主要体现在以下三个方面：

（1）产业基础雄厚，产业链生态相对完善。广州游戏产业发展迅猛，规模相对较大，位居全国前列。2016～2019年，广州市游戏产业增加值的年均名义增长率达到38.0%，远高于同期国内生产总值（GDP）的年均名义增长率（8.0%）。广州拥有头部游戏企业网易、三七、多益、百奥、宝通、虎牙、趣丸和四三九九等游戏行业骨干企业，产业配套在中国一线城市中最为完善，粤港澳大湾区游戏军团在中国游戏行业内有较高影响力。

同时，广州游戏和电子竞技生态体系较为完善，涵盖了游戏研发、内容运营、赛事运营、游戏运营、电子竞技投资、电子竞技直播、电子竞技场馆、电子竞技衍生产品、电子竞技电商等各产业环节。游戏方面网易、三七、多益、百奥、宝通等众多企业源源不断地输出游戏内容，直播方面有虎牙布局电子竞技领域、创办自制赛事等。在电子竞技方面，网易领衔一批国际赛事落户广州。在电子竞技游戏游艺设备方面，广州占有国内70%以上、国际约30%的市场份额。在电子竞技园区方面，广州已拥有广州云湖竞城、广州数字创意体验中心（电子竞技生活馆）、广州大湾区数字娱乐产业园、花都数字文化创意产业园等多个园区，为电子竞技产业聚集发展打下了坚实基础。

（2）游戏产业从业人员丰富，企业研发投入总体规模大。在经济转向创新驱动的高质量发展模式上，人才作为发展第一要素的重要性不断凸显。广州具有深厚的游戏产业基础和充沛的市场活力，新经济新业态不断创造新的就业增长点。在人才供给方面，广州高校众多、学科齐全、人才供应丰富。广州集聚在校大学生和各类科技创新人才众多，其中，2019年广州在校大学生人数达到127.5万人，在全国各大城市中排名第一。广州体育学院、广东外语外贸大学开设电子竞技相关专业，培养电子竞技急需人才。

同时，广州雄厚的产业基础保证了游戏产业的研发实力。2019 年，广州市游戏产业研发投入为 94.60 亿元，同比增长 1.3 倍，研发强度（即 R&D）达到了 11.8%。网易游戏、三七互娱、多益网络等游戏企业入选 2019 年中国游戏市场企业研发竞争力 15 强。广州游戏直播企业也积极探索技术创新。2019 年虎牙直播成为 S9 全球独家 4K + 60 帧超分超高清直播的直播平台，首次实现 4K + 60 帧超分超高清的电子竞技赛事直播，可为用户提供"大片级"的 4K 观看体验。广州的游戏企业对于 IP 产品的开发积累了丰富的经验，有利于获取海外游戏市场份额；广州的游戏企业较早探索并布局云游戏，随着 5G 网络的覆盖，广州游戏企业将抢占市场发展的先机。

（3）广州一线城市的吸引力强，政府对智能制造、人工智能、大数据等相关基础技术和产业的扶持政策积极。与其他一线城市相比，总体上广州一线城市的运营与生活成本相对较低，交通便利，对人才有较大的吸引力。同时，公共设施完善、交通便捷、文化消费旺盛、生活宜居等优势，对游戏产业的关键环节企业及个体具有非常大的吸引力。在人才吸引方面，广州城市治理水平、产业发展环境等要素持续吸引人才入户。为"筑巢引凤"，广州积极出台人才绿卡政策、优化引进人才入户，"花式"补贴吸引人才。广州城市人才吸引力指数位于前列。

在游戏产业发展上，广州各区根据自身特色鼓励游戏产业和电子竞技产业发展。广州天河区推出 2021 年 1 号文件《广州市天河区关于扶持游戏产业健康发展的实施意见》，力求打造一批实力雄厚、具有较强竞争力的大型游戏龙头企业，培育一批技术先进、专业性强的中小型游戏企业，吸引一批国际国内知名的创意人才和优秀原创游戏团队扎根天河。同时，打造绿色产业生态，配套开展"互联护苗计划"，加强对未成年人的网络保护，强化对游戏行业的执法监管，做到社会效益、经济效益两手抓。

二、广州游戏产业发展劣势

广州游戏产业发展劣势集中体现在产业"星星多，月亮少"的结构特征上。本书作者通过走访广州本地游戏企业，对游戏企业管理者的深度访谈以及问卷调查，认为广州游戏产业的这种结构特征主要缘于广州游戏产业的三个明显劣势：

首先，在北上广深四个一线城市中，与其他三个城市相比，广州游戏产业的国际化程度不足，产业集群国际化视野不够，限制了广州游戏产业的创作成果。除网易、三七、多益等有极强研发实力的少数企业外，虽然广州纯研发游戏企业的数量不少，但基本上都是小型企业，甚至以中小型游戏工作室居多。这种大小比例严重缺失的局面，造成广州游戏产业的发展主要依靠大型企业的带动，小型企业既缺乏国际视野又缺乏研发实力。在中国游戏产业发展最为迅速的移动游戏领域，上市游戏企业发行产品数量及流水始终占据七成以上份额，近年来头部游戏企业对游戏市场的掌控力度持续提升。头部游戏企业固化已成为影响中国游戏产业发展的主要问题，也影响了中国游戏企业的创新。例如，在玩法创新上，中小型的部分创意型产品会受到用户的深度认可，但并未完全构建出自身的竞争壁垒，部分头部游戏企业会迅速研发出玩法重合度较高的同类产品，借助于自身的用户获取优势迅速占领市场，挤压中小型游戏企业的生存空间。除头部游戏企业带来的商业压力外，近年来中国游戏产业投融资环境遇冷，从整体投资金额到企业获得早期投资次数均出现大幅下降，不利于中小型游戏企业的发展。

其次，在北上广深四个一线城市中，与其他三个城市相比，广州游戏产业受到本地政府的重视程度最低，难以纳入政府的主导性产业名录，在产业名称上甚至被刻意用"创意产业"来替代游戏产业。相比之下，2020 年 12 月，北京市政府出台《关于推动北京游戏产业健康发展的若干意见》，根据"国际网络游戏之都"的目标，建设精品游戏研发中心、网络新技术应用中心、游戏社会应用推进中心、游戏理论研究中心、电子竞技产业品牌中心，力争到 2025 年游戏产业年产值突破 1500 亿元。为此，提出弘扬主流价值、激励精品创作、规范游戏出版、培育发行平台、强化科技支撑、激发创新活力、推进园区建设、加强游戏理论研究、推动游戏"走出去"以及打造电竞产业集群等 10 项重点任务。为此，北京经济技术开发区管理委员会发布《北京经济技术开发区游戏产业政策》等，不断向产业界释放政府对游戏产业的重视和支持信号。2021 年 1 月，上海市委宣传部、市文广影视局、市发展改革委、市教委、市科委、市财政局、市人力资源和社会局、市规划国土资源局、市国税局、市地税局、市新闻出版局、市体育局、市金融办十三个部门发布《关于促进上海动漫游戏产业发展的实施办法》，提出四大产业促进措施：一是大力扶持优秀原创精品项目，包括漫画、电视动画、网络动漫、网络游戏、手游等原创项目；二是支持主旋律作品内容开发，提升动漫游戏创新技术应用；三是提升产业创新能力，推进 VR 等技术的应用，鼓励动漫游戏企业研发 VR、AR、MR、AI、裸眼 3D 等前沿科技与动漫游戏相结合的产品；四是推动产业融合高质量发展，鼓励动漫游戏企业与演艺、旅游、教育、艺术品、金融等融合，开发动漫演艺、动漫主题旅游、动漫教育等产品和服务。为此，推动重点动漫游戏产业集聚区发展，加强电竞场馆和集聚区建设及多元拓展产业发展空间。早在 2008 年深圳市政府就出台扶持动漫游戏产业发展政策。相比之下，虽然在 2016 年广州市政府也出台加快动漫游戏产业发展的意见等政策，但实践中广州对游戏产业的重视程度和政策引导力度则相对乏力。

最后，广州游戏产业缺乏精品，产品过于同质化。这反映在创新能力相对不足、内容质量不高、精品力作稀缺，是现阶段游戏产业发展的瓶颈，也是制约产业发展再上新台阶的关键所在。目前，整个国内游戏市场都面临着缺乏精品及过于同质化的困局，在反映游戏企业创新能力不足的情况下，对游戏企业的生存发展提出了极为严苛的挑战。就广州游戏而言，虽然经过多年的不懈努力，在原创方面有了长足的进步，但在游戏品类上仍以棋牌游戏比例最高，游戏题材也是较为雷同，缺乏精品力作，这与北京、上海、深圳相比，缺乏竞争力。2017年以前中国游戏产品同质化问题严重，近年来经过管控后，同质化产品数量明显下降，精品战略成为游戏企业的核心。包括广州在内的中国游戏市场的产品同质化问题仍然存在，并衍生了许多的法律案件，近年来，虽然产品侵权发生的诉讼案件与诉讼金额在逐年提升，但侵权所承担的法律风险与成本仍然较小，这也制约了许多游戏企业产品创新动力。同质化已成为广州乃至中国游戏产品创新力不足的主要因素之一，严重制约产业发展。从企业产品研发来看，借鉴已得到市场验证的项目不仅被认为是"安全之举"，还节省时间与人力成本。于是，套用成熟产品的核心玩法、数值体系等元素，在美术素材上进行换皮，最后将产品推向市场，成为部分开发者常用的手段，这也造成了市面同质化产品增多。

三、广州游戏产业发展机会

广州游戏产业发展机会主要体现在三个方面：一是游戏产业发展舆情环境正在得到迅速改观，从国家顶层设计到地方政府重视程度都朝着有利于游戏产业快速增长的方向变化；二是游戏产业知识产权保护正在得到加强，也有助于游戏产业的扩张；三是虽然游戏出海受到全球疫情影响而呈现不确定性，但总体依然有利于游戏产业的增长。

首先，舆论环境是影响中国游戏产业创新的重要因素之一，对于创意类文化产业来说，舆论对于产品创新的鼓励或批评将引导产业整体的创新氛围。但早些年主流媒体及用户群体并没有关注到创新层面的内容，主流媒体更多将注意力放在游戏产业所带来的相应社会问题上，用户只关注产品的可玩性。现阶段舆论环境才有所改善，媒体及用户越来越关注游戏产业在创新层面的问题。根据伽马数据调查，57.4%的从业者认为用户讨论、媒体报道等舆论环境都在鼓励中国游戏企业进行创新，但目前舆论对于产业创新的推动力仍然有限，在国家鼓励文创产业发展的大背景下，主流媒体需要更进一步意识到创新对于文化产业的推动作用，并发挥自身的影响力推动中国游戏产业的创新发展。

近年来用户对于"游戏抄袭"的关注度在快速提升。在游戏用户聚集度较高的视频网站上，"游戏抄袭"类热门视频的播放量快速提升，越来越多的游戏用户关注到了这一领域，并从视频内容中了解到了"游戏抄袭"带给产业的危害，借助于内容平台了解到了创新能力对于中国游戏企业的重要性。此外，用户的进步也反映在其对涉嫌抄袭类产品的态度上，一旦用户察觉到产品内蕴含抄袭元素，便会主动指出并带动其他用户的大规模讨论，最终产品的口碑也将下滑，进而影响到产品的商业化成绩。但目前来看，用户对于游戏产品的原创意识虽然在增强，但短期内依然难以对产品的研发产生决定性影响。在这一背景下，未来或将需要主流媒体制造更多的舆论压力，从而净化中国游戏产业的创新环境。这些都有利于广州乃至中国游戏产业的增长。

其次，虽然中国游戏产业的发展存在知识产权问题，但国家对游戏产业乃至总体上知识产权保护力度的加强，知识产权保护对广州乃至中国游戏产业将发挥越来越重要的保障促进作用。但是，也要重视知识产权问题对中国游戏企业创新的不利影响，在知识产权的保护上，虽然近年来游戏企业上诉案件数量及赔付金额均出现较大幅度上升，但相比于侵权获利，企业所承担的侵权风险还是较低。目前知名侵权案例赔偿金额占侵权产品流水比例约为1%，即使侵权被发现，企业获益仍是其侵权赔付金额的数十倍以上，如果侵权行为不被发现，企业非法获利空间将更大。知识产权问题也成为中国游戏产业发展的重要痛点，未来相关法律制度的完善将有效提升中国游戏产业的创新空间。

在维权难点上，时间成本太高、相关法律体系不完善、难以界定产品是否侵权均成为占比较高的因素。维权时间成本太高是游戏企业面临的主要痛点，走法律程序动辄一年甚至数年以上，而侵权产品的黄金生命周期普遍在一年以内，诉讼期间产品足以达到数亿元甚至数十亿元的流水，被侵权方则承受了较大的损失；相关法律体系不完善也是需要解决的问题，由于我国文娱产业的发展时间尚短，相关法律体系存在一定的局限性，因此相关部门也在逐步完善法律。例如，游戏名称、角色形象、场景建筑、道具装备等美术资源已受到司法机关保护，后续又增加了游戏玩法的独特表达、技能数值、游戏地图的设计等，并根据《著作权法》《反不正当竞争法》的相关规定进行完善保护。未来需要借助于国家强化知识产权保护的契机，进而完善游戏知识产权保护相关的法律体系，同时也能以法律来进一步界定产品是否侵权，进而解决企业维权金钱成本高、调查取证难等相关问题。此外，一方面，市场中游戏头部企业存在过度维权的现象，将知识产权保护作为垄断的强力武器打压中小企业的发展；另一方面，中小游戏企业维权相对困难。如何解决这个实践难题，对于市场监管部门是一个新挑战。

最后，出海依然构成广州游戏产业发展的机会。走出海外业务收入的增长，是整个国内游戏行业的大趋势，根据《2020年中国游戏产业报告》，2020年，中国自主研发游戏海外市场实际销售收入达154.50亿美元，比2019年增加了38.55亿美元，同比增长33.25%，继续保持高速增长态势。受影响大的方面，其实也说明了目前中小企业出海业务势头良好，虽然以腾讯、网易为代表的大厂出海势头凶猛，但海外竞争格局相对"公平"，在没有常见渠道的前提下，海外市场竞争更加百花齐放。中美贸易摩擦不断升级，国际贸易显著萎缩，为游戏产业的海外市场带来新的风险。例如，此前美国对 TikTok 的"巧取豪夺"，针对中国 APP 的"净网行动"，虽然首要目标可能都是大企业，但不可避免都会挫伤中小企业的出海业务，甚至造成积极性层面的打击。要命的是，中小游戏企业出海正变得越来越重要，也越来越普遍，不稳定的国际关系很容易对中小游戏企业发展造成影响。总体来看，虽然国际市场存在不确定性风险，但游戏出海依然构成广州游戏产业发展的重要增长点。

四、广州游戏产业发展威胁

总体来看，广州游戏产业发展威胁主要体现在以下三个方面：

首先，虽然广州游戏产业具有产业链的竞争优势，但受过规范训练的创新型高端人才依然严重缺失。同时，游戏行业缺乏人才认定体系及其相应的职称体系，难以形成市场化的技能信号。从具体研发职位进一步调查显示，最考验创新能力的创意/关卡策划从业者最为缺乏，文案/剧情策划、制作人这一类注重研发创新能力的职位也较为缺乏，创意人才的不足也成为掣肘中国游戏产业发展的重要因素。根据调查，有85.5%的企业存在人才缺口，其中，又属主程序、主策划两大工种最为宝贵。虽然游戏行业平均薪资已经超过金融，成为全国收入最高的行业，但中小企业对于高级人才的缺口，受制于大厂薪酬、成长空间等待遇的优势，产生了对中小游戏企业更强的挤出效应。

自身创造力不足也是现阶段研发人才面临的最主要问题。从产品开发角度来看，创意是游戏产品吸引用户的核心元素，研发人员创造力的缺乏也将对产业的发展带来影响。目前国内游戏产业对于创意型人才的培养体系是缺乏的，这主要来源于两个方面：一方面，来源于高等教育输出的人才不足。近年来，虽然游戏产业较为热门，但由于这一产业发展的时间并不长，目前国内开设游戏设计相关课程的顶尖学校较少，造成创意型高等人才输出不足。另一方面，来源于企业本身的人才培育模式。创意型人才的培养周期普遍较长，从思维模式到设计理念等方面都需要数年的时间进行引导培养，部分游戏企业往往缺乏成熟的人才培养体系，而迫于营收压力，甚至引导员工进行创意模仿与抄袭，这也对游戏产业整体的创新氛围形成了一定影响。未来若想提升中国游戏产业的创新能力，人才问题也需要进一步解决。

在游戏产业软环境方面，广州面临来自北京和上海的强势威胁。例如，2020年7月，上海市委宣传部和浦东新区区委宣传部支持下，中国音像与数字出版协会设立并与上海市共建中国游戏产业研究院。该国家级游戏产业研究机构落地上海张江国家数字出版基地，旨在服务于政府主管部门的行业管理、游戏企业的可持续发展及社会公众对高质量文化消费的多样化需求，如该研究院计划在上海举办"中国游戏创新大赛"评选活动等，使上海游戏产业发展的人才软环境得到进一步优化，并对包括广州在内的其他一线城市游戏产业软环境建设构成威胁。

其次，虽然广州游戏企业研发投入不断增加，但长期研发增长相对乏力，企业对海外投资却明显呈现出强烈意愿，这不利于广州游戏产业的内循环投资。例如，2019年与2016年相比，中国代表性上市游戏企业营收增长超过95%，但销售费用增加约200%，而研发费用增长率则不足75%，重视运营、发行等商业领域的变现，研发费用投入较低也成为多数游戏企业产品创新能力不足的根源。未来如果流量成本进一步上涨，那么部分企业的买量打法或难以持续，但在研发层面的投入与创新将会为企业持续带来市场机会。在本土研发力量发展具备一定局限性的背景下，近年来中国游戏企业参投海外游戏企业金额显著增加，2019年已超过百亿元。中国游戏企业的对外投资也主要集中在游戏产品的研发领域，更多是出于战略合作、研发协同等目的，从而借助于海外企业的力量实现产品创新。投资海外游戏企业也给中国游戏企业带来了一定好处，例如，在国内研发力量缺失的主机、单机游戏领域，投资海外团队将显著提升游戏企业获取全球性游戏市场的能力。但同时也带来了一定的影响，国内产品研发资本的外流也将影响到国内相关产业研发力量的发展。从广州游戏产业研发结构角度来看，构成中国游戏产业研发投资的一个典型代表。

最后，广州乃至中国游戏产业的核心技术依赖国外供给，本地企业对高端技术领域的探索不足。在游戏产品开发技术上，中国游戏企业核心技术的自主创新仍然面临较大挑战。以主导游戏产品开发的游戏引擎为例，2020年中国头部游戏产品开发所采用的引擎技术大部分为海外企业开发。未来随着科技的进步，游戏产品的表现或更加依赖于核心技术的成熟，技术创新也是中国游戏企业将要提升的方向。此外，在支撑云游戏发展的核心技术领域，中国游戏企业对于相关技术的掌控也显得较为不足，未来或将对云游戏的发展产生一定影响。在当前的经济形势下，各个领域技术的自主创新已成为大趋势，未来中国游戏企业需要在更多高端技术领域进行探索，并掌握主导权。

五、态势分析（SWOT）总结

综合上述讨论，可以认为，广州游戏产业发展的优势与劣势并存，机会与威胁均较为突出（见表7-3）。未来3~5年是广州游戏产业发展上的一个关键阶段，产业发展得好将成为广州文化创意产业的一个强力增长点，产业发展得不好有可能使广州游戏产业以往积累的竞争优势不再，逐步被上海和北京赶上或被超越。因此，广州各级政府尤其是相关行业管理部门需要对未来 3~5 年游戏产业的发展定位和推动目标给予研究和探讨，着力推动广州游戏产业形成新一轮增长。

表 7-3　广州游戏产业发展的态势分析（SWOT）

优势 S	劣势 W
游戏产业基础雄厚； 游戏产业生态完善，具有较高影响力； 综合吸引力强，对相关基础产业扶持政策积极	游戏产业国际化程度不足，国际化视野不够； 政府重视程度和政策支持力度相对乏力； 游戏产业缺乏精品，产品过于同质化
机会 O	威胁 T
游戏产业舆情环境和政府重视朝有利于产业增长方向变化； 知识产权保护游戏产业发挥重要促进作用； 出海依然构成游戏产业发展机会	受过规范训练的创新型高端人才依然严重缺失，缺乏人才认定体系及其相应的职称体系； 长期研发增长相对乏力； 核心技术依赖国外，高端技术探索不足

根据上述对广州游戏产业竞争力比较分析，游戏产业发展 PEST 分析和 SWOT 分析，可以对广州游戏产业战略目标与定位做出初步探讨。

六、广州游戏产业战略目标与定位

长期以来，广州游戏产业发展总体上处于市场化的竞争发展，市场需求的内在力量推动着广州游戏产业链的布局和发展，逐步形成了类似科韵路那样的游戏产业聚集区。然而，当前广州游戏产业发展无论是企业数量还是从业人员规模都在全国独树一帜，并且将与广州本地经济的高质量发展和国民生活紧密联系在一起而深刻影响广州本地的发展。因此，从宏观经济管理角度需要研究和分析广州游戏产业发展战略，以此指导和引导游戏产业的发展。

从理论上来说，广州游戏产业发展目标和定位是城市游戏产业发展的关键，也是游戏产业发展的重要内容。根据游戏产业发展现状和势头，势必要提升广州游戏产业的定位和地位。首先，从经济角度来看，游戏产业贡献与日俱增，势头强劲。游戏产业不仅是集众多技术于一身的复合型产业，也是代表互联网时代的朝阳产业、创新产业，发展规模日益扩大，市场销售逐步攀升，游戏产业已成为文化产业中的支柱产业，在国民经济中的贡献与日俱增。不仅如此，游戏产业还催生、带动相关产业发展，如实体游戏周边、游戏网络直播电子竞技、动漫、文学、影视等，并带动周边产业电信、IT、传统出版和媒体行业高速发展，游戏产业巨大的产业价值与创新价值还在不断释放。其次,从丰富大众精神生活休闲娱乐角度来看,游戏产业是大众重要的休闲娱乐手段。

在社会不断发展的今天,技术的发展与经济的繁荣决定了人们对精神层面愉悦的要求越来越高。游戏集合了其他传统娱乐形式为一体,不仅游戏本身能够与用户进行互动,还允许在不同地域的人一起互动。不管是视觉、听觉、新 VR 技术带来的虚拟现实,还是单机游戏、网络游戏、移动游戏、VR 游戏等越来越细分的平台与新技术,都在不断促使游戏成为现今社会人们娱乐的第一选择。

从发达国家游戏产业发展来看,20 世纪 90 年代,日、韩为了发展包括游戏产业在内的文化产业,均提出了"文化立国"战略,提升文化产业在国家产业布局中的地位,扶持其发展。为了更好地发展游戏产业,韩国还成立了"游戏促销中心",为游戏产业发展提供专门的支持,包括政策支持。因此,无论是游戏产业发展的现状、发展的前景和势头还是对其他产业的辐射带动作用;无论是游戏对文化的传承传播、核心价值观的宣传宣扬还是对国家文化安全的影响,都要求更加重视游戏产业,不能仅仅把它理解为"游戏",而应该上升到文化层面来认识,把它摆在更加重要的战略位置来看待。此外,对我国游戏产业的发展进行深度分析总结,从政府层面制定有关游戏产业的发展规划、发展计划和发展意见,可以更好地推动本地游戏产业的增长。国家将游戏产业从文化产业十大类分类"文化创意和设计服务"中分离出来,可以说是提升其地位,明晰其定位,促进其更好发展,已经摆在各级政府和相关行业主管部门的面前。目前,北京定位为"国际网络游戏之都",上海定位为"全球电竞之都""游戏创新之城",深圳定位为"创意设计之都"及全球游戏产业创新核心高地等。

广州市游戏产业发展早、基础好、实力雄厚,积累了丰富的经验。在国内的重点游戏城市中排名前列,充分发挥广州市游戏产业的良好基础和影响力,将广州打造成国际一流的游戏产业中心和电子竞技中心,积极传播中国文化,成为中国游戏产业"走出去"的排头兵。同时,广州游戏产业发展定位应充分考虑与深圳游戏产业的空间互动,深圳是全球最大游戏内容提供商、全国最大电竞内容平台商所在地,也是中国年轻人比重最大的城市,广州游戏产业定位要从大湾区游戏军团的结构互动角度来考虑。

项目组研究认为,"十四五"期间广州游戏产业发展定位为:建设"全球游戏创新创业生态之都"。

区别于北京"国际网络游戏之都"、上海"全球电竞之都"和"游戏创新之城"、深圳"创意设计之都"与全球游戏产业创新核心高地的定位,"十四五"期间广州游戏产业"全球游戏创新创业生态之都"的定位,着力领先的游戏开发技术,培育全球流行的游戏产品,打造具有全球影响力的游戏盛会,形成粤港澳大湾区游戏创新创业生态品牌，引领中国文化走向世界。

第三节　广州游戏产业政策及分析

从产业经济角度分析，现阶段产业政策对于中国经济高质量发展至关重要。对于游戏产业发展而言，在经历相当长一段时期的市场化自由增长过程中，产业基础日益牢固，产业规模的影响力也日渐增强，虽然整体产业规模及对国民经济的贡献还难以与制造业、基础设施工程等领域相提并论，但对于国民素质和知识社会交流的影响却日益彰显其价值，如何通过游戏产业政策来提升本地或国家文化软实力，将成为广州乃至中国不少地方政府需要充分重视的发展议题。

项目组从广州游戏产业建设"全球游戏创新创业产业链之都"的目标出发，根据广州游戏产业所处环境和资源的内外部分析，广州游戏产业竞争力分析，从以下三个方面提出政策建议，并对政策进行初步分析。

一、广州游戏产业高质量发展引导政策

游戏产业不仅能带来巨大的经济价值，促进内需发展，同时也能承担文化使命、社会责任和海外传播的使命，走向社会价值与产业价值的全面统一。担负文化使命，以产品为载体，深入挖掘中华传统文化的优秀内涵，融入产品创新之中，寓教于乐，传播正能量；履行社会责任，使未成年人保护成为游戏产品研发与运营的首要工作，注重社会教育，积极回馈社会，正确处理义利关系；实现产业升级，走出粗放发展惯性，树立精品意识，注重产品品质的打磨和团队创新能力的培育；推动海外传播，发挥产品研发与发行经验，借鉴海外优秀经验，持续增加海外市场投入，以游戏为载体弘扬中国传统文化。广州市游戏产业要健康高速发展，必须明确引导方向。具体而言，广州市游戏产业政策的引导方向有五个：

（1）更加安全的发展。网络游戏发展迅速、影响广泛，已经成为重要的文化阵地。政府主管部门要强化责任意识，严把内容关口，加强动态监管，并充分发挥游戏企业安全把关的第一责任人的作用，承担主体责任。做好预防沉迷工作。严格遵照执行《未成年人保护法》对游戏防沉迷提出了明确要求。建设实名验证系统引导组织企业分批接入。落实身份审查机制，进一步完善未成年人保护措施，促进行业健康发展。

（2）更有内涵的发展。游戏产业承担着文化传承、价值观塑造、道德教化

的使命责任。我国网络游戏应更加注重文化教益功能，推出了具有中国文化内涵的优秀作品。游戏企业自觉承担文化使命，善用中华优秀文化打造精品游戏，弘扬中华文化魅力。坚持把社会效益放在首位，坚持在适应市场中引导市场，在满足群众中提高品位，大力弘扬社会主义核心价值观。

（3）更高品质的发展。树立精品意识，耐心打磨作品，推出更多思想性、艺术性、娱乐性相统一的优秀作品。增强创新意识，提高原创能力，推动新创意、新风格、新技术的原创精品。政府充分发挥好审批工作的风向标作用，推动行业多出精品、多出创意、多出人才。例如，2000年韩国设立游戏资源综合中心，在十几年前就有三十多所大学设立了游戏专业，并设置硕士课程，开设游戏专家资格证考试，培养游戏专门人才。广州可以以此为借鉴参考，着力培育不同层面游戏人才，为高品质发展提供人才资源保障。

（4）更加规范的发展。做好版权保护、严格严查违法违规经营行为，加强日常巡查，技术管控，对违法违规行为严肃查处，引导并持续优化游戏行业生态和良好的发展环境。进一步加强事中事后监管，加大对违规行为的处罚力度，健全信用档案，并将其作为企业上市融资、资质准入、评奖推优、事前审批的重要依据。推进知识产权改革，打通版权创造、运用、保护、管理、服务"全链条"，为游戏产业发展提供最优的营商环境，最具活力的竞争市场。

（5）更具国际竞争力的发展。广州游戏产业底蕴深厚，需要用国际化的思维跻身国际游戏产业第一梯队，发挥优势努力实现在国内游戏市场乃至世界游戏市场中占据有利地位。从全球范围来看，海外用户对于部分中国元素如功夫、饮食、三国等关注度较高，而这些元素也在朝着全球范围输出。从亚洲其他国家将文化产品输出到全球范围的经验来看，以中国文化为背景的游戏产品也并非没有机会，但必须要有更多游戏产品展开尝试，政策可对这一类产品进行精准引导。

因此，"十四五"期间广州游戏产业高质量发展的引导政策，主要围绕如何进一步提升广州游戏产业链竞争力的引导方向，形成四个主要的引导性政策：

第一，引导各级政府管理部门摆正游戏产业发展观念，在国家对游戏市场的强力监管到位下，游戏产业经济外溢效应、社会生态与社会关系网络等外溢效应及文化创意产业的正能量均得到充分发挥，正在被包括北京、上海等城市列为积极发展的文化创意支柱产业，且各地政府逐步意识到，工业互联网、人工智能、区块链、物联网、智能制造、定制家具等新一代信息技术及产业化中的数字孪生系统、数字仿真渲染技术等与游戏产业技术发展密切相关，例如，云游戏、VR/AR游戏等通常都是人工智能研发技术的早期或初期技术应用场景，满足游戏市场需求的人工智能技术通常比缺乏游戏市场需求的技术更容易获得推广应用。

第二，引导头部游戏企业形成产业链生态系统，以"月亮"带"星星"的方式，强化游戏产业聚集的创新能力，构建以头部企业为核心的游戏产业增长极，形成众星捧月的多层次、多元化、差异化的产业集聚中心区与外围区，从而打造广州游戏产业的核心竞争力。

第三，引导广州本地游戏产业链企业与深圳游戏产业链企业对接合作，推动以腾讯、网易为双子星的粤港澳大湾区游戏军团的合作交流，提升大湾区城市游戏产业集群的整体竞争力。树立大湾区游戏军团的品牌大旗，将是"十四五"期间粤港澳大湾区数字经济发展的一篇大文章。

第四，引导广州中小游戏企业的内部交流与协同，着力打造广州中小游戏企业的自主品牌和供应链价值链增值，从内涵上提升广州中小游戏企业集群的整体竞争力。就广州游戏产业引导方向而言，要高度重视如何扶持中小游戏企业的群体性成长。没有小，哪有大？将"小"的游戏企业组织动员起来就是"大"的游戏龙头企业，并且是最具有广州游戏产业特色和最具竞争力的产业特征。

二、广州游戏产业链协同发展促进政策

在城市竞争力三个一级指标中，广州游戏产业链竞争力是最强的。因此，在"十四五"期间，广州瞄准做好游戏产业链协同发展的方向就成功一半。具体而言，广州游戏产业链协同发展促进政策主要有以下三个方面：

第一，通过以骨干企业为龙头带动周边中小游戏企业的协同方式，既提升中小游戏企业的研发、运营和分销能力，又提升骨干企业面向外部竞争市场的总体协同能力，以此着力培育游戏产业的全链条竞争水平。重点是对既有面向产业政策、财政政策和人才政策进行微调，在不降低现有财政扶持力度的基础上，通过调整和优化获得财政扶持项目、人才项目的条件，对既有游戏产业的财政扶持和人才引进政策进行调整和优化。

在游戏产品协同研发上，参照日本龙头制造企业与众多中小外围企业协同研发模式，要求本地游戏骨干企业以不同规模、不同方式跟投本地中小游戏企业的产品开发。同时，中小游戏企业以不同规模、不同方式参与龙头或骨干游戏企业的产品协同研发，或骨干游戏企业与中小游戏企业合作开发游戏产品，形成多层次、多种形式的游戏产业链协同模式。

在游戏产业金融服务上，通过政府搭台、企业唱戏等方式，积极规范地吸纳骨干游戏企业、非游戏企业的社会资金，构建游戏产业的供应链金融服务体系。在金融服务支持上，借鉴参照美国NBA选秀规则，同等条件下优先支持小微游戏企业的融合需求，提升广州中小微游戏企业的融合竞争力。

在人力资源合作上，积极发挥广东和广州游戏产业协会、电子商务协会等社会团体的作用，通过行业社会团队促进广州游戏产业从业市场的有序健康发展，

促进广州本地游戏产业从业人员的流动和交流，从职业生涯规划、能力提升和知识扩展等多方面营造广州游戏产业链人力资源优势氛围和文化，总结、提炼和弘扬科韵路精神或科韵路文化，使之成为广州游戏产业文化的一张代表性名片。

第二，通过强化硬件设备＋软件内容创新融合，提升广州游戏产业链协同创新能力。从游戏产业的发展历程来看，游戏设备的革新与发展必然推动着游戏内容的进步，精品的游戏内容也将促进游戏设备的销售，从而形成"硬件设备＋软件内容"的游戏娱乐生态。在全球范围内，仅主机游戏相关硬件市场规模便超过千亿元，再加上由游戏内容所带动的 PC 设备、移动设备、VR 设备等硬件销量，游戏内容所主导的硬件设备市场规模还将更高，市场化前景广阔。而目前中国游戏企业在这一领域的布局薄弱，并没有代表性游戏硬件制造厂商，国内主要的主机游戏设备、游戏游艺机设备制造商也并未形成较大规模与品牌效应，且部分企业以模仿海外产品为主。

目前国内用户对于由游戏内容所主导的硬件设备需求已处于较高水平，在"伽马数据"的调研中，65.3% 的用户曾因为一款游戏而更换过硬件设备，用户需求较为旺盛。虽然国内也有移动设备制造商联名游戏产品研发更加适配的游戏设备，但对移动游戏来说，对于硬件的要求普遍不高，更多是基于品牌合作的需求。相关电脑设备也是以配置升级为主要策略，利用"游戏设备"概念切入游戏用户这一细分市场。国内并未诞生真正服务于游戏内容的大型硬件设备制造商，这也让中国游戏产业无法直接从游戏硬件设备中获利。同时，游戏产品也依托于硬件衍生出了更多的创新玩法，如虚拟现实、动作捕捉等。除创新性玩法外，硬件设备制造商往往也是重要的渠道商，能够从软件售卖中获得分成，长期获得较高收益。广州游戏企业尚未重视硬件设备这一领域的市场机会，但未来如果出现由硬件主导的游戏市场变革，广州游戏企业的产业链布局也将受到影响，且会影响到广州本地电子设备制造水平。

为发掘更多的全球性游戏市场机会，广州游戏企业也应主动切入这一领域，通过投资、收购、合作等形式布局游戏硬件产品的开发，不仅能帮助广州游戏企业把握住因为硬件革新而带来的市场机会，也事关广州企业是否能在娱乐产业的精尖端设备制造领域取得领先优势，进而完善广州游戏产业在硬件设备＋软件内容上的产业生态水平。

第三，推动游戏企业提供开发工具与平台来着力挖掘广州地方文化的创新能力，提升广州游戏产业链协同创新能力。用户主导创意玩法这一概念早在《魔兽争霸3》中便得到了实践，并取得了较大的突破，用户利用自定义的编辑器开发出了 MOBA、塔防类等多种游戏，对游戏产品的玩法进行了一定程度的革新。此外，Steam 也推出了创意工坊鼓励用户自主进行游戏产品的创造，除了创造玩法之外，创意工坊还鼓励用户对于美术素材、游戏道具等进行原创，并获得一定的收益，促使越来越多的用户参与到游戏开发环节。而中国游戏产业的创意发展也有赖于更多游戏用户的参与，挖掘全民文化创新的能力对于游戏企业也具有好处。首先，用户参与创作能够延长游戏企业现有产品的生命周期，如《王者荣耀》研发团队开发的万象天工系统，虽然在测试阶段，但基于这套系统融入的"自走棋""大逃杀"玩法仍然吸引了不少的用户，为用户提供了更多可供消耗的内容。同时，当游戏企业拥有成熟的开发平台后，可以通过提供创作平台服务聚拢更多的独立创作者，并抽取渠道费用或交易佣金，从而获得长期的收入。对于具备高度创意性的作品，平台方也可协商进行创意收购并二次开发，进而扩大创意内容的价值。

目前，游戏产品的开发门槛较高，产品开发需要大型游戏企业提供组件式开发程序对于用户的创意进行落地支撑，并提供部分素材作为支持，从而降低游戏产品的开发门槛。未来如果鼓励更多用户参与到创意环节，并挖掘全民的文化创新能力，将有效提升广州游戏产业的创意能力，并弥补广州本地创意人才不足所带来的产业发展缺陷。

第四，探索流量创新运营模式，构建市场化运作的平台化游戏中心，将广州游戏产业链协同创新能力提升到一个更高层次。现阶段通过广告投放买量已成为多数游戏企业获取用户的主要方式，这也是持续推动着流量价格的上涨，但买量获取用户并不利于中小型游戏企业的发展，流量运营的模式也需要创新。近年来，超休闲游戏成为游戏产业流量创新运作模式的代表，超休闲游戏依托于各大社交平台进行游戏内容传播，普遍采用无须下载、点开即玩的游戏方式，能快速留存游戏用户。同时，超休闲游戏在游戏内插入各类广告，激励用户进行内容播放，并通过广告平台获取收益，国内的小程序游戏也普遍采用了这一流量运作模式。在全球范围内，超休闲游戏已成为多个地区用户下载量最多的产品类型。

普通游戏产品通过买量营销获得收入，需要企业自身对于产品付费体系深入把控，对于注重创意玩法且买量能力薄弱的产品类型不利。而超休闲游戏则是通过研发商与广告平台合作的模式进行产品发行，广告平台获取一定的抽成，广告平台会为超休闲游戏提供完善的发行指导与发行服务，这也有利于中小型游戏团队的发展。

未来以超休闲游戏的运营模式为参考，随着云游戏的发展，现有产品的流量运作模式或将发生变化，抖音、快手、哔哩哔哩、虎牙等内容平台或将成为新的重度游戏产品分发中心，在为产品导入流量的同时获取收益。随着单机、主机等不同类型游戏产品的发展，时长收费、会员收费等付费模式或将得到全面发展。从游戏产业的长期发展来看，平台化的游戏中心也将在一定程度上缓解中小型游戏企业的流量困境，从而使研发商将更多精力投入到产品玩法的打磨上。因此，探索流量创新运营模式，构建市场化运作的平台化游戏中心，可成为广州游戏产业链协同创新更上一层楼的关键抓手之一，值得引起重视。

三、广州游戏企业社会责任强化政策

借助广州游戏产业链的竞争优势地位，从多方入手，积极影响国家的游戏产业政策，尤其是版号管理政策。主要是从游戏企业社会责任角度出发，借鉴航空业、通信业等通行的普遍服务规则，积极探索、研究、建立和健全中国游戏产业的普遍服务规则，由此影响国家游戏产业的版号审批政策。具体的强化政策可以包括但不限于以下四个方面：

第一，在游戏龙头企业中建立普遍服务规则，将游戏龙头企业的社会责任，例如，设立防青少年沉迷游戏基金数额、捐赠社会文化产业公益项目及数额、投资游戏教育专业资金等，与该企业申报版号的数量总额联系起来综合考虑，由此激励游戏龙头企业提升社会责任；或按照一个恰当的比例要求腾讯游戏、网易游戏等头部企业推出多少个主打游戏产品，就必须配套推出多少个公益类游戏产品等。

第二，国家版号分层分类管理，一方面，参考美国 NBA 选秀的扶弱平强规则，在同等条件下优先审核批准中小游戏企业中的精品作品，从版号审批和获批总量上抑制游戏产业的高度垄断发展，积极扶持中小游戏企业参与竞争；另一方面，设置正常版号与扶持版号不同类别版号，参照中国资本市场主板、中小板、创业板、科创板等分类原则，针对不同主体、不同企业规模审批发行不同版号的游戏产品，从而起到事实上的游戏产业反垄断作用。

第三，从商业伦理角度研究、制定、建立、健全游戏产业链普遍扶持规则，例如，要求头部游戏企业拟申报的新产品中必须有多大比例的非股权投资关系的外部参与方协同研发，或有多少非股权投资关系的中小游戏企业参与产品研发等；或在中小游戏企业申报的版号中，需规定骨干游戏企业投资的资金比例不能超过多少，或采取同股不同权的双层治理架构有多少可以更便捷地申请版号等。从版号审批管理上，抑制中国游戏市场网络资本高度垄断的无序扩张，为中小游戏企业扩展创新空间。同时，推动中国游戏市场垄断资本与中小游戏企业的协同创新。

第四，将版号审批服务管理与游戏企业自我约束机制联系起来，参考借鉴汽车保险投保价格与车主行车事故发生概率的动态联动关系，建立游戏企业自我约束机制与版号审批管理的联动机制，即版号审批管理与游戏企业上一轮审批后产品社会责任履行状况相挂钩，形成对版号管理的事前、事中和事后监管，从根本

上激励游戏企业长期坚持履行社会责任。诚然，要做到对版号管理的动态联动，需要构建游戏版号的大数据管理平台，通过广泛、系统、实时的大数据采集，形成即时识别、即时分析、即时监管反馈的游戏版号动态管理系统，这样才有可能从技术手段上建立版号审批服务管理与游戏企业自我约束机制的动态联动，这需要做长期的投资和管理。同样，也可以采取政府搭台、企业唱戏的模式来运营这个管理平台，从而发挥市场化力量来推动游戏市场的公平发展。

四、广州游戏产业政策分析

目前，尽管中国各地出台多种多样的促进游戏产业政策和制度，诸多政策和制度通常在总体原则行业方向上都是正确的或合适的，但往往缺乏精准性和可操作性。同时，在产业政策和制度出台后一般缺乏对出台后的政策和制度的有效性进行回溯性分析，导致各级政府出台的政策越来越多、越来越复杂，但这些政策在实施后有多大成效，形成什么样的正面影响或外部性，形成怎样的抑制其他方面的影响或负的外部性，则缺乏必要的分析和反馈调整。从这个角度来分析，鉴于游戏产业的高度动态性和成长性，针对游戏产业的产业政策至少要进行年度的制度分析与制度更新。

项目组将目前中国各地的游戏产业政策划分为两类：一类是游戏产业创业与发展的扶持政策；二类是游戏产业做强做大的创新政策。前者主要面向创业企业或中小游戏企业，后者则面向游戏龙头企业或产业头部企业。目前，各地游戏产业政策通常没有进行区分，使针对中小微游戏企业的扶持政策与吸引头部企业投资做强做大的增强政策相互叠加。例如，项目组查阅和归总了诸多针对游戏产业的制度或管理规定，主要体现在以下九个方面：①精准补贴，全产业链布局；②优化产业布局，提高产业集聚效应；③重视新兴业态，支持引导游戏产业稳步前进；④加大创新力度，走创新驱动转型发展之路；⑤完善监管职能，提升审批服务和速度，着力提高服务能力保障水平；⑥树立正确的文化价值取向，提高网络游戏产品的文化内涵建立网络游戏经营单位自我约束机制；⑦加强网络游戏产品内容的跟踪监管，坚决封堵违法网络游戏，加强管理与执法责任追究；⑧强化网络游戏社会监督与行业自律；⑨健全企业负责人培训考核制度，大力培育骨干创新人才和创新团体等。

尽管上述的制度内容不能说不正确，但通常限于总体宏观把握和原则确定，对于游戏产业等文化创意产业或数字产业而言，技术更新快速迭代，商业模式层出不穷，人才观念实时变化，管理创新风潮迭起的特征，传统的产业政策模式需要改变，需要朝精准化方向变革。

又如，在广州市天河区科技工业和信息化局《广州市天河区关于扶持游戏产业健康发展的实施意见》中提出，天河软件园各分园引进及留住游戏企业最高可获得100万元支持。同时，对营收亿元以上新落户游戏企业，分三年给予最高1.5亿元奖励，对符合条件的游戏业人才每年给予最高10万元奖励。在资本对接方面，天河区对符合条件的游戏企业按其上年度实际到账的风险投资给予总额的3%奖励，每家企业最高100万元。这些产业政策无疑释放出天河区政府对推动游戏产业发展的积极信号，反映天河区政府对游戏产业的推动决心，对于天河区游戏产业的发展会有积极正面影响。然而，对此政策的进一步分析，是否可能更加精准地形成财政扶持效能，如对营收亿元以上新落户游戏企业，分三年给予最高1.5亿元奖励，这样的财政扶持政策仅仅从营收总规模角度给予考量，尽管操作简单可行，但对于促进天河区，乃至广州游戏产业链竞争力通常缺乏精准性，如果能够不仅从总营收规模上考虑，而且从游戏研发结构、运营结构、分销结构上更精准地考虑该企业与周边中小游戏企业的协同创新指标，这分三年给予最高1.5亿元的奖励，比仅仅从营收总规模上给予考虑的奖励，将发挥更强大的产业链竞争力外溢效应，对于强化广州游戏产业链的生态体系发展将发挥更大的促进作用，即这三年给予最高1.5亿元的奖励，不仅是获得奖励的游戏企业得到实惠，而且使围绕该企业协同创新的中小微企业，乃至一些游戏工作室也同样得到研发技术外溢、人才能力提升、周边消费市场方面的实惠。

因此，项目组强烈建议，各地政府需对游戏产业的产业政策、财政政策和人才政策采取年度盘点审计，通过年度政策审计及时调整优化政策制度措施，使政府政策更精准地支持和促进本地游戏产业的健康发展。在出台的游戏产业政策上，明确区分针对不同对象的创新创业政策，使游戏产业的扶持政策与增强政策之间可以更具有针对性、可操作性，避免政府产业政策简单化或一般化为"给地、给钱、招人"三板斧。

附录一　广州五家典型游戏企业案例

北上广深四个一线城市游戏产业竞争力各有特色，在全球竞争中代表了中国游戏产业的竞争力。广州游戏产业的发展离不开代表性企业的贡献。本附录选取网易游戏、三七互娱、多益网络、百奥互动和宝通科技五家广州企业作为典型案例，主要通过二手数据收集、整理和分析。选择这五家企业的标准，不是按照广州最具综合竞争力的排序，主要是从产业的典型性角度来选取的。

一、网易游戏

网易公司在 1997 年 6 月成立于广州（前身为广州网易计算机系统有限公司），是一家互联网综合服务提供商，2000 年上市纳斯达克；目前为全球第二大移动游戏公司，国内市场份额排名第二，海外份额第七，运营超过 140 款移动游戏和端游。除了游戏与门户业务以外，网易旗下的有道也是行业领先的效率工具，在 2019 年登板纳斯达克，为发展在线教育增添助力。与此同时，网易云音乐、网易严选等创新业务，延伸移动互联场景与生态边界。

网易经过 20 年的发展，与中国互联网成长息息相关，也见证了中国互联网 20 年的成长历程。公司成立于 1997 年，最早以门户网站及电子邮箱业务起家，1998 年，公司从软件开发商转型为互联网技术公司，从电子邮箱业务转向门户网站模式；2000 年左右互联网行业在我国兴起之初，网易、新浪、搜狐被称为我国的"三大门户网站"，同时也于当年 6 月成功上市纳斯达克，成为首批上市海外的互联网公司；老牌邮箱业务在初期也成为网易内容产品的流量入口，截至 2018 年末网易邮箱累计注册用户达 10.3 亿。

2001 年，网易开始进军游戏产业，跟随着互联网到移动互联网的技术变迁，成功地从客户端游戏切入移动游戏，经历十余年的发展，研发深厚的底蕴积累，成为仅次于腾讯的游戏公司，在研发上也是为行业所认可，2008 年与国际知名游戏厂商暴雪合作，获得暴雪全部重磅游戏的国内代理权，网易在游戏界的品牌效应获得认可。

在游戏业务发展得如火如荼的同时，网易也在向不同的互联网产品发起进攻，包括文娱、电商、广告、信息流、教育等。在信息流方面，2011 年推出网易新闻客户端；在文娱方面，2013 年推出网易云音乐；在电商方面，2015 年网易切入电商市场，分别推出海淘品牌网易考拉和针对一二线城市精致品质生活要求客户的网易严选；在线教育方面，有道凭借。有道以搜索产品和技术为起点，凭借大数据领域的技术积累，衍生出有道词典、有道云笔记等多款热门产品。2014 年，网易有道宣布以有道精品课正式进军互联网教育行业。2019 年，网易云课堂、慕课、有道合并，于当年 9 月在纳斯达克上市，完成了网易当前以游戏为主业，电商、音乐、教育三驾马车共同发力的产品矩阵格局。

（一）盈利能力

回顾网易游戏发展的历史，端游时代大放异彩，页游时代坚持初心，移动游戏时代重回辉煌。网易游戏横跨中国游戏时代，坚持游戏品质初心。2011～2020 年 Q3，在接近 10 年的时间中，网易的游戏经历了从端游到移动游戏为主的变迁，2019 年，网易实现游戏业务收入 464.2 亿元，同比增长 15.5%，2015～2016 年时网易移动游戏时代的爆发期，依靠着深厚研发实力将端游成功移植到移动游戏，迅速站稳游戏市场头部公司地位。2017～2020 年自研 IP 游戏获得关注，虽然 2019～2020 年整体游戏爆款数量较少，近几年端游和移动游戏的流水占比保持 3∶7 的稳定比例，但在老游戏的支撑下，仍然获得了 15.5% 的增长率。2019 年腾讯、网易在游戏流水上的市场占有率合计已经达到 60%，"二八"效应已经明显成为事实。

在出海方面，自 2018 年开始网易发力海外市场，并率先在第三大移动游戏市场日本市场实现突破。公司自研的第三人称射击类战术竞技游戏《荒野行动》于 2017 年 12 月全球发行移动游戏版。借助"吃鸡"潮抢占移动游戏市场先机，该游戏在世界观和游戏设定上以"维和军事演习"为基准，以主体免费、内置购买时装类道具的模式运营。该游戏在发行之初得到了包括日本市场在内的各地用户的积极反响，团队随即加强了日本本地化运营，成功打入日本市场。通过在创意工坊玩法不断与日本国民度高的知名动漫 IP（例如，《进击的巨人》《妖精的尾巴》《银魂》及《新世纪福音战士》等）进行联动，运营团队能不断为游戏吸引回流及新增流量，促成联动付费道具的销售，增强二次元社群的渗透。根据日本角川游戏测算，《荒野行动》在 2019 年日本移动游戏市场收入达到 424 亿日元（对应约 27 亿元人民币），排名第四，在中国发行商中排名第一。

网易海外游戏收入稳居中国游戏厂商排名第二。自 2019 年以来，除爆款产品《荒野行动》以外，公司《明日之后》《第五人格》也基本维持在日本收入榜前 30 名，推动公司稳居中国游戏厂商出海收入排名第二，仅次于 Funplus。2019

年网易实现海外游戏收入占比首次超过 10%，随着依靠国际化 IP 的游戏产品《哈利波特：魔法觉醒》《暗黑破坏神》等在全球市场的陆续推出，我们认为公司有望凭借其充足的研发和 IP 资源、本地化的发行能力，在东南亚、北美等地区复制其在日本市场的成功，使海外业务成为其重要增长新驱动力。

（二）典型产品

产品为王、精品化、多元化是网易游戏研发竞争力的重要特征。2015～2019年，网易游戏共上线近百款移动游戏，其中，累计流水超 10 亿元的游戏数量占比达 11.2%，并占据九成以上的流水份额，累计流水 1 亿～10 亿元的产品数量占比达 24.5%。这组数据充分体现了网易游戏在产品上的挖掘，精品化、多元化是网易游戏研发层面的核心战略。

在精品化方面，网易游戏主要表现出同品类产品的创新、加强或完善，追求产品质量，如《梦幻西游》是网易游戏早期原创的富含社交属性的游戏，运营接近 17 年仍保持着较高收益；《率土之滨》强化 SLG 类游戏策略性，增加领土创新玩法等。

在多元化方面，网易游戏研发布局的游戏品类十分丰富，涉猎品类广，从多角度挖掘用户市场，并且还在同品类中再进行细分挖掘，如回合制 RPG 类，网易游戏分别开发了《梦幻西游》与《大话西游》分别满足了点卡付费与道具付费的用户，而《阴阳师》则介入二次元，从卡牌游戏培养出发挖掘更多差异化市场。

（三）竞争优势

1. 雄厚的研发实力为游戏质量与数量提供了基本保障

当前网易的移动游戏研发水准可以和海外一线大厂相比肩，在研发效率上要快于海外一线游戏厂商。网易将研发放在核心战略地位上，通过持续的研发投入，建立核心竞争壁垒。从研发费用的投入情况、研发费用率、可以看出网易已经与海内外优质大厂有一较之力。从研发费用的整体体量上来看，网易在 2018年大力加码研发费用支出，从 2017 年的 43.71 亿元提升至 77.92 亿元。从研发费用率上来看，网易 2018～2019 年的研发费用率分别为 19.39%、18.12%，和国外一线大厂相比费用率较高，网易在研发的投入已经和国内外一线大厂持平。

具体到技术实力，网易可以说是国内游戏研发实力最强的公司之一。网易拥有两个最著名的自研引擎：NeoX 和 Messiah。NeoX 引擎最早在 2005 年就被应用于《大话西游》《梦幻西游》的辅助开发，后经过持续不断的优化和完善，从《镇魔曲》开始，NeoX 引擎开始独挑大梁，《终结者 2：审判日》的引擎也是基于 NeoX 进行专门优化的版本。NeoX 在游戏画质、光照渲染、角色建模面数、机型兼容等方面极大地提升了游戏质量。

进入移动游戏时代后，网易又花费三年时间自主研发了一个 3D 移动游戏引擎：Messiah，并在引擎问世后拿下 20 余项独创性技术专利。新引擎在建模、特效处理、优化、画面表现上都有可取之处，《荒野行动》《楚留香》（后改名《一梦江湖》）都是基于 Messiah 引擎打造。《一梦江湖》使用了次世代美术技法，美术效果堪比用虚幻 4 做出来的产品；《荒野行动》展现了 Messiah 的多线程并行能力以及对占用资源量的控制，完成了对战术竞技游戏超远视距、多人同屏、复杂天气特效等特性的支持。

网易对研发的重视不仅体现在研发投入方面，同时也构建了完善的研发管理体系提升研发效率和质量。网易工作室形式的研发体系和中台支撑的生产流程也保证了研发效率，各工作室都有经典代表作。网易的游戏研发部门共有约 8000人，由雷火游戏事业群、网易互娱事业群两个一级事业群组成，人数分别为约1000 人、7000 人。雷火游戏事业群旗下有雷动、雷炎、雷霆、祝融等多个工作室，主要代表作品有《倩女幽魂》《逆水寒》《明日之后》《流星蝴蝶剑》等一系列知名大作；网易互娱事业群旗下有梦幻、大话工作室（代表作分别为《梦幻西游》《大话西游》）、海神工作室（代表作《阴阳师》）、天下工作室（代表作《天下贰》）、在线游戏工作室（代表作《大唐无双》）、神迹工作室（代表作《一梦江湖》）等。

在工作室外，网易还设有中台部门，从美术设计、质控、用户运营体验等方面向各工作室提供统一的支持。网易工作室内部的游戏立项是自下而上的，最接近用户的一线员工可以向上申报自己的游戏创意，但审核机制严格，初审通过后每周都要进行密集的跟踪审核，对产品的美术、UI 有统一的量化标准，一旦质量下滑即有可能被撤销项目。因此，网易出品的游戏在品质、风格上都具有鲜明的统一特征。

2. IP 开发能力强，储备丰富并多样化

作为中国竞争力最强的研运一体游戏公司之一，通过对产品定位的精确把控，研发阶段的精细化投入以及运营调优的持续跟进，公司旗下以《大话西游》《梦幻西游》《倩女幽魂》和《阴阳师》为代表的顶级精品 IP 系列产品已成为游戏行业历史超长线运营的标杆，上述四款游戏的生命周期分别已维持 18 年、17年、10 年和 4 年，且至今仍具备稳固的游戏用户流量池及强大的变现能力。

网易头部游戏呈现长生命周期的特点，一方面是缘于 MMORPG 作为网易的拳头系列，多年的自研与口碑可以低成本吸取流量，为网易后续的 IP 开发提供稳定的基本盘基础；另一方面是因为网易长线运营能力较强，对产品负责，对用户负责。用户建立的优质口碑逐渐形成网易的品牌化效应，在与海内外其他重磅IP 的合作上，也与其他同类型厂商具有竞争力。

3. IP运营能力强

网易游戏在IP改编移动游戏领域表现较好，这离不开其多年来在产品研发端的积累，端游IP"梦幻西游""大话西游"经过了多年的研发沉淀，产品玩法、数值平衡等方面均趋于完善，改编成移动游戏后市场表现稳定，上线四年后流水仍能位列IP改编移动游戏流水收入TOP5。

在移动游戏原创IP领域，网易游戏也产出了《阴阳师》《第五人格》等代表性产品，除研发积累以外，深度运营成为原创IP影响力得以强化的重要原因。以"阴阳师"IP为例，这一IP活跃在微博、哔哩哔哩等年轻用户聚集的社交平台与社区，通过游戏及衍生的次生内容聚集用户，持续提升IP影响力，并进行了IP联动、泡面番、音乐剧、主题店等形式的泛娱乐拓展。目前与"阴阳师"相关的话题阅读量达到数百亿，位列所有游戏TOP3。此外，网易还在持续获取国际知名IP，并立足于这一类IP进而获取全球游戏市场（见附表1-1）。

附表1-1　网易游戏部分IP矩阵

网易端游IP	网易移动游戏原创IP	网易合作IP
《梦幻西游》 《大话西游》 《新倩女幽魂》 《天下》	《阴阳师》 《率土之滨》 《荒野行动》 《明日之后》 《第五人格》	《漫威超级战争》 《哈利波特：魔法觉醒》 《宝可梦大探险》 《暗黑破坏神：不朽》
代表性IP运营		

《大话西游》
制作了游戏改编3D动画片：《大话西游少年游》；
推出自制文化探索秀：《国风话江湖》；
推出自制同人剧场：《乌龙闯长安》《乌龙寻亲记》
《第五人格》
与《伊藤润二惊选集》《女神异闻录5》《剪刀手爱德华》等进行IP联动；
与抖音与B站开启"第五人格偷心计划"短视频征集，话题播放量高达3亿

2016年6月，由网易游戏自主研发的3D日式和风回合制RPG移动游戏《阴阳师》正式上线，凭借其精美的原画设计、宏大的背景故事以及优质的游戏玩法，"阴阳师"的热度迅速从游戏圈渗透至大众领域，直至今日依然是最炙手可热的游戏IP之一。"阴阳师"作为原创游戏IP，通过近年来的精心运作，已具备足量且优质的产品矩阵，可以覆盖和满足不同领域、不同圈层受众的娱乐需求。

阴阳师 IP 特点分析：

（1）以游戏为核心塑造世界观，围绕世界观持续扩展内容。作为一个原创游戏 IP，给用户观感最直接的必然是《阴阳师》游戏本身。与此同时，一个 IP 的建立，最重要的就是围绕着故事和人设展开的世界观。自《阴阳师》上线以来，对每一段剧情、每一个角色的更新，都报以满分的热情和严谨，从而给用户呈现一个庞大而完整的世界。在此基础之上，配合全新游戏、泛娱乐内容与衍生产品不断拓宽 IP 生态，从而达到"平安世界"的效果。

（2）坚持精品路线，覆盖多个品类。阴阳师 IP 下的游戏产品覆盖了 RPG、MOBA、卡牌、放置、养成等多个游戏品类，并始终贯彻高品质 + 创新玩法的精品化路线，在满足用户差异化游戏需求的同时，也不断丰富着阴阳师 IP 整体的世界观丰富度。

（3）泛娱乐领域全线出击。自《阴阳师》移动游戏推出后不久，网易便开启对阴阳师 IP 在泛娱乐市场的布局。从资源投入到内容品类都在不断升级，2020 年更是将推出大制作奇幻电影《侍神令》。作为一个生命力处于巅峰的 IP，未来仍具备无限的潜力可被挖掘。

（4）以匠心之作引发情感共鸣，积聚用户口碑提升 IP 价值。除了常规的玩具商品之外，阴阳师 IP 的衍生类产品还拓宽至了主题门店、线下音乐剧这类看似"难度高、性价比低"的市场。但正是这种不计成本、品质至上的匠人精神，才赢取了用户的口碑和忠诚度，从而赋能阴阳师 IP 更坚实的用户基础、更长远的发展潜力和更有空间的商业价值。

4. 长线运营稳定，宣传节奏把握恰当

网易拥有如此多长生命周期的游戏产品不仅是因为游戏自身质量过硬，也因为公司的运营工作持续稳定，用户数据分析细化，宣传节奏把握较好。通常来说，运营工作包括用户经营、数据分析、版本控制、渠道对接等，并且穿插在整个游戏开发上线的流程中间，和研发是相辅相成的：研发团队是游戏诞生的核心，但优秀的运营团队作为用户和研发人员之间的桥梁，能够起到双向触达作用，帮助产品获得更高的经济效益。

网易擅长的 MMORPG 游戏运营难度一般高于其他游戏。每年以固定周期进行版本更新，针对不同的付费群体设计活动方案，然而这一类型游戏内容较多，虚拟世界系统复杂，运营活动和付费内容的设计需要考虑游戏平衡性不被破坏，用户社区也必须投入较大的人力维护。以生命周期最长的《大话西游》为例：自 2015 年《大话西游》移动游戏上线以来，累计发布资料片 14 部，更新版本 60 次，73% 的时间位于 iOS 畅销榜 TOP10，99% 的时间位于 TOP20。

相比较其他一线大厂，目前网易在 iOS 畅销榜 TOP30 游戏中，自研（不包括代理）运营超过 3 年的游戏有 5 款，腾讯拥有 4 款，吉比特有 1 款，完美世界暂无（见附表 1-2）。

附表 1-2　网易有 5 款运营超 3 年的游戏仍然登上 iOS 游戏畅销榜 TOP30

网易移动游戏	上线时间	iOS 游戏畅销榜排名
《梦幻西游》	2015	3
《率土之滨》	2016	8
《大话西游》	2015	10
《幻书启示录》	2020	14
《倩女幽魂》	2015	18
《阴阳师：妖怪屋》	2020	23
《阴阳师》	2017	25
《梦幻西游网页版》	2020	27

除日常的游戏运营以外，网易对新游的宣传企划创意也走在行业前端。当 2016 年 8 月底《阴阳师》刚上线时并未获得太多的市场推广资源，但公司运营从测试阶段的数据和口碑看到了游戏成为爆款的潜质。于是，网易从 9 月开展了一系列宣传攻势，先通过买量方式在微博、贴吧、知乎、今日头条等社交媒体投放，"阴阳师"讨论度迅速上升；同时网易不但鼓励用户创作《阴阳师》的段子、图片、视频，还亲自进行 PGC 营销，创始人丁磊本人曾直播玩游戏抽卡，营造 "SSR" 话题点。在点燃社交媒体之后，门户网站、电视台等传统媒体纷纷跟进，提供了大量免费宣传。

二、三七互娱

三七互娱是全球 TOP20 上市游戏企业、A 股游戏行业龙头企业、2019～2020 年国家文化出口重点企业、广东省文明单位。公司涵盖游戏、在线教育等业务板块，同时积极布局影视、音乐、艺人经纪、动漫、泛文娱媒体、VR/AR、文化健康、社交等文娱领域。旗下拥有知名的游戏研发品牌三七游戏，专业的游戏运营品牌 37 网游、37 移动游戏、37GAMES，以及优质在线教育品牌妙小程。

（一）盈利能力

2019 年三七互娱营业收入达到 132.17 亿元，增长率逐年提升，到 2019 年达到 73.29%，高于行业的平均发展水平。2019 年，三七互娱净利润达 24.17 亿元，增长率为 109.99%。作为网页游戏起家的三七互娱，网页游戏的市场份额逐渐萎缩，到 2019 年，三七互娱的网页游戏的营收为 12.32 亿元，同比下降

25.18%，整体营收占比为9%，网页游戏的收入每年都以20%的比例下降。移动游戏营业收入每年高速增长，到2019年营收为119.89亿元，同比增长114.78%，占三七互娱整个营收的比例为91%。2019年移动游戏收入119.89亿元，同比增长114.78%。移动游戏市场占有率稳固提升，2019年达10.44%。2019年公司国内手机游戏业务的市场占有率进一步提升至10.44%。公司在报告期内运营的最高月流水超过16亿元，最高月新增注册用户超过3400万，最高月活跃用户超过4000万。头部移动游戏《斗罗大陆》《一刀传世》维持良好表现。

在出海方面，三七互娱较早布局海外市场，到2019年，海外营收为10.49亿元，占比8%。在出海方面，三七互娱成立之初就制定了"出海战略"。公司旗下研发子公司37GAMES专注游戏产品出海，作为全球十大国际发行平台，37GAMES海外发行平台的月流水已经超过1亿元，运营产品总数近250款，总开服数量已经超过1.5万组，在中国港澳台、东南亚、日韩及欧美等多个地区开设了发行业务。官方资料显示，公司旗下的海外业务公司37GAMES已经覆盖到200多个国家和地区，游戏类型涉及ARPG、MMOPRG、卡牌RPG、SLG、STG、MOBA等，语言覆盖繁体中文、英语、日语、韩语、泰语等14种。公司拥有丰富的游戏出海经历，深悉海外用户与市场的消费偏好。

近年来公司取得了丰厚的成果，同时也不断进行着后续游戏的储备开发。2018年，公司的境外业务收入近10亿元，2019年上半年的海外业务收入同比增长约15%，达到4.97亿元。根据AppAnnie的统计，2019年上半年公司在出海发行商收入榜上排名第12位。除了新产品不断带来新爆发以外，老牌产品如《永恒纪元》《大天使之剑H5》等在海外也依然带来稳定收入。

自发行以来公司多款游戏备受海外市场用户喜爱，旗下产品已形成系列生态。其中，《奇迹》《传奇》系列拥有大量基础客户群，过亿规模的中年群体具有高消费能力。除此之外，新产品的不断研发上线也持续吸引各国新用户，近年来，公司在常见的亚洲市场如日本、韩国、中国港台地区、新加坡等上线游戏，更将目标对准了北美、欧洲等西方市场。其中《永恒纪元》成绩最为突出，欧服《Rings of Anarchy》上线后夺得土耳其iOS畅销第2名的佳绩，台版上线后拿下了2017年3月中国台湾地区市场iOS和Google Play收入榜第2名，仅次于《王者荣耀》台湾版。自《永恒纪元》上线以来，全球累计流水31.5亿元、最高月流水3.5亿元，至今在全球仍保持着稳定的流水收入。

（二）研发能力

三七互娱持续增加研发投入、增强研发实力。2019年的研发费用已经达到了8.1亿元，2020年前三季度超过了8亿元，环比增长率达50%。且2020年上半年环比增长率超过100%，2020年前三季度的研发投入金额已超过2019年全年的研发投入金额。三七互娱在研发方面的投入仍在逐年递增，研发投入绝对量居全行业前列。它的研发开支主要集中在研发项目上。据公司半年报信息透露，三七互娱的自研游戏类型已从 ARPG 拓展至模拟经营类、卡牌、SLG 等多个品类；三七互娱已在海外市场推广发行自研模拟经营类产品；卡牌类游戏《代号 DL》将于 2020 年推出。此外，还在苏州成立"萤火工作室"，重点研发女性向游戏。

研发成本小幅增加，占比营业收入比例较小。2019 年，三七互娱研发投入金额共 8.2 亿元，同比增加 524%。三七互娱研发投入处于稳步增加阶段，但相较高速增长的营业收入，企业研发成本投入金额仍较低。

在研发能力方面，公司不断扩大研发队伍，研发人员数量增长迅速，2019 年公司研发人员数量突破 1500 人，同比增长 15%。占比超过总体员工的一半。其 2020 年半年报显示，研发人员的薪酬及福利费用近乎翻倍。

合理的战略布局保障研发实力快速提升：三七互娱首款自主研发产品发布于 2014 年，其自研产品能够短时间形成市场竞争力与其研发战略的制定密切相关。三七互娱围绕市场与用户需求制定研发战略，并根据需求变化不断调整研发战略。2019 年，国内发展较快的移动游戏市场趋于成熟，市场对精品产品、创新产品的需求不断提升，三七互娱也因此实施研发战略升级，旨在积累更多研发人才，鼓励创意创新，发展多元化产品（见附表 1-3）。

附表 1-3　三七互娱三七游戏 2.0 战略

产品	精品化研发是"三七游戏 2.0"战略的核心。游戏推出前，在三七互娱主要从策划、美术品质、音乐效果方面进行细节打磨；在游戏推出后，则主要从版本迭代、流程优化、结合用户体验持续优化
技术	三七互娱通过持续的研发投入，获取一定的研发技术积累。在游戏引擎方面，三七互娱已经实现多次升级，目前三七互娱的自主研发引擎能够支持全 3D 地图场景管理技术，大幅度提高游戏真实性，在人物和物品的渲染、场景和地貌的展现上均得到较大提升
人才培养	三七互娱在注重产品基础上，扩展对人才的培养，聚焦人才多元性、鼓励创意创新，并建立企业青训体系，为未来精品化、多元化、全球化战略持续输出人才力量

（三）竞争优势

1. "分区突破+产品多元+定制营销"保障海外发行成功

（1）分区突破。公司在海外市场划分之时采用较为精细的标准。对于每一个单独的区域市场，公司将单独调整游戏属性及内容，定制推广策略，产品多元化，因地制宜。根据产品投放所在的不同区域，公司会专门成立团队以研究不同区域不同文化背景、不同用户群体的需求与偏好。例如，对于欧美用户，其游戏时间较为碎片化；对于游戏世界观与题材较为挑剔，但拥有高度的游戏忠诚度，因而更适宜 SLG、轻度 RPG 游戏。而日韩用户相对而言对于游戏画面、影音效果及游戏 IP 有更高的要求，因而公司将会选择二次元题材、MMO 类型游戏等产品进行投放。从而达到产品的多元化、地区的差异化，以带来更好的产品投放效果。

（2）产品多元。在游戏题材、游戏类型上的多元，也是产品来源的多元。即海外产品的来源涵盖代理发行、自研自发以及投资曾研发成功产品的团队做定制等。目前公司海外游戏产品题材类型多样，涉及 ARPG、MMOPRG、卡牌 RPG、SLG、STG、MOBA 等多种品类，全方面实现产品品类多元化。在产品来源上，公司一直在不断加强自研游戏品质与种类，财报显示，2019 年上半年公司研发投入达到 3.18 亿元，同比增长 22.74%，研发投入的增长主要集中在产品品质提升和新产品品类探索两个方面。除了不断进行产品自研自发以外，公司也代理发行了其他多个产品，如《封仙》《诛仙》《镇魔曲》等，其中，《镇魔曲》由网易研发，公司海外代理发行，自上线后该产品于三大繁体市场全线企稳 TOP20，并荣获台湾地区市场畅销游戏第 3 名。

（3）定制营销。则是根据不同地区不同的风俗、文化背景与历史，针对其采取定制化的营销策略与手段。以推销策略为例，在不同的国家与地区，同一款游戏会采取特殊的推广方式。如《永恒纪元》中国服会在春节期间投放具有春节色彩的游戏道具，例如，春联、鞭炮、灯笼等，而在欧美服会，游戏则会在圣诞节期间推出具有西方文化背景的圣诞树、袜子、雪花等游戏道具及更符合欧美风格的游戏场景。通过对不同地区定制不同的营销策略，可以最大化营销效果，也进一步迎合海外用户的偏好，对于海外市场的拓展具有重要意义。

2. 两大系统 AI 赋能，大数据赋能精品

（1）量子系统智能投放，流量推广高效选择。量子系统是一个智能化投放平台、流量推广系统。在过往的业务经营模式中，企业往往选择劳动密集型的经营方式，但这种模式存在大量重复性、低价值的工作。为提升产品研发推广效率，降低不必要的人员成本，公司创建了"量子—天机"双系统，其中，量子系统通过挑选渠道、挑选人群、挑选人群更感兴趣的素材、能够描述产品的素材以实现自动化、智能化地进行广告投放。

在传统的流量推广方式中，公司主要通过在对方广告后台投放（如百度、头条等），并通过自己的系统管理内容，但是这种方式存在很多问题。首先是整体流程复杂，需要业务人员人工监控，而业务人员是无法做到无休整一周 24 小时进行投放广告和管理，从而带来很多的流程问题与人力成本；第二点是在投放过

程中，所需计划的形成时间长，且无法做到批量进行投放，由此带来的时间与资本上的损失也较大。公司为优化传统流程，提升效率，从 2018 年开始投入使用量子系统，2019 年真正大规模投入使用，取得了效率成倍优化的效果（只花10% 的人员增长取得成倍投放增长），导入量持续提升。相比传统方式，量子系统的优势是十分显著的，其优点与特色主要体现在自动化与智能化上。一是自动化，量子系统的核心优势在于业务逻辑转化为代码形式，极大提升效率；二是流程化，一条计划创建只需要一分钟（素材管理、投放管理、数据管理的整合）；三是批量标准化，一百条计划也不用一分钟；四是规范化，人工经验转化为代码，由此，大大完成了效率的提升。

（2）智能化。量子系统通过海量数据完成机器学习，从而建立模型进行智能化创建优选、维护计划，再通过决策反馈数据库，形成一个循环往复的过程。因此，相比人工模式的工作，量子系统在降低 CPA、提升 ROI 的同时，极大地提升了广告投放效率，降低了不必要的人力成本。

（3）天机系统智能运营，大数据分析高效决策。在量子—天机系统中，天机系统作为一个智能化运营平台进行工作。系统通过大数据分析模型查看游戏运营情况，借助模型对游戏运营状况进行基础判断，从而完成智能决策、游戏投放及个性化营销的多种工作，最终达到显著提升用户 LTV（客户终身价值）的效果。目前公司采取天机系统与客服系统双重服务的运营模式。对于天机系统主要投放是在 2019 年，在提升用户 LTV 上效果显著，客服从 2019～2020 年起有大的提升名额，目标在 2020 年国内客服达到 1000 人，这是在整个游戏界内最大的客服体系，与天机系统共同提升客户潜在 LTV。

相比传统的纯客服运营与用户关系维护模式，天机系统的优势在于大数据结论的统计准确性与对于传统人力的解放上，主要体现在以下三个方面：一是通过大数据分析可以得到基于统计模型的精确结论。天机系统涵盖 20 个分析场景、250 个基本指标、1000 多个数据定制方法，几百个游戏，全面覆盖行业用户数据状况；通过过往用户数据分析产品 LTV 留存率、活跃付费率、ARPU 值等一些核心数据（基本面）可以得到数据结论，随后对游戏的运营做出基本的判断。二是通过对 LTV 的较准确预测可以精准判断游戏是否适合投放。目前天机系统已可以完成对用户 LTV 的预测（预估差异在 5% 以内），从而达到甄别游戏、降低运营风险的效果。三是通过 AI 自动化与智能化完成个性化营销活动与自动化用户答疑。天机系统可以通过对单独用户进行深度分析，从而达到对不同用户完成个性化营销的更优效果；同时，自动化 AI 解答用户疑问，解放客服劳动力，客服人员可以更多地投身于更高价值的用户维系，降低了人力成本。

（4）"量子—天机"双系统赋能，降低人力成本加速研发。通过量子—天机系统 AI 赋能，大大提高了公司人力资源的分配效率。公司通过自动化的 AI 系统，减少不必要的低价值人力成本，将更多资本投之于研发上，研发人员占比与研发能力进一步加强。自 2015 年以来，公司研发人员数量不断增加，由 2015 年的 813 人增加至 2018 年的 1379 人，占比由 40.96% 上升至 54.03%，研发人员数量大幅提升；2020 年研发人员达到 2000 人。公司未来将继续高举人才大旗，稳步持续提升高级研发人才密度，采取与学校建立合作，定向发掘人才等措施。

三、多益网络

自多益网络成立十余年来，秉持"做真正有趣且有益的游戏"的信念，坚持自主研发、自主运营。其中，神武系列、梦想世界系列等游戏 IP 大作，网聚千万用户。电子邮箱、即时通讯等互联网产品亦有开发。公司专注于发挥游戏作为文化重要载体作用，助力中华文明传承发展，搭建中国与世界沟通的桥梁。公司积极开展互联网企业党建工作，以党建引领企业发展，是"中国游戏十强"，八次登榜中国互联网企业百强，累计纳税逾 12 亿元。

多益网络率先建成广州首批 5G 智慧园区；同时携手中国移动咪咕音乐、广东省博物馆等战略伙伴拥抱创新，实现多方共赢。2019 年，多益网络力促广州新的社会阶层人士联谊会网络游戏行业分会成立，并担任首届会长单位，凝心聚力加强行业建设。

目前，公司拥有员工 2000 多人，设有多益学院、多益技术研究院等支持平台，驱动创新以及培养专业人才。公司拥有大量专利、著作权和注册商标等核心知识产权，为"广东省版权兴业示范基地"。2018 年，多益网络启动广州总部大厦建设。建筑总面积超过 13 万平方米的新大厦将成为创新项目孵化摇篮，以及广州科学城的地标性建筑之一。同时，多益网络已进驻成都和武汉，拥有数百人规模的专业研发团队，建有多条互联网产品的在研生产线。

（一）盈利能力

多益网络净利润始终维持较高水平、自主研发、IP 化运营确保业绩稳定。据伽马数据测算，多益网络在 2019 年净利润超过 15 亿元，净利润率将维持在较高水平，整体业绩保持稳定。这主要得益于多益网络自主研发实力的积累与产品持续的 IP 化运营。

（二）研发能力

多益网络提升自身研发实力持续产出优质游戏。在自主研发层面，多益网络在研发人员、研发技术等方面投入大量资源，累计研发投入超过 10 亿元，这使多益网络的研发实力得以积累。一方面，多益网络注重技术投入，2016 ~ 2018年研发费用占营业收入比重均超过 16%，较高投入使多益网络获得包括专利信息、著作权等在内的超千项知识产权，助力其保持研发技术优势；另一方面，多益网络重视研发人才的培养与积累，目前，多益网络拥有超 1200 名研发人员，在研产品线超过 20 条。并建立自身员工培训体系，为产品的研发和维护稳定地输送人才，持续提升自身研发实力使多益网络新老产品获得用户认可。

强化、维护用户体验产品细分市场地位获得加强：神武系列移动游戏自第 1 代上线至今已超 5 年，据伽马数据测算，其在回合制 RPG 移动游戏中的市场份额持续上升，这款自研产品为多益网络带来了极为长线的市场收益。一方面，神武系列移动游戏在画面、核心玩法等方面持续创新，不断满足用户因市场变化而提升的品质追求；另一方面，也维护着粉丝用户游戏体验的一致性，使神武 IP 系列始终保持着市场竞争力，并不断增强。

在移动端，产品市场竞争力的增强与产品高频率的版本维护更新密不可分，2015～2019 年，神武系列移动游戏年均更新次数超过 12 次。据伽马数据产品调研显示，《神武 3（4）》用户游戏体验满意程度高达 77.9%。

（三）IP 运营能力

在产品 IP 化运营方面，多益网络联动各大文化机构，与音乐、传统文化融合共创，践行新文创之路，持续提升"神武""梦想世界"等 IP 影响力，并扩大用户圈层，从而提升了 IP 的价值，使 IP 系列产品具备了较高的用户获取能力。在 IP 改编移动游戏领域，立足于研发成为多益网络保障产品特性的重要手段，依托于精品的支撑，多益网络借助于新文创实践构建了 IP 生态。多益网络旗下 IP 在传统文化、音乐、综艺等多个文娱领域展开跨界合作，并创作虚拟偶像、主题曲等在内的各种 IP 衍生内容。

一方面，践行新文创为用户提供了开拓性内容，创造了 IP 的长尾效应，增强了用户对 IP 的黏性与忠诚度，有利于产品的可持续性运营；另一方面，通过系统化地进行 IP 跨领域价值实现和多场景演绎，这也是激活和开拓游戏文化的过程，从而以源源不断的内容撬动文娱市场，持续触及大众心理。

据伽马数据测算，目前"神武"IP 产品的累计流水已达到百亿元以上，产品展现了较长的生命周期，且目前这一 IP 仍处于生命力旺盛阶段，"神武"系列最新推出的 IP 产品《神武 4》表现依然稳定，上线后稳定位于畅销榜 TOP20，"神武"系列产品稳定的流水表现离不开其持续拓展用户边界的经营策略。"神武"通过新文创布局持续丰富 IP 价值，在传统文化、音乐、影视等多个文娱领域展开跨界合作，为 IP 带来更为丰富的文化内涵，并创作虚拟偶像、主题曲、小说等在内的各种 IP 衍生内容，持续提升 IP 影响力，从而补充更多的年轻化用户，增强产品长线运营能力。

四、百奥互动

百奥家庭互动有限公司创办于 2009 年，并于 2014 年在中国香港联交所上市，是国内领先的互联网内容及服务提供商，公司主要从事开发及发行手机和PC 游戏、漫画制作，并于近期涉足人工智能技术领域。百奥致力于各类线上内容的开发和营运，其主要产品已吸引近 3 亿注册用户。目前，百奥主要专注于公司具有优势的游戏细分领域，包括女性向游戏、宠物收集和养成类游戏以及漫画改编的二次元游戏，并于近几年积极探索策略类和动作类等其他品类的游戏。百奥的主要产品包括页游《奥比岛》《奥拉星》《奥雅之光》《奥奇传说》，移动游戏《造物法则二：先锋英雄》《食物语》和《奥拉星移动游戏》，百奥在成功由页游扩展至移动游戏业务的同时，也在积极拓展海外市场。此外，公司也经营数个网络漫画系列，包括《奥拉星·时空》《食物语》，与其他游戏内容互补。

（一）盈利能力

2019 年公司营业总收入达到 6.81 亿元，同比增长 139.20%，主要是由于公司在 2019 年第四季度推出新移动游戏及推出后表现突出所致。同时公司在2015～2018 年营业总收入呈逐年下滑趋势，一方面，由于用户日益偏爱手机游戏，公司页游收入随页游整体市场规模的下滑而减少；另一方面，公司远离过多商业化并专注于趣味性以吸引更多用户。

2015～2017 年公司归母净利润呈下滑态势，2017 年公司归母净利润亏损0.14 亿元，主要是由于公司所确认一次性减值亏损约 0.48 亿元所致。2019 年公司归母净利润为 1.52 亿元，同比增长 35.3%，公司在页游产品持续贡献稳定收入的同时，新移动游戏产品《食物语》《奥拉星移动游戏》《造物法则二：先锋英雄》为公司带来较大的业绩增量。2020 年上半年，公司实现总营收 6.6 亿元，同比增长 333.14%，归母净利润为 1.51 亿元，同比增长 644.76%，公司业绩实现大幅增长，一方面是公司成功由页游扩展至移动游戏，另一方面是公司将移动游戏推广到不同的海外市场。

（二）研发能力

百奥在 2019 年的研发费用继续增长，主要由于更多正在开发的新移动游戏产生了更多的研发开支和员工成本。2020 年上半年，研发费用达到 0.46 亿元，同比增长 2.2%。据公司 2019 年报显示，2019 年贡献超过公司总收入的 10% 的网络虚拟世界占总收入的比例为 83.4%，较 2018 年提升 4.5%，其中，《食物语》《奥拉星移动游戏》《奥奇传说》《奥拉星》分别占公司 2019 年总收入的30.4%、21.3%、17.4% 和 14.3%。2020 年上半年，《食物语》《奥拉星移动游戏》《奥奇传说》分别占公司总收入的 50.3%、18.8% 和 10.5%，公司核心移动游戏的收入占总收入近70%。公司在成功由页游扩展至移动游戏业务的同时，也成功把核心用户群转移至更具消费能力的较年长用户。

根据发布的游戏产业报告计算，如果按百奥2019年的游戏收入6.79亿元测算，市占率大约为0.24%，公司在2019年由于成功实现移动游戏业务的阶段性扩张，业绩高速成长，营收高于市场整体规模的增长率，随着公司后续移动游戏产品的推出以及积极布局更多的海外市场，公司的市占率有望进一步提升。据易观数据统计，2019年在中国移动游戏发行竞争格局中，腾讯、网易的市场份额分别为51.86%和15.81%，两者合计占比达67.67%，头部厂商的市场份额占比仍然较大，但中小游戏厂商可凭借大厂鲜有布局或未建立优势的细分游戏品类出发，以及积极探索游戏出海进而获得业绩增量。

（三）主要游戏产品

首先，精品页游长线运营，贡献稳定收入。《奥拉星》是公司2010年推出的经典角色扮演页游，自推出以来累计注册用户2亿，游戏的目标用户为6~16岁儿童，致力于为儿童提供健康、绿色的互联网服务，让儿童能够在虚拟世界中充分发挥自己的想象力，培养更加健康积极的人生观和世界观，例如，游戏将许多环保知识巧妙地嵌入其中，包括垃圾分类、资源回收等，希望能培养用户的环保意识。《奥拉星》页游在2016~2019年贡献的收入分别占公司总收入的23.6%、25.9%、30.7%、14.3%，游戏运营10年仍然持续为公司贡献稳定的营收，公司注重用户体验，不断为游戏更新游戏内容，凸显公司对游戏的长线运营能力与精品游戏的打磨实力。

《奥奇传说》为公司于2012年推出的宠物养成对战类游戏，游戏以异世界探索和精灵收集为题材，包含休闲、社交、娱乐、冒险、精灵养成与角色扮演元素，在游戏中，用户需要与各种精灵结成伙伴，不断与恶势力斗争，最终通过灾难考验且收获与精灵之间的珍贵友谊，该游戏向用户传达伙伴的力量与合作精神，引导青少年健康地学习与生活。《奥奇传说》页游在2016~2019年贡献的收入分别占公司总收入的41.3%、28.6%、32.8%、17.4%，该游戏运营时间近8年，仍为公司贡献稳定的收入。

其次，《食物语》助力公司切入女性向游戏赛道。《食物语》是一款以传统菜肴为特色、宣扬本土文化的女性向移动游戏。由广州天梯网络科技有限公司研发、腾讯发行，于2019年9月推出，游戏美术画风精美，专注中华美食拟人，承载各地传统美食的人文风情和历史典故，游戏的运营活动围绕世界观内容展开，以活动剧情为载体，展示新的活动食魂再搭配新的活动玩法为主，以活动剧情展示新食魂的人设，以活动玩法提高用户的活跃，在休闲玩法上，游戏也引入了餐厅经营、探索、家园等元素。《食物语》首发时名列苹果AppStore免费榜第一，并获得多个游戏行业奖项。2020年上半年，公司通过更新和推出主题版本，为用户带来更新鲜的游戏体验。2020年5月，《食物语》与上海京剧院合作推出以京剧为主题的版本，旨在吸引更多年轻用户在游戏中体验京剧的魅力，2020年7月，《食物语》在武汉进行城市品牌计划，推出热干面食魂，推广武汉的城市活力，据公司2020年中报显示，《食物语》的用户新增量和游戏活跃度等都处于高水平和稳定状态。

在《食物语》的收入表现方面，虽然该游戏于2019年9月推出，但为公司贡献的收入占公司2019年总收入的30.4%，2020年上半年，《食物语》贡献的收入占公司2020H1总收入的50.3%，助推公司业绩的快速增长。据七麦数据显示，《食物语》在国内市场模拟品类的游戏畅销榜（iOS）的排名趋势中呈现较为稳定的态势，且处于细分品类的头部位置，在游戏畅销总榜（iOS）中，《食物语》的排名按照版本计划、活动排期等有规律的稳定变化，整体表现稳健。《食物语》的海外发行方面，2020年2月，《食物语》在港澳台地区推出，2020年5月《食物语》在新马地区推出，2020年11月3日，《食物语》由B站发行在日本地区推出，公司针对不同的海外市场，做了大量高品质的本地化工作，在日本地区还邀请了日本顶级配音阵容合作。

截至2020年10月18日，《食物语》在日本地区预约用户数量超过50万人。《食物语》陆续在不同的海外地区发行，不仅有望助力公司海外市场收入高增长，也有利于扩大公司在海外市场的品牌影响力，同时，《食物语》与腾讯、B站等公司的合作，一方面表明公司的女性向游戏产品具有高水平的游戏品质和行业认可度，另一方面也表明公司在女性向细分领域具备优质的研发实力。

再次，深耕宠物收集和养成细分品类，奥拉星等早期经典IP助力公司成功实现页游转手游。公司知名宠物养成类页游《奥拉星》和《奥奇传说》分别于2010年和2012年推出，该细分品类的市场在当时相对空白，公司较早布局，以高于同期产品的质量，抓住了拥有宠物梦的年轻群体，注册用户数量均过2亿人，《奥拉星移动游戏》更是在上线前取得了850万预约人数的成绩。《奥拉星》页游定位在6~16岁的用户群体，对应的用户年龄段为95后到05后，在页游产品运营期间，公司为《奥拉星》IP做了很多衍生产品，包括同名电影、同名漫画，这些措施为《奥拉星》IP不断注入新的活力和影响力，在粉丝群体中形成记忆符号，随着用户年龄成长，《奥拉星移动游戏》的推出，在唤醒粉丝记忆的同时，也加速推动了公司页转手战略的进程。

《奥拉星移动游戏》是由百奥同名页游经典IP改编的宠物收集和养成类游戏，已于2019年9月在国内市场上线，由广州百田信息科技有限公司开发，广州天梯网络科技有限公司发行，两家公司均为百奥的附属公司，《奥拉星移动游戏》主打宠物养成和格斗对战，在正式上线前，预约人数超过850万，公司在2020年上半年不断迭代产品以提升用户体验，让用户保持对游戏的新鲜感。《奥拉星移动游戏》在2019年贡献的收入占公司总收入的21.3%，2020年上半年，《奥拉星移动游戏》贡献的收入占公司2020H1总收入的18.8%，按游戏贡献的收入计，该游戏在公司已上线的产品中排名第二。此外，《奥拉星移动游戏》也在积极拓展海外市场，2020年10月，《奥拉星移动游戏》在欧美地区正式推出，《奥拉星移动游戏》团队进行了有针对性的高品质本地化工作，美术设计符合西方审美，以全新的新手引导和UI界面以及近百只3D宠物角色，为欧美地区的用户提供更好的游戏体验。

《奥拉星移动游戏》上线前，在没有进行任何推广活动的情况下，吸引了大量用户参与预约，凸显公司的IP品牌价值和影响力，且不依赖于买量获客。此外，公司还积极探索联动活动为游戏导流，例如，2020年9月，《奥拉星移动游戏》与KFC宅急送、美团外卖联动开启周年庆专属活动，打开美团外卖APP搜索KFC，购买《奥拉星移动游戏》联动套餐，即可获得专属礼包码兑换限定奖励，探索线下品牌联动获取用户的方式。

最后，漫画IP改编二次元移动游戏《造物法则》系列先后推出，公司在二次元品类赛道逐步确立优势。《造物法则》漫画IP改编了两款二次元RPG移动游戏，分别为同名游戏《造物法则》和《造物法则二：先锋英雄》，其中，自2016年推出《造物法则》移动游戏以来，持续为公司贡献稳定的收入，该游戏在2017年、2018年贡献的收入占公司总收入的比例分别为17.7%、15.4%，自2019年《造物法则二：先锋英雄》在国内和部分海外地区推出后受到市场欢迎，助力公司大幅提升2019年的业绩表现，该游戏在海外市场获得较高关注，曾登上Google Play新游戏推荐榜单，《造物法则二：先锋英雄》先后于2020年7月在日本地区上线，9月在韩国地区上线，在正式上线前，该游戏在日本和韩国地区的预约用户人数分别超过40万人和55万人。

（四）关键成功因素

（1）精品页游长线运营，贡献稳定收入。公司持续强化核心页游业务，每周定期更新游戏内容以及优化运营模式，为用户持续带来新的游戏体验，以提高用户忠诚度，其中，《奥拉星》《奥奇传说》两款经典页游的核心用户持续活跃，留存率和用户黏性较高，持续为公司贡献稳定的收入。公司的页游产品包括《奥比岛》《奥拉星》《龙斗士》《奥雅之光》《奥奇传说》等精品游戏。

（2）原创IP，专注细分品类，建立品类优势。公司专注于各类用户线上内容的开发和运营，将游戏IP改造、漫画IP塑造以及IP孵化作为核心发展战略，以IP和原创内容为核心，通过原创内容创作持续提升用户体验，扩充产品线，以及促进有价值的 IP 孵化，例如，公司在 2018 年年中发布了漫画《奥拉星·平行宇宙》，在青少年群体中备受欢迎，在不同网络漫画平台上的累计收藏量超过 30 万。截至 2019 年 4 月，公司产品《奥拉星移动游戏》在没有进行任何推广活动的情况下，有超过 410 万用户参与游戏的预约，彰显公司的 IP 打造能力与 IP 的长线运营能力。一方面，公司打造的精品 IP 包括游戏 IP《奥比岛》《奥奇传说》《奥比岛》等以及经营的网络漫画系列，如《奥拉星·平行时空》和《食物语》等；另一方面，公司积极寻求与知名漫画 IP 的战略合作，利用其精心孵化的 IP 组合，开发富有趣味性和吸引力的产品，推动业务水平提升，未来公司游戏产品与漫画 IP 有望发挥更大的协同效应。

目前公司的游戏产品专注于擅长的游戏细分领域，包括女性向游戏、宠物收集和养成类游戏以及漫画改编的二次元游戏，公司在 2019 年下半年推出的《食物语》《奥拉星移动游戏》和《造物法则二：先锋英雄》三款移动游戏助力公司成功由页游扩展至移动游戏业务平台，公司将来会积极探索策略类和动作类等其他类型的游戏，继续巩固核心页游，丰富移动游戏产品线，深化国际化布局。

（3）未来产品储备丰富，持续挖掘擅长品类，积极探索新品类。公司未来除了持续挖掘擅长的女性向游戏、二次元游戏以及宠物收集和养成类游戏等细分领域之外，还会探索策略类和动作类游戏等其他品类的游戏产品，以巩固移动游戏业务及丰富产品线，把握更多吸引年轻用户的机会，此外，公司还将通过经典 IP，把页游用户转向移动端，实现扩大用户生命周期价值，例如，公司储备产品《奥奇传说移动游戏》《奥比岛移动游戏》，均采用公司的经典页游 IP，同名页游的注册用户数量都为 2 亿以上。目前公司的游戏以自研为主，也在积极布局对外投资，未来有望通过"自研+投资"的方式推出更多的游戏产品，提高游戏产品的成功率。

五、宝通科技

宝通科技公司以输送带业务起家，后通过收购易幻网络布局游戏业务，将在游戏业务中积累的"数、网、智"（大数据、5G 通信网络、人工智能、云计算）技术应用经验应用在传统输送带业务中，目前公司已经形成移动互联网业务和工业互联网业务两个板块协同发展的业务格局。

（一）盈利能力

从业务来看，宝通科技游戏业务保持稳定增长趋势，其中，游戏业务贡献主要营收。2016～2019 年，游戏业务营收占比均保持在 60% 以上，2018 年游戏业务收入同比增长 42.86%，原因在于当年易幻网络发行运营了《豪门足球》《三国群英传》《万王之王》和《我叫 MT4》等游戏在日韩、欧美、中国港澳台地区、东南亚等市场表现优秀。手机游戏运营业务毛利率由 2016 年的 60.24% 逐年增长至 2019 年的 71.01%，原因在于公司已上线游戏保持稳定，且新上线游戏中多款游戏取得较好成绩。

在出海方面，自 2012 年易幻网络成立以来，易幻网络专注于游戏出海发行运营业务，不仅是中国最早出海的移动游戏发行商之一，也是国内海外移动游戏成功发行数量最多的厂商，目前已经在全球发行近 240 多款游戏，覆盖全球 130 多个国家和地区、十几种语言，在中国港澳台、韩国及东南亚地区处于第一梯队。其核心竞争力在于出海经验丰富、国际化与本地化兼备以及丰富的用户数据积累。

公司游戏业务海外主要经营区域为中国港澳台地区、东南亚和韩国，其中，东南亚和中国港澳台地区在内部游戏板块营收所占比例呈下降趋势，日本及其他地区比例呈上升趋势，2016 ~ 2019 年，东南亚、中国港澳台地区游戏销售收入占比分别由 24.17% 和 40.08% 下降至 18.71% 和 16.74%，而日本及其他地区游戏销售收入占比之和由 1.44% 上升至 20.15%。可以看到，公司基于原有韩国、东南亚、中国港澳台地区发行市场上的优势逐步拓展日本、欧美等大市场的策略初显成效，公司将继续在产品、团队及用户方面加大投入，继续扩大在日本、欧美等成熟市场的份额。

（二）研发投入

公司在游戏研发及智能制造、信息化建设方面的研发投入逐年增加，2017 ~ 2019 年研发费用率分别为 1.57%、1.68%、2.07%。公司销售费用率、研发费用率保持稳定。自 2016 年以来公司销售费用率一直保持较高水平，原因在于易幻网络运营游戏逐渐增加，其渠道费及广告费也呈上升趋势。

产品储备丰富，自研与开拓新市场带来新增量。公司在稳固中国港澳台地区、韩国及东南亚等传统区域的优势外，积极向欧美、日本等市场拓展，并向产业链上游布局游戏研发业务。2018 年底成立海南高图与成都聚获，海南高图以欧美市场为核心发力全球研运一体业务，成都聚获则专注于二次元产品的研发，此外也通过资本运作、战略合作及深度定制等方式加大自有内容端的产出，形成代理和自研的多元产品矩阵。2020 年公司储备了 10 余款发行产品及 3 ~ 4 款自研产品，预计将为游戏业务带来新增量。

在 VR 方面，与哈视奇签署战略合作协议，加码 VR 游戏布局。5G 将加速 VR/AR 发展新周期的到来，目前 VR 游戏已成为公司战略布局的重点，公司相继投资了 VR/AR 硬件开发商"翊视皓瞳"和内容供应商哈视奇，并联合开发多款游戏 DEMO，实现在 AR/VR/XR 终端的适配。2020 年 2 月，公司与哈视奇签署业务合作协议，进一步深化双方在 VR 领域的合作。目前，哈视奇开发的 VR

游戏《奇幻滑雪3》已经上线Viveport平台，后续将联合易幻网络新成立的"星翼幻"公司共同运营，于2020年7月上线国内外各大VR内容平台。

（三）关键成功因素

易幻网络在游戏出海领域处于领先地位。游戏类型涵盖战争策略类、角色扮演类、休闲竞技类、模拟经营、MMO等多种类型，已在韩国、东南亚、中国港澳台地区等市场建立领先优势，并辐射日本、欧美等市场，代表作品有《神雕侠侣》《天龙八部》《六龙御天》《最终幻想－觉醒》《诛仙》《剑侠情缘》《完美世界》《遗忘之境》《龙之怒吼》等，曾荣登Google Play、AppStore等榜单前列，主要体现在以下四个方面：

（1）出海经验丰富、国际化与本地化兼备以及用户数据积累。自易幻网络成立以来专注于游戏出海发行运营业务，具有丰富的海外发行经验，在中国港澳台地区、韩国及东南亚地区处于第一梯队；经过多年发展，公司吸引众多海外本土人才加入，并与Facebook、Google等国际知名公司进行长期深度合作，有能力提供深度化的本地服务；公司在移动游戏出海市场耕耘多年，积累了大量的运营及用户数据，通过对这些数据进行分析，实现用户人群的清晰刻画，实现广告的精准投放，此外，还通过GMTool游戏运营数据分析平台对运营的游戏进行实时的数据监控，分析数据，制定最佳的运营策略，提高游戏运营效率。

易幻网络的游戏运营模式包括代理运营模式和联合运营模式：在代理运营模式下，易幻网络负责特定游戏在特定区域包括市场推广、信息反馈、运营控制、服务器支持和支付渠道支持等在内的各项运营工作，承担运营成本并取得运营收入，同时按协议向游戏开发商支付游戏代理授权金和一定比例的分成款；在联合运营模式下，易幻网络与特定区域内的本土游戏联运商合作，联运商负责各项运营工作，承担运营成本并取得运营收入，而易幻网络则按照协议向联运商收取一定比例的分成款，同时向游戏开发商支付游戏代理授权及一定比例的分成款，目前联合运营模式主要在中国台湾地区采用。

（2）游戏产品迭代较快，主要游戏产品市场表现出色。易幻网络游戏产品主要以中国港澳台地区、东南亚、韩国三大主力市场为业务核心，通过快速迭代产品抢占市场，并积极拓展日本、欧美等一级市场。2017～2019年，易幻网络累计新增游戏产品分别为41款、30款、33款，其中，在2019年新增的游戏中，中国港澳台地区6款、韩国7款、东南亚11款、日本2款、其他地区7款（见附表1-4）。

（3）布局自研游戏，打造全球研运一体化业务。公司在巩固移动游戏发行能力的基础上，投资设立海南高图和成都聚获等公司，布局游戏业务研运一体化。此外，公司也通过资本运作、战略合作、深度定制等方式加大自有内容端的产出，逐步形成代理和自研的多元产品矩阵。2017～2019 年公司先后战略投资北京提塔利克科技有限公司、杭州朝露科技有限公司、成都猫布丁文化传媒有限公司等游戏研发公司，加强公司在全球移动游戏研运一体的竞争力（见附表 1－5）。

附表 1－4　易幻网络在不同地区代理运营游戏产品数量

年份 地区	2017	2018		2019	
累计新增	累计新增	累计新增	累计仍在线运营	累计新增	累计仍在线运营
中国港澳台地区	8	6	14	6	15
韩国	9	10	19	7	20
东南亚	14	10	26	11	24
日本	—	—	—	2	2
其他	10	4	9	7	11
合计	41	30	68	33	72

附表 1－5　近年来企业投资状况

被投资公司	出资日期	主营业务	投资目的	投资期限
北京提塔利克科技有限公司	2017/7/28	游戏研发	补强公司在移动游戏产业链的游戏研发能力	长期
杭州朝露科技有限公司	2017/10/12	二次元游戏研发和运营	加强公司在移动游戏的细分领域内的多样性，特别是二次元与泛二次元方面的游戏研发能力	长期
上海蓝滴信息技术有限公司	2018/4/27	游戏研发和运营	提高公司在全球移动游戏研运一体的竞争力	长期
C4CATENTERTAINMEN TLIMITED	2018/8/20	音乐游戏研发	提高公司在全球移动游戏研运一体的竞争力	长期
天津星艺互动网络技术有限公司	2018/9/29	游戏研发和运营	提高公司在全球移动游戏研运一体的竞争力	长期
成都猫布丁文化传媒有限公司	2019/2/20	游戏研发与服务	提高公司在全球移动游戏研运一体的竞争力	长期
Cydonia Co.，Ltd	2019/4/1	游戏研发和运营	提高公司在日本发行游戏竞争力	长期

（4）携手哈视奇，积极抢占 VR 游戏新赛道。VR 是公司未来重要的战略方向。早在 2016 年公司便以自有资金人民币 700 万元增资哈视奇，提前切入虚拟

现实（VR）游戏领域。2020 年 2 月，公司进一步与哈视奇签订业务合作协议，进一步深化双方在 VR 领域的合作，主要合作内容包括以下三个方面：

（1）在移动互联网业务方面，充分发挥哈视奇在 VR/AR 游戏研发的技术优势与公司在移动游戏发行推广及运营的资源优势，双方共同推进 VR/AR 游戏领域的战略布局，公司享有哈视奇自研的 VR/AR 游戏在特定地区发行运营的独家优先合作权。

（2）在工业互联网业务方面，公司选择哈视奇作为 VR/AR 软件技术合作方，共同促进 VR/AR 技术在工业设计、应急演练培训、教学演练、协同办公、工业数字孪生工厂等领域的应用，以满足下游客户在工业散货物料输送产业数字化场景构建等方面的需求。

（3）公司利用自身两大业务的资源积累，推动哈视奇在 VR/AR 领域的发展，并给予一定的资金支持，适时增持哈士奇股份，加深双方合作关系。

哈视奇是国内顶尖的 AR/VR 内容研发和解决方案供应商。旗下有十余款优秀 VR/AR 游戏产品在 HTCViveport、Steam、Oculus、GearVR、AppStore 等主流平台上线，并在 ToB 端完成多个 VR/AR 商业及行业应用。团队核心成员来自 EA、Gameloft、EpicGames、网易、搜狐畅游等国内外一线游戏公司，参与研发过多款知名游戏大作，有深厚的 Unity/UE 引擎开发背景和丰富的游戏制作经验，在 VR 游戏研发上具备较强的竞争优势，主要体现在以下两个方面：

（1）在产品研发方面。目前哈视奇研发的 AR/VR 游戏包括《奇幻滑雪》系列、《危城余生》、《罗布泊丧尸》、《捕鱼大冒险》、《AR 汪汪》等，其中《奇幻滑雪 1》在 Viveport 获得过付费榜第一名，在 Steam 上面获得过首页推荐和热销榜第一名，《奇幻滑雪 3》入选 WDA 最佳游戏，《罗布泊丧尸》在 Viveport 上面获得了榜首，获得了用户的广泛好评。

（2）在商业应用方面。哈视奇与联合立华、宝洁、华为、奔驰等一线的品牌公司进行了深度合作，借助 AR/VR 技术为用户和客户带来全新的沉浸式产品体验。此外，还完成了为国家海洋局制作的 VR 海洋灾害科普教育，为新华社制作的神州 11 号 AR 模拟发射，为宝通科技制作的智能输送 VR 工业应用等。

附录二　阿里互娱与字节跳动

一、阿里互娱

阿里互娱（原阿里游戏）隶属阿里巴巴文化娱乐板块，旗下包括灵犀互娱、九游等多个业务品牌。目前灵犀互娱已成功推出《三国志战略版》《三国志幻想大陆》《风之大陆》（本款游戏是灵犀互娱前身"简悦"与紫龙游戏签署协议时研发的）等多款爆款自研游戏，其中，自 2019 年《三国志战略版》正式上线以来，长期盘踞苹果商店 AppStore 畅销榜前三。灵犀互娱也凭借《三国志战略版》成为各项手游发行商排行榜前五名常客，获得苹果商店 Today 专题推荐 50 余次，并在 2020 年 6 月多次登顶畅销榜榜首。九游是国内专业游戏平台，为超过 6000 万人重度游戏玩家提供专业游戏服务。2019 年，九游 APP 全面升级，在提供游戏下载、游戏资讯、游戏礼包等服务的基础上，开放游戏俱乐部，通过玩家自主 UGC 视频内容，聚集不同游戏圈层玩家，全面升级青年游戏文化社区。目前，阿里游戏已形成了面向全球，研运一体，致力于精品游戏研发，致力于为游戏玩家提供专业服务的业务策略。

（一）发展历程

（1）2014～2016 年混乱三年阶段。在 2014 年阿里就开始布局游戏业务，最初走的是分发＋渠道联运的模式，在收购 UC 优视后，阿里游戏拿下了当时最火热的分发渠道九游。此后到 2016 年，阿里还收购了豌豆荚、PP 助手以及美国手游开发商 Kabam。虽然三年的路径都不太一样，但其结局殊途同归：产品素质一般，市场表现平平。因为这些产品从诞生之初基本就是阿里电商的附庸，在"游戏为电商服务"的策略指导下，发布游戏和代理游戏数量有限，并没有自研产品上市。

（2）2017～2018 年发行发展阶段。2017 年 3 月，阿里游戏召开发布会，宣布全面进军游戏发行领域，投入 10 亿元助力游戏 IP 生态发展，并与阿里文学、阿里影业、优酷等一起，共同推出"IP 裂变计划"，正式进军游戏发行领域。同时，阿里全资收购简悦游戏，阿里游戏事业群成立，开始朝着自研自发的方向前进。至此，阿里游戏完成了从 IP、研发到渠道的全产业链布局。2018 年 7 月，阿里互娱自研的 MMORPG 手游《风之大陆》上线。该作品曾一度拿下过 AppStore 游戏免费榜第 2 位、畅销榜第 3 位的成绩，并在畅销榜前 50 的位置保持了一年。打破了腾讯网易垄断游戏收入 TOP10 的局面。

（3）2019 年自研阶段。2019 年 2 月，原阿里游戏事业群向下调整为互动娱乐事业部，不久后即启用阿里互动娱乐事业部下的全新业务品牌灵犀互娱，为阿里互娱旗下自研自发产品使用的品牌形象，成为阿里巴巴集团《动物园》系列品牌《天猫》《飞猪》《UC 松鼠》的其中一员。并陆续停服下架了此前基于《IP 裂变计划》的多款表现不佳的产品，例如《剑荡八荒》《血染征袍》《自由之战2》。

2019 年 7 月、8 月、9 月，灵犀互娱连发三款产品，先后是 Gameloft 出品的知名赛车竞速 IP《狂野飙车 9：竞速传奇》，吴晓带领的西斯工作室自研的二次元游戏《长安幻世绘》，以及詹钟晖的简悦团队自研的《三国志·战略版》；《长安幻世绘》曾在上线首日登顶 AppStore 免费榜，首月流水在 7000 万 ~ 8000 万元；《狂野飙车 9：竞速传奇》上线三月则稳居 AppStore 竞速游戏畅销榜 TOP3。

2019 年 9 月 20 日开始公测的《三国志·战略版》是最大黑马，凭借光荣特库摩正版授权，游戏上线当天登顶 AppStore 免费榜，仅半月，累计登录玩家数突破 300 万人；在上线不到两个月的时间里，其国区流水就达 3.63 亿元，2019 年营收 12.28 亿元。据七麦数据近期发布的《2020 上半年中国手游 iOS 最强吸金能力》报告显示，2020 年上半年，灵犀互娱的《三国志·战略版》排名 iOS TOP100 吸金榜第三，前两名分别为《王者荣耀》与《和平精英》；仅其一款产品去年就为阿里游戏贡献了超八成收入，标志着阿里游戏从代理休闲小游戏，转而收获了大体量自研头部游戏的第一桶金。

（4）2020 年独立：2020 年 3 月，阿里互娱高层人事变动，2020 年 9 月 30日，阿里的游戏业务所属的互动娱乐事业部（灵犀互娱）整体升级成为独立事业群，与阿里大文娱平行。自研游戏自此得到了阿里游戏业务资源最大程度倾斜。阿里游戏用了整整 6 年时间才跑通游戏，迎来了一个阶段性胜利的成果。耗时许久，核心原因还是在于阿里内部派系林立，对游戏的态度过于摇摆不定。从开始的绝对不做游戏，到试水缩回。从做轻度休闲到做电商游戏，再到做电视端和移动智能设备。从赋能、代理、发行、联合开发到现在的自研，《三国志战略版》给了阿里游戏一颗定心丸，阿里游戏终于获得更大的资源倾斜继续发展。

（二）营收

2020 年，阿里集团整体营收达到 2210.84 亿元，净利润达到 779.77 亿元，

在分部收入上，阿里巴巴的数字媒体与娱乐业务达到 269.48 亿元，占总营收的
12.19%，整体保持稳定增长的趋势（见附表 2-1）。

附表 2-1　2014~2020 年阿里互娱的营收与净利润　　　　单位：亿元

年份	3 月季度		6 月季度		9 月季度		12 月季度	
	总营收	净利润	总营收	净利润	总营收	净利润	总营收	净利润
2020	1143.14	3.48	1537.51	464.37	1550.59	265.24	2210.84	779.77
2019	934.98	233.79	1149.24	191.22	1190.17	707.48	1614.56	501.32
2018	619.32	66.41	809.20	76.50	851.48	182.41	1172.78	309.64
2017	385.79	98.52	501.84	140.31	551.22	174.08	830.28	233.32
2016	241.84	53.14	321.54	71.42	342.92	70.75	532.48	171.57
2015	174.25	28.69	202.45	308.16	221.71	227.03	345.43	124.56
2014	—	56.61	—	124.38	168.29	30.30	261.79	59.83

（三）研发投入

阿里每一年在技术和产品研发层面的项目投资已超出千亿元，技术研发项目
投资现阶段已占其全年收入的 20% 上下，纯利润为 70% 上下。技术和商业的融
合已成为阿里巴巴进化的核心驱动力。在阿里巴巴的 21 年中，每一个新业务、
新物种的诞生或发展，背后都有技术的支撑和创造。

阿里对技术研发的持续投入不仅推动了自身的效率提升和机体进化，还在不
断夯实全社会的数字基础设施。阿里云已在全球部署了上百个云数据中心，自研
的飞天操作系统管理百万台服务器，是亚太第一、全球前三的云服务商。2020
年 4 月，阿里云宣布未来 3 年投入 2000 亿人民币，冲刺全球最大的云基础设施。

阿里还在加强前沿技术和基础科研投入，用技术去解决关乎人类发展的新问
题，2017 年成立的达摩院承载了阿里面向未来的梦想。在多年持续投入下，达
摩院如今已拥有 10 多位 IEEE Fellow、20 多位知名大学教授，研究覆盖人工智
能、量子计算、芯片技术、自动驾驶等领域，在国际顶级技术赛事斩获 60 余项
第一，在国际顶级会议发表论文 500 余篇。达摩院还成功孵化国内顶级半导体公
司平头哥，并已推出 AI 推理性能芯片含光 800 等多款产品。

（四）产品布局

（1）《三国志·战略版》。在进军海外市场后不久，其全球总收入已然突破
了 10 亿美元大关，成为阿里集团第一款自研的 10 亿美元级手游，同时也成为阿
里游戏业务自大文娱独立成军后最为惊艳的一笔。据 Sensor Tower 数据显示，不
包含中国市场 Android 收入，《三国志·战略版》在全球 AppStore 和 Google Play

的预估总收入达 11.21 亿美元，即人民币 73.67 亿元左右。其中，仅 2020 年 Q1 的全球收入预计已超 1.94 亿美元（约合人民币 12.75 亿元），成为同期全球收入排名第五的手游。《三国志·战略版》的火爆也提升了阿里游戏的业务地位。

（2）《三国志幻想大陆》。2020 年 6 月，阿里互娱推出高颜值卡牌游戏《三国志幻想大陆》，游戏上线当天获得苹果商店 Today 推荐，上线 5 日内在畅销榜上取得第三的好成绩，其卡牌立绘、游戏玩法深度获得玩家大量好评。

（3）《旅行青蛙》。2018 年 4 月，阿里巴巴集团宣布与日本游戏公司 Hit-Point 达成战略合作，获得 Hit-Point 授权在中国大陆地区独家发行旗下现象级手游《旅行青蛙》。随后淘宝上架了《旅行青蛙》IP 周边产品，这款产品带来的 IP 价值超过 2 亿元。

（4）《风之大陆》。《风之大陆》是一款风格清新治愈、拥有童话般浪漫质感的 MMORPG 手游，由灵犀互娱研发，紫龙互娱发行。在 2019 年中国优秀游戏制作人大赛中（CGDA），《风之大陆》游戏的开发团队斩获了"评委会游戏制作团队大奖"以及"最佳移动游戏制作奖"两大奖项。游戏以中世纪剑与魔法为背景，邀请日本三大 RPG 之一"传说系列"御用作曲樱庭统进行配乐制作。

据 App Annie 数据显示，阿里巴巴在 2019 年和 2020 年国内企业出海下载排行中分别排第三名和第八名（见附表 2-2）。

附表 2-2 **2019-2020 年出海下载 10 强**

2019 年出海下载 10 强		2020 年出海下载 10 强	
排名	公司	排名	公司
1	字节跳动	1	字节跳动
2	欢聚集团	2	影笑科技
3	阿里巴巴	3	宝宝巴士
4	宝宝巴士	4	欢聚集团
5	InShot Inc	5	涂鸦移动
6	猎豹移动	6	快手
7	涂鸦移动	7	腾讯
8	腾讯	8	阿里巴巴
9	茄子快传	9	风眼科技
10	iHandy	10	小米集团

（五）产品战略

1. 独代游戏的方向朝重度化发展，发展 MOBA、ARPG、MMO 等类型游戏

（1）从游戏大盘上来看，整个市场的 MMO 游戏依然能够占到比较大的比

重。这个比重不仅从它的产品数量，而且从它的市场规模和营收状况来讲都是非常大的比重，从这个方面来讲就会有很多的细分平台，例如，2D、2.5D、回合的、即时的。从整个发行来看，MMO 仍然是必不可少的类型。手游上的 MMO 未来会更偏社交化，它的生命周期更加长。而像早期端游演变过来的一些手游，现在也仍然具有营收能力，生命力非常强的产品，也是作为阿里游戏很重要的一个点。

（2）阿里也会关注独立游戏，在阿里的生态理念会上，阿里游戏也发布了一个"积木计划"，主要是针对独立游戏，阿里游戏会对游戏开发者做一些相应的扶持。对于用户来讲，阿里游戏希望传递更多更好的、优质的、好玩的好游戏。阿里游戏也会联合 PP、豌豆荚和阿里九游一起在国内的独立游戏市场中发光发热，帮助游戏开发者有更好的生存空间。

（3）会看 SLG。SLG 未来更将偏向全球化和全球同服的概念，以强 PVP 和 PVE 结合的类型为主导。目前市场的 SLG 也加入了一些好玩的内容，像 SLG 加卡牌、SLG 加 RTS，做了一些非常好的微创新。从用户结构上来讲，也满足了一部分对于策略类游戏比较喜欢的用户的市场空白。这个全球同服的 SLG 定位是阿里做全球市场一个很重要的切入点。此外，阿里游戏还会比较关注竞技类，像 MOBA、RTS 这样一些产品。之前的一些国产作品已经培养了很好的用户使用习惯。阿里游戏认为，从市场上来讲，这类游戏盘子还是非常大的；从用户的喜好上来讲，阿里愿意去尝试这样一个市场。阿里游戏会从产品的微创新和玩法上做一些相应的差异化，希望从用户的体验下手，给玩家提供不一样的产品和更细分的产品体验，《自由之战 2》就具备这样一种潜力。

2. 阿里作为发行商，提供流量和数据双重支持

阿里游戏认为，作为一个发行公司，有两点非常重要：一是有体量非常大的自有流量，解决流量导入和宣发的能力和市场营销策划能力。如何能在很短的时间，把代理的产品覆盖到目标用户身上，这是一个很重要的导量能力。二是发行公司还应具备一个很重要的一点：如何把代理的产品从一个 B 类的，通过发行公司的加成变成 A 类，甚至 S 级别的产品，这一定要通过数据。阿里游戏会打通阿里巴巴集团的所有资源来形成一个大数据的优化项。用户在不同的应用场景下，无论是在体育范畴、在文化范畴还是在电商的范畴，还是在支付的场景下，都会形成用户千人千面的数据，这些数据反哺到阿里游戏的各个业务来，阿里游戏能更加精准地了解用户的需求是什么。此外，阿里游戏有自己联运平台，可以涉入这个联运平台所有产品数据模型，它的调优方案，用户流失情况这样一个大数据。阿里游戏会更加有效对细分品类的所有产品做一个最大化的解决方案，把它调到最好。

3. 阿里海外聚焦东南亚及其他市场

目前，阿里游戏海外的团队是原来 9Game 的游戏商业化团队。9Game 具备多年海外游戏运营的经验，不管是从游戏营销上，还是从流量采买的层面上，抑或是从调优产品的能力上，都是具备行业顶尖的能力。UC 是早期国内出海的互联网公司之一，聚焦在东南亚市场，UC 头条、9Game 在东南亚都拥有很好的用户基础。所以阿里游戏在流量分发，尤其游戏分发方面阿里游戏有非常多的经验。这些经验也能帮助国内的 IP，在东南亚的发行上得到很好的成绩。除东南亚以外，阿里游戏会借助一些很好的合作伙伴完成一些本土化的运营能力，来最大限度地推广代理产品。

二、字节跳动

2012 年 3 月北京字节跳动科技有限公司成立，成立之初便立志于通过推荐算法改变信息的分发方式：由门户网站的编辑分发模式，升级到基于大数据、机器学习的个性化分发模式。字节跳动是最早将人工智能应用于移动互联网场景的科技企业之一，公司以建设"全球创作与交流平台"为愿景，于 2015 年全球化布局，人工智能实验室成立于 2016 年，旨在针对人工智能相关领域的长期性和开放性问题进行探索，帮助公司实现对未来发展的构想，"技术出海"成为字节跳动全球化发展的核心战略，目前已构建起以今日头条为核心的通用信息平台和以抖音及 Tiktok 为核心的视频社交平台两大产品矩阵。同时，公司基于两大平台和平台运营能力不断探索搜索、游戏、电商等垂直领域的增长潜力。

字节跳动总体收入的绝大部分来自广告收入，占比高达 80%，随着未来短视频流量见顶和广告主预算的下降，字节跳动需要寻找新的现金牛。而国内市场上腾讯和网易占据着移动游戏市场超八成的市场份额，游戏版权的控制限制了字节跳动直播、视频的游戏内容来源，同时字节跳动国内流量红利逐步见顶，因此，从 2018 年开始字节跳动就开始布局游戏领域，对 AI 游戏研发商"北京深极智能科技有限公司"进行全资收购，再到近年来上线重度游戏官网"朝夕光年"、收购沐瞳科技、上线休闲游戏平台摸摸鱼等，字节跳动在游戏领域上的布局越来越深。目前字节跳动依靠流量平台优势切入代理游戏，已经形成了成熟的商业盈利模式。在运营代理游戏同时也不断通过并购和内生研发双管齐下发力自研游戏，效仿腾讯构建完整的游戏产业链。

（一）发展历程

2015 年，字节跳动就开始了游戏行业的研究。

2018 年，字节跳动正式开始布局游戏业务，从小游戏和休闲游戏开始展开。

2018 年初，头条被传出正在洽谈收购某游戏工作室时，EgretEngine 白鹭引擎联合创始人兼 CEO 陈书艺就曾表示，字节跳动对于游戏团队的谈判要求为控股或完全收购。

2018 年 1 月，西瓜视频上线游戏直播功能。

2018 年 6 月，今日头条上线"今日游戏"。

2018 年 7 月，抖音开通"抖音游戏"官方账号。

2018 年 10 月，朝夕光年法定代表人变更为张利东。字节跳动试水游戏研发、独代。

2019 年 1 月，Ohayoo 正式启动休闲游戏发行业务。

2019 年 3 月，字节跳动收购了三七互娱旗下子公司上海墨鹍科技。

2019 年 3 月 1 日，三七互娱的全资子公司西藏泰富与北京朝夕光年信息技术有限公司（字节跳动有限公司全资孙公司）签订股权转让协议，约定西藏泰富以 1.1 亿元将上海墨鹍 100% 股权转让给北京朝夕光年信息技术有限公司，上海墨鹍科技曾参与制作了《全民无双》《决胜武林》《择天记》等 MMORPG 游戏。紧接着，字节跳动又入股了一家游戏公司上禾网络，方式仍然是以旗下公司北京朝夕光年信息技术有限公司占比 45.19% 的方式持股。同时，上禾网络的法定代表人也变更为今日头条的高级副总裁张利东。截至目前，上禾网络已成为朝夕光年的全资子公司，法定代表人也已经更改。

2019 年 2 月，推出了第一款小游戏小程序《音跃球球》。

2019 年 6 月，朝夕光年团队推出了 APP 版本音乐节奏类游戏《音跃球球》，这款诞生于抖音的休闲类小游戏迄今为止也是字节跳动最为成功的游戏产品，一度位居 iOS 免费游戏排行榜第一。

2019 年 6 月，据媒体报道，字节跳动在北京成立百人团队，启动以自研游戏为主的名为 Oasis 的项目（"绿洲计划"）——绿洲计划主要针对重度游戏的自研，类似于腾讯的《王者荣耀》、网易的《梦幻西游》，该计划负责人正是严授所带领的战略与投资部门负责，2019 年 5 月启动了 9 个提案同时进行 demo 开发。

2019 年 9 月，Ohayoo（休闲类游戏发行平台）启动游戏精品引入计划。

2019 年 12 月，字节跳动完成了对 AI 游戏研发商北京深极智能科技有限公司的全资收购。资料显示，深极智能先后开发了《北京浮生记》《方便面三国》《大明浮生记》《找你妹 2014》《狂暴之翼》等游戏。

2019 年，在字节跳动自研和代理的休闲游戏中，一共有《全民漂移》《音跃球球》《我飞刀玩得贼 6》《消灭病毒》等 13 款小游戏登上了 iOS 游戏免费榜 TOP10。从挑选游戏、独家代理、修改调适、商业化，字节跳动在小游戏和休闲游戏上已经基本跑通了这条链路。截至 2020 年 1 月，字节跳动自建的北京游戏团队已经达到 1000 多人。

2020 年 2 月，正式成立游戏部门，由严授负责，主攻重度游戏；《战斗少女跑酷》获得第一个版号。

2020 年 6 月，字节跳动旗下朝夕光年与凯撒文化签署 10 年长约。

（二）营收

成立于 2012 年的字节跳动是国内发展最快的科技公司，旗下的今日头条、抖音等不仅是中国最火的互联网产品，抖音海外版更是长期霸榜，在 2019 年第一季度成为全球下载量最高的社交 APP，下载量超过 1.88 亿次，超越 Facebook、推特等社交平台。抖音的出海是中国互联网出海领域最成功的产品。根据 App Annie 数据显示，字节跳动则蝉联 2019 ~ 2020 年下载榜第一名。

自 2020 年以来，字节跳动的游戏业务发展极快，短视频的崛起让字节跳动成为国内第一大买量渠道，进一步加深其与游戏板块密不可分的联系。加之不断积累的用户画像和算法能力，也为其进军游戏领域打好根基。

数据显示，字节跳动 2020 年收入增长至 2390 亿元左右，较上一年翻了一倍有余。利润也超 450 亿元，而 2019 年利润为 193 亿元，同比增长 133%。整体来看，近几年字节跳动的收入变化情况几乎呈现指数式增长，这其中游戏广告带来的利润不可忽视。2019 年抖音游戏广告的收入就占比总收入的 50%。

2020 年内中国游戏厂商出海成绩较为亮眼，根据 App Annie 披露的榜单显示，2020 年全球发行商 52 强中国公司名单汇总期内共有 14 家公司打入 52 强，字节跳动强势入榜。其中，2020 年内字节跳动凭借《RO 仙境传说：新世代的诞生》在海外市场打出了漂亮的翻身仗。公司成功拿下了 Sensor Tower 发布的 2020 年 11 月中国手游发行商第 21 名，《RO 仙境传说：新世代的诞生》上线便稳居中国港澳台地区 TOP10 左右，该游戏 11 月收入约合 1.1 亿元。如果在东南亚地区正式上线后，那么游戏的流水规模更有望翻倍，同时也将助力字节跳动继续开拓全球海外市场（见附表 2 - 3）。

附表 2 - 3 2016 ~ 2020 年字节跳动在全球发行商中的地位

近五年全球发行商 52 强中国公司名单汇总									
2016 年		2017 年		2018 年		2019 年		2020 年	
排名	厂商	排名	厂商	排名	厂商	排名	厂商	排名	厂商
1	腾讯	1	腾讯	1	腾讯	1	腾讯	1	腾讯
3	网易	2	网易	2	网易	2	网易	2	网易
15	智明星通	21	IGG	11	巨人网络	18	百度	12	莉莉丝
27	IGG	22	巨人网络	22	IGG	22	FunPlus	15	FunPlus
28	完美世界	23	智明星通	25	FunPlus	27	莉莉丝	24	字节跳动

近五年全球发行商 52 强中国公司名单汇总

2016 年		2017 年		2018 年		2019 年		2020 年	
排名	厂商	排名	厂商	排名	厂商	排名	厂商	排名	厂商
33	乐元素	29	百度	28	百度	28	IGG	26	阿里巴巴
34	蜗牛游戏	31	FunPlus	34	智明星通	30	三七互娱	29	百度
37	百度	41	三七互娱	37	阿里巴巴	31	阿里巴巴	35	米哈游
47	吉比特	45	乐元素	47	快手	43	紫龙游戏	37	IGG
49	昆仑游戏	49	游族	49	紫龙游戏	46	龙创悦动	41	欢聚集团
50	龙创悦动	50	龙图游戏	52	游族	47	友塔游戏	44	友塔游戏
								46	龙创悦动
								47	三七互娱
								48	游族网络
								50	博乐游戏

（三）游戏研发

研发团队是游戏领域（尤其是中重度游戏领域）的核心竞争力，由于自身缺少游戏的基因，因此从 2018 年开始，字节跳动通过收购游戏企业上海墨鹍和上禾网络等拥有丰富的研发经验和成熟的研发团队，增强自研能力。目前，字节跳动旗下已经拥有 30 家游戏业务类主体公司，同时拥有四大发行平台，Ohayoo、朝夕光年、Pixmain 和嗷哩游戏。目前整个游戏业务团队已有 2000 人规模，上线了十几家游戏工作室，包含北京、上海、杭州、深圳等。

Ohayoo（北京比特漫步）：主打休闲游戏发行的平台，对标法国 Voodoo，成立于 2019 年 1 月，至今已经发行 60 多款休闲手游，其中，不乏流水过亿元产品，并且已经进军海外市场。主要游戏《我飞刀玩得贼 6》《消灭病毒》《全民漂移》《我的小家》《小美斗地主》《脑洞大师》《我功夫特牛》《是特工就上一百层》等。

朝夕光年：朝夕光年主推中重度游戏发行，类型涵盖 MOBA、卡牌、策略等多种吸金能力较强的品类，未来中重度手游或将与吸量能力极强的 Ohayoo 休闲游戏形成协同，共同支撑字节跳动游戏业务营收。在中国港澳台地区发行霸榜的重度手游《仙境传说 RO：新世代的诞生》，开发商上海骏梦，发行商 Relaternity，而 Relaternity 正是朝夕光年的子公司。

在游戏代理方面，通过将抖音积累的庞大流量池转化为游戏渠道。在代理《消灭病毒》的过程中，抖音 APP 通过信息流广告 + KOL 广告 + 话题等多种手段为游戏引流，在流量加持下，该产品在 iOS 游戏免费榜 TOP10 保持了超过 90 天，成为年初休闲游戏领域的爆款。《全民漂移》同样通过以抖音相关话题为入口导流，最终这款游戏在 iOS 游戏免费榜 TOP10 保持了长达 115 天。

从 2019 年成功发行的产品来看，字节跳动已经跑通了基于自身的、从流量到产品再到变现的一套游戏发行逻辑。从产品的挑选和把控，到测试调优数据，到上线引流，再到大规模买量导量、游戏实现商业化等方面，字节跳动都已经具备了 know – how 的能力。

（四）产品布局

游戏也是字节跳动布局的重点，游戏行业某种意义上是渠道为王，事实上，字节跳动的广告收入来自游戏的部分相当可观，因此切入游戏能更有效地掌控整个链条的利润分配，从小游戏、休闲游戏到大型游戏再到移动游戏平台，字节跳动的游戏布局极为全面。

字节跳动旗下游戏公司繁多，简化下来可以关注以下三个方面：一是休闲游戏发行，通过今日头条和抖音等渠道积累的用户分析优势在帮助游戏团队研发和发行方面都有无可比拟的优势；二是通过代理和自研不断试水的重度游戏领域；三是还有字节跳动一贯秉承数据驱动，也来到了游戏领域研发领域。

从产品线上来看，字节跳动轻度休闲游戏与中重度游戏领域上产品数量正逐步上升。在轻度休闲游戏上，主要通过巨量引擎以及 Ohayoo 来发布，其中，自 2019 年 Ohayoo 成立以来，其发行了 150 多款游戏，MAU 超过 8000 万；中重度游戏领域上，字节跳动旗下的公开可获知的重度游戏已经有 19 款之多，其中，覆盖了 SLG、MOBA、吃鸡、MMORPG 和卡牌等主流的游戏类型。字节跳动的重度游戏国内主要以朝夕光年为主体发行，海外发行账号主要为「Nuverse」和「PixDance」（见附表 2 –4）。

附表 2 – 4　字节跳动与腾讯的游戏版图对比

业务板块	具体方向	字节跳动	腾讯
游戏广告	投放	巨量引擎	腾讯广告
	变现	穿山甲联盟	优量汇
游戏业务布局	联运	头条、抖音、西瓜等游戏中心	QQ、微信等游戏中心
	代理	国内中小型游戏厂商	入股多家海内外游戏顶级开发商
	自研	筹建团队中，目前团队过千人	天美、光子、魔方、北极光等
	出海	已有休闲游戏	《PUGB》《使命召唤》等重度手游
游戏品类	品类	大部分为休闲游戏，初步尝试中重度游戏	覆盖绝大部分游戏品类

业务板块	具体方向	字节跳动	腾讯
游戏内容联动	电竞	暂无	LPL、KPL 等头部游戏赛事
	影视	暂无	《终极高手》《全职高手》
	版权	暂无	LOL、《王者荣耀》等头部游戏内容版权

休闲游戏成为字节跳动游戏出海先锋，已有产品成功试水海外市场。字节跳动联合发行游戏脑洞大师海外版《BrainOut》于 2019 年 10 月在海外推出，12 月海外首次安装量达到 4090 万，超越其他休闲游戏，拿下全球手游下载量冠军。在国产手游出海下载量排行榜也取代蝉联榜首 13 个月的腾讯《PUBGMOBILE》竞技手游。《BrainOut》下载量前三的市场是美国、俄罗斯和越南，占比分别为 10.4%、9.2% 和 8.8%，可见该游戏并不依赖局部市场，而是在海外市场全面吸量，是首款具有全球影响力的国产休闲手游。字节跳动独家发行游戏《我功夫特牛》不仅在国内市场大获成功，也开始涉足海外市场，目前该游戏在中国港澳台地区、日本及东南亚多个市场上线，2019 年 11 月在中国香港和中国台湾分别排名第七和第四。2020 年 2 月 26 日版本更新之后，一度冲上日本免费榜单冠军。《我功夫特牛》游戏开发商 PeakxGames，是做海外应用出身的团队，其研发的应用在全球有超过 500 万注册用户，DAU 超过 80 万。后期转型开始做海外休闲游戏，获得过多个国家和地区的苹果和谷歌推荐。

在产品方面，字节跳动以休闲游戏切入赛道，随后进行组织架构调整并逐步拓展重度游戏代理和自研。初期以休闲游戏切入赛道，避免与对手直接竞争，也为发行积累经验，为自研争取时间。然后通过组织架构调整，提升游戏业务战略高度，并通过多元化品类布局品类赛道，代理发行优质游戏，自研自发中重度游戏，最终通过衍生发展游戏直播、电竞、游戏 IP 影视联动等业务，打造游戏生态圈。

在游戏产品方面，字节跳动发挥强流量优势，"休闲游戏组合 + 自有渠道引流"成为切入点。瞄准买量需求度较高的 MMORPG、SLG、休闲等，打造高DAU 的全民爆款（见附表 2 - 5）。

附表 2 - 5　字节跳动储备产品品类布局

游戏品类	游戏产品
大众休闲	《我功夫特牛》《脑洞大师》《我的小家》《小美斗地主》《消灭病毒》《僵尸榨汁机》《空中旅人》《音跃球球》
休闲竞技	《热血街篮》《战斗少女跑酷》

续表

游戏品类	游戏产品
RPG	《航海王热血航线》
竞技类	《绝地战场》
SLG/FPS	《像素射击》
卡牌游戏	《阿比斯之旅》《全明星激斗》
MMORPG	《废土之上》《末世重启》《无限架构》

（五）产品策略

一方面，从渠道到发行到研发，不断向游戏产业上游进军。在策略上，字节跳动的打法有三点：一是先在自有渠道（今日头条、抖音等）通过对游戏内容、广告的运营，建立起用户认知；二是再通过独家代理小游戏、休闲游戏来聚拢和进一步教育用户，并以此积累活跃游戏玩家的用户画像；三是有了游戏土壤后，通过代理与自研的重度游戏进行收割。

例如，抖音在小游戏《消灭病毒》上拖一个《传奇》的广告，它就能够很清楚地知道哪些用户是通过小游戏去下载了《传奇》，他们可以将这个用户定义为潜在的游戏用户，经过不断地数据积累，抖音对游戏用户的推送会越来越精准。

另一方面，自有渠道建立认知—轻度游戏积累画像—重度游戏收割用户。上游通过游戏广告，建立用户游戏认知。通过旗下自有渠道今日头条、抖音等平台对游戏内容、广告的运营，建立用户认知。中游通过轻度游戏发行，积累游戏用户画像。通过独家代理小游戏、休闲游戏聚拢和进一步教育用户以及积累活跃游戏玩家的用户画像；同时也避免了与腾讯、网易等公司在重度游戏上的竞争，为组建团队和自研重度游戏争取了时间。通过投放重度游戏广告，进一步圈出潜在重度游戏客户。下游通过自研和发行重度游戏，收割用户。通过代理和自研重度游戏收割用户。字节跳动在内部开启了一项名为"绿洲计划"的自研游戏项目，有多款项目正在研发中，多款自研重度游戏产品预计在2020年陆续推出。

同时，以女性向游戏作为突破口。字节跳动收购的两家游戏公司都有过制作女性向大IP手游的经验。上海墨鹍推出过IP手游《择天记》，上禾网络推出过IP手游《如懿传》，这也部分透露了字节跳动做游戏的方向。抖音将在游戏分发方面投入更多资源和精力，女性向游戏的分发极有可能成为突破口。收购或入股这两家公司也是在为字节跳动自己进军女性向游戏做准备。这也符合目前手游的发展趋势。Questmobile此前公布的一份数据报告显示，国产IP及女性向的二次元手游已经成为当下游戏领域的一个热门领域。而抖音的女性用户占比超过

60%，拥有广泛的女性用户基础。

（六）核心优势

首先，字节跳动手握抖音等超级流量入口，成为发展游戏业务的最大助力，根据《抖音广告粉丝报告》，2018 年在抖音广告投放占比中，游戏广告占比达34.48%；按照 App Growing 的数据，2019 年又有超过四成的游戏厂商选择在抖音投放广告；2020 年，这一比例继续上升，据称抖音营收中有超过一半来自游戏。

同时字节系产品矩阵用户的泛娱乐内容需求与游戏用户需求重合度高，超过50%，具备用户转化优势。主要体现在以下两个方面：一是抖音拥有庞大的年轻用户，且其用户与愿意玩休闲游戏的用户重合度高（低龄、消费碎片化、女性偏多）；二是在图文时代转向短视频时代，短视频的形态与游戏内容契合度非常高，也是天然的广告场景，非常容易带动游戏的活跃度。例如，同样是一款小游戏，在抖音上就可以通过各种网红、娱乐搞笑的视频进行"带货"，甚至用点赞有奖的互动方式进行宣传推广。

其次，短视频渠道崛起，抓住渠道变迁新机遇。随着移动互联网用户及流量的迁移，手游渠道开始分化，新兴内容类渠道增势迅猛，为新兴流量巨头字节跳动发展手游提供红利。中国手游渠道变迁历经：工具型分发渠道＋运营商（2011~2013 年）、硬件分发渠道崛起（2014~2015 年）、硬核联盟＋腾讯系（2016~2017 年）、内容型渠道兴起导致竞争加剧（2018 年至今）。短视频渠道崛起迅速，位居 2019 年买量手游投放媒体 TOP2，仅次于手机工具，此外相较于硬件分发及第三方渠道，TapTap 等垂直渠道的用户黏性表现更加突出。

最后，利用算法分发和掌握的玩家数据分析来驱动游戏发行和运营，使字节跳动已经在游戏发行推广业务上展现出高效率。字节跳动 Ohayoo 继承了字节基因，强调数据方法的应用。在游戏研发阶段，利用数据帮助产品在研发阶段就进行全方位调优：Ohayoo 专门为开发者提供整套完善的数据工具，从一开始就为开发者精准定位玩家属性、喜好形成合适的研发方向。同时在 Demo 阶段就为研发者提供吸量测试，帮助研发者在产品上线前就进行多方面的产品调优。在游戏发行阶段，基于渠道和数据优势，为发行产品定制专门的宣发策略：根据海量数据分析定位目标人群，强调用数据分析寻找合适的创意，一步步圈出核心用户，制定长期宣发策略。在游戏运营阶段，广告变现为主＋品牌合作植入实现商业变现；借助 MCN 机构和泛娱乐达人扩大产品影响力实现整合营销；鼓励 UGC 内容产出、发掘核心玩家成为 KOC 完成生态建设；以文创周边、衍生动漫等形式拓展 IP 外延实现 IP 成长。

附录三　北上广深一线城市游戏产业政策

城市	序号	年份	政策名称
北京	1	2011	《延庆县文化创意产业发展专项资金及体育产业发展引导资金管理办法（试行）》
	2	2012	《海淀区促进重点产业发展支持办法》
	3	2012	《关于进一步加强业态调整支持产业优化升级的若干意见》
	4	2013	《关于促进文化与商务融合加快发展新型文化业态的实施意见》
	5	2016	《东城区文化创意产业发展专项资金管理办法（试行）》
	6	2016	《北京市"十三五"时期加强全国科技创新中心建设规划》
	7	2017	《北京市"十三五"时期现代产业发展和重点功能区建设规划》
	8	2017	《关于培育扩大服务消费优化升级商品消费的实施意见》
	9	2018	《关于推进文化创意产业创新发展的意见》
	10	2019	《北京市服务贸易创新发展试点工作实施方案》
	11	2019	《关于推动北京影视业繁荣发展的实施意见》
	12	2019	《关于推动北京游戏产业健康发展的若干意见》
	13	2020	《关于应对新冠肺炎疫情影响促进文化企业健康发展的若干措施》
	14	2020	《北京市文化产业发展引领区建设中长期规划（2019～2035年）》
	15	2020	《中共北京市委关于新时代繁荣兴盛首都文化的意见》
	16	2020	《关于新时代繁荣兴盛首都文化的意见》
	17	2020	《石景山区促进游戏产业发展实施办法》
	18	2020	《关于加快培育壮大新业态新模式促进北京经济高质量发展的若干意见》
	19	2020	《中关村国家自主创新示范区数字经济引领发展行动计划（2020～2022年）》
	20	2020	《北京经济技术开发区游戏产业政策》
	21	2021	《2021年市政府工作报告重点任务清单》

城市	序号	年份	政策名称
上海	1	2012	《网络游戏行业服务规范》
	2	2015	《上海市促进文化创意产业发展财政扶持资金实施办法》
	3	2017	《上海市动漫游戏产业发展扶持资金管理办法》
	4	2017	《关于加快上海文化创意产业创新发展的若干意见》
	5	2018	《普陀区加快发展网络游戏产业实施意见》
	6	2018	《关于促进上海动漫游戏产业发展的若干实施办法》
	7	2018	《关于促进上海动漫游戏产业发展的实施办法》
	8	2018	《全力打响"上海文化"品牌加快建成国际文化大都市三年行动计划（2018～2020年)》
	9	2018	《关于促进上海网络视听产业发展的实施办法》
	10	2018	《闵行区加快推进文化创意产业发展若干意见》
	11	2018	《闵行区文化创意产业发展三年行动计划（2018～2020年)》
	12	2018	《关于加快本市体育产业创新发展的若干意见》
	13	2018	《打响"上海出版"品牌三年行动计划（2018～2020年)》
	14	2018	《松江区文化产业发展专项资金使用管理办法》
	15	2018	《浦东打造上海"电竞之都"核心功能区实施细则》
	16	2018	《上海市电子竞技运动员注册管理办法（试行)》
	17	2019	《上海市静安区促进电竞产业发展的扶持政策（试行)》
	18	2019	《虹口区加快发展文化创意产业的意见》
	19	2019	《关于促进上海电子竞技产业健康发展的若干意见》
	20	2019	《关于促进电子竞技产业健康发展的实施办法》（简称杨浦"电竞23条")》
	21	2019	《关于促进沪台经济文化交流合作的实施办法》
	22	2019	《普陀区加快发展电竞产业实施意见（试行)》
	23	2020	《静安区关于促进电竞产业发展的实施方案》
	24	2020	《全力支持服务本市文化企业疫情防控平稳健康发展的若干政策措施》
	25	2020	《上海市促进在线新经济发展行动方案（2020～2022年)》
	26	2020	《关于提振消费信心强力释放消费需求的若干措施》
	27	2020	《上海市推动服务外包加快转型升级的实施方案》

续表

城市	序号	年份	政策名称
广州	1	2005	《关于加快发展广州网络游戏动漫产业的指导意见》
	2	2007	《广州市黄埔区网络游戏动漫产业发展扶持办法》
	3	2007	《广州市黄埔区网络游戏动漫产业发展专项资金管理办法》
	4	2016	《加快动漫游戏产业发展的意见》
	5	2017	《关于促进我市文化与科技融合的实施意见》
	6	2017	《广州市推进文化创意和设计服务与相关产业融合发展行动方案（2016～2020年)》
	7	2018	《广州市时尚创意（含动漫）产业发展专项资金管理办法》
	8	2018	《关于加快文化产业创新发展的实施意见》
	9	2019	《广州市促进电竞行业发展行动方案（2019～2021年)》
	10	2020	《广州市黄埔区、广州开发区、广州高新区加快"新基建"助力数字经济发展十条》
	11	2020	《花都区加快数字文化产业发展扶持办法（试行)》
	12	2020	《广州市白云区促进文化产业发展专项资金管理办法》
	13	2020	《白云区白云湖街促进电子竞技产业项目资金申报指南》
	14	2020	《广州市黄埔区、广州开发区促进游戏电竞产业发展若干意见》
	15	2020	《广州市天河电竞产业发展规划（2020～2030年)》
	16	2020	《增城区促进文化旅游体育产业高质量发展扶持办法》
	17	2021	《广州市天河区关于扶持游戏产业健康发展的实施意见》
深圳	1	2006	《关于扶持动漫游戏产业发展的若干意见》
	2	2011	《深圳文化创意产业振兴发展政策》
	3	2012	《关于促进文化与科技融合的若干措施》
	4	2018	《关于扶持我市动漫游戏产业发展的若干意见》
	5	2020	《深圳市文化产业发展专项资金资助办法》
	6	2020	《深圳市龙岗区经济与科技发展专项资金支持文化产业发展实施细则》
	7	2020	《关于加快文化产业创新发展的实施意见》
	8	2020	《关于印发深圳市福田区产业发展专项资金系列政策的通知》
	9	2020	《深圳市南山区关于支持电竞产业发展的实施意见》
	10	2020	《深圳市南山区关于支持电竞产业发展的若干措施》

附录四 《广州市天河区关于扶持游戏产业健康发展的实施意见》

为加快培育游戏产业发展新动能，打造一批实力雄厚、具有较强竞争力的大型游戏龙头企业，培育一批技术先进、专业性强的中小型游戏企业，吸引一批国际国内知名的创意人才和优秀原创游戏团队扎根天河，助力天河区建设成为粤港澳大湾区游戏产业引领区，推动游戏产业快速健康发展，现提出以下实施意见。

一、扶持游戏企业做优做强

（1）支持原创精品游戏研发。鼓励游戏企业持续开展技术创新，提升原创游戏产品研制水平。加强辖区游戏企业版号申报培训，助力企业快速、准确申报游戏版号。对上年度获得国家新闻出版署审批通过，且已正式上线的网络游戏，每款产品给予游戏研发企业10万元奖励，每家企业最高不超过100万元。[牵头单位：区委宣传部、区协作办（区文产办）、区科工信局，配合单位：天河科技园管委会、区文化广电旅游体育局]

（2）鼓励游戏企业"走出去"。支持辖区游戏企业通过扩大对外贸易、境外投资并购、联合经营、设立分支机构等方式积极开拓海外市场。针对东南亚、欧美、日韩等主要目标市场的政策法规以及游戏企业"出海"中遇到的障碍问题，定期组织专家培训，助力企业赴境外参赛、参展、开发与发行游戏，发挥游戏国际化表达优势，讲好中国故事。[牵头单位：区科工信局，配合单位：区委宣传部、区文化广电旅游体育局、区商务金融局、区协作办（区文产办）]

（3）建立游戏企业梯次培育机制。持续推动科技型中小企业入库备案，开展"小升规"培育计划，加大对游戏类中小企业政策扶持和指导服务。深入实施高新技术企业"树标提质"行动，做好重点软件企业培育认定服务工作，推动游戏行业高新技术企业与重点软件企业双提升，并落实相关税收优惠政策，切实降低游戏企业税负水平。实施企业独角兽培育计划，打造一批技术领先、竞争能力强、成长性好的游戏企业。（牵头单位：区科工信局）

二、打造产业集聚发展高地

（1）推动重点游戏产业集聚区发展。借助广州国际金融城纳入人工智能与数字经济试验区和天河高新区获批省级高新区的良好契机，在区内适当区域划出一定地块，可面向重点游戏企业招标或联合组团招标，着力引进数字文创领域总部企业、标杆企业，推动重点游戏企业集聚发展。依托天河区国家文化出口基地等国家级资质平台支撑，力争在"科韵路园区"基础上，升级打造天河区游戏产业集聚特色生态圈。［牵头单位：天河中央商务区管委会、天河科技园管委会、区商务金融局、区科工信局、区委宣传部，配合单位：区发展改革局、区文化广电旅游体育局、区协作办（区文产办）］

（2）多元拓展产业发展空间。深入实施"天河优创计划"、村级工业园改造，建设具有鲜明动漫游戏产业形态的专业孵化器和众创空间。鼓励天河软件园各分园强化管理服务，引进及留住优质游戏企业。按照天河软件园各分园载体入驻企业上年度对区经济发展贡献增量的 5%，给予最高不超过 100 万元的支持。支持符合条件的优质园区纳入天河软件园范围，享受天河软件园相关政策倾斜。（牵头单位：天河科技园管委会、区科工信局）

（3）打造协同发展产业生态。积极引进优质游戏企业在天河开展生态链布局，着重培育和引进游戏发行平台，促进产业链上下游资源整合与集群发展。对游戏龙头企业迁入或在天河新设立公司以及引进的重大游戏产业项目，新落户的年度营业收入 1 亿元以上的，在企业落户后第一、第二、第三个完整会计年度增长 20% 以上的，在对应年度分别给予区经济发展贡献 100%、50%、50% 的奖励，每家企业三年累计不超过 1 亿元奖励。其中，新落户天河智慧城核心区、天河高新区范围内符合条件的企业，在对应年度分别给予区经济发展贡献 100%、80%、50% 的奖励，每家企业三年累计最高不超过 1.5 亿元。［牵头单位：区科工信局、天河科技园管委会，配合单位：区委宣传部、区文化广电旅游体育局、区协作办（区文产办）］

三、加大产业人才扶持力度

（1）实施产业贡献人才奖励。对符合条件的游戏企业，每年可获得一定数量的人才奖励名额，每名人才按照个人对经济发展贡献的 30% 予以奖励，每人每年最高 10 万元，奖励金额合计不超过企业对本区经济发展贡献的 30%。设立"创新创业人才"等人才奖项，同时优化人才奖励兑现流程，提升人才在天河的获得感。［牵头单位：区科工信局、区委宣传部、区协作办（区文产办），配合单位：区委组织部、区人力资源社会保障局］

（2）完善全链条人才配套服务。吸引一批国际国内知名的创意人才和优秀原创游戏团队扎根天河。重点提供引进紧缺急需人才计划指标，用以解决企业部门负责人以上或相同级别的高级管理人才或紧缺急需专业技术人才入户问题，提供天河区义务教育起始年级部分招生指标，用以解决企业管理和技术人才及重要员工的子女入学问题，提升人才在天河的归属感。（牵头单位：区发展改革局、区商务金融局、区教育局，配合单位：区人力资源社会保障局）

（3）打造人才宜居宜业环境。推进城中村治理体系不断健全、治理能力全面提升，打造更干净、更平安、更有序的城中村。通过美丽乡村建设，推进5G网络基础设施建设，"口袋公园"微景观打造，持续优化提升中山大道、黄埔大道沿线等游戏人才集聚区的工作生活环境，提升人才在天河的幸福感。（牵头单位：各相关街道，配合单位：区城市管理综合执法局、区水务局、区生态环境分局、区公安分局、区科工信局）

四、强化科技与金融服务支撑

（1）强化科技创新支撑。加快数字创意产业关键核心应用技术研发，依托广州（国际）科技成果转化天河基地，推进科技成果在天河就地转化。高标准打造科技成果服务、展示、发布、交易、转化五大功能平台，促进游戏与5G、VR、大数据、云计算等前沿技术融合发展。[牵头单位：区科工信局，配合单位：区委宣传部、区协作办（区文产办）]

（2）拓宽资本对接渠道。积极联合风投创投机构，常态化组织资本对接会促进中小游戏企业资本对接工作。对符合条件的游戏企业，按其上年度实际到账的风险投资总额的3%给予奖励，每家企业最高不超过80万元。其中，天河科技园、天河软件园、天河高新区范围内企业，每家企业最高不超过100万元。做好拟上市公司服务工作，加强与市地方金融监管局、广东证监局、证券公司等机构联动，开展政策宣讲、后备企业建库、实地对接、专项辅导等工作，协调企业上市过程中遇到的困难。（牵头单位：区商务金融局、区科工信局、天河科技园管委会）

（3）搭建金融供需对接平台。持续创新融资品种，发动商业银行通过线上线下相结合的方式，创新打造科创贷、研发贷、人才贷、就业贷、租金贷、投联贷等多项贷款产品，推出"天河创新贷"等契合游戏产业发展的专属融资服务。（牵头单位：区科工信局、区商务金融局）

五、打造电竞产业发展核心区

（1）支持重大电竞产业项目落地天河。对本区经济发展具有重大效益的电竞产业项目，根据建成后实际投资额给予最高不超过 500 万元支持。对在本区新建的电竞场馆，根据建筑面积与座位数情况给予最高 500 万元的一次性支持。对曾获得国际性、洲际性大型电竞赛事前三名或全国性大型电竞赛事冠军的知名电竞俱乐部新落户天河，给予一次性 20 万元奖励。〔牵头单位：区委宣传部、区协作办（区文产办），配合单位：区文化广电旅游体育局〕

（2）鼓励原创电竞内容产品开发。鼓励优秀原创动漫、影视、文学等作品开发成电竞内容产品。对在本区开发、上线运营并达到一定影响力的原创电竞内容产品，按照研发投资金额的 10% 予以奖励，最高不超过 50 万元。对行业影响力大且被选为重大电竞赛事的原创游戏，给予一次性 100 万元奖励。〔牵头单位：区委宣传部、区协作办（区文产办）〕

（3）引导企业积极参与电竞赛事。对在天河区辖内举办的奖金总额超过 100 万元的国际性顶级赛事、国际性/洲际性/全国性大型赛事、全国性中大型赛事的主办方，按照奖金总额度的 30% 给予支持，支持金额最高不超过 500 万元。对参加国际性顶级赛事、国际性/洲际性/全国性大型赛事、全国性中大型赛事，且荣获冠军的本区电竞俱乐部或电竞团队，按照获奖金额的 10% 给予支持，全年累计支持金额不超过 50 万元。〔牵头单位：区委宣传部、区协作办（区文产办）〕

六、优化提升产业发展环境

（1）促进优质服务供给。依托国家网络游戏动漫产业发展基地等平台优势，发挥天河园区和高端专业服务机构优势，为辖区游戏企业提供注册登记、证照申请、资质办理等一站式服务，加快办理时效，推进企业服务提质增效。〔牵头单位：天河科技园管委会，配合单位：区政务服务数据管理局、区科工信局、区委宣传部、区协作办（区文产办）〕

（2）引导行业规范发展。充分发挥社会主义核心价值观的引领作用，在游戏研发、出版、发行等环节始终坚持正确政治方向、舆论导向和价值取向。健全维权援助机制，加强游戏版权保护。鼓励行业协会开展行业自律、标准制定等各项工作，完善行业竞争规则，维护公平公正的行业秩序。强化市场主体保护，积极推进包容审慎监管、信用监管等建设，进一步规范涉企执法行为，推行"有温度"的行政执法模式。〔牵头单位：区市场监管局、区公安分局、区文化广电旅游体育局，配合单位：区委宣传部、区科工信局、区协作办（区文产办）、区司法局〕

（3）搭建交流合作平台。根据版号申请有关要求和最新政策动向，定期邀请省委宣传部组织专家，加强区内游戏人才业务培训，提高企业申报版号成功率，缩短审批时间。联合省、市、区相关行业协会和产业联盟，定期组织辖区企业参与游戏行业论坛、商务交流会、专场座谈会等，及时了解企业动向与实际需求，促进游戏行业企业之间的交流与合作。［牵头单位：区委宣传部、区协作办（区文产办），配合单位：区科工信局、区文化广电旅游体育局］

七、强化措施保障与责任落实

（1）建立工作机制。成立天河区游戏产业发展工作联席会议，由陈晓晖常委、谢长林副区长担任召集人，区委宣传部、区发展改革局、区科工信局、区商务金融局、区文化广电旅游体育局、区市场监管局、区统计局、区公安局、区协作办（区文产办）等为成员单位，研究协调我区游戏产业发展的相关事项。

（2）加大政策支持。统筹广州市天河区推动经济高质量发展政策，在现有的产业发展资金中加大对游戏产业发展的支持力度，为辖区企业提供针对性、多样化的要素供给。紧密对接上级的有关实践做法，引导区内企业积极申报高新技术企业、税收优惠等上级相关政策。

（3）加强宣传引导。加大游戏产业的正面宣传引导，发挥游戏的正向价值。通过各类媒体宣传天河区游戏产业发展、应用示范等工作成效，组织开展"讲好科韵路故事"等主题宣传活动，营造推动游戏产业健康发展的良好氛围。

广州市天河区科技工业和信息化局

参考文献

［1］中国音数协游戏工委（GPC）、中国游戏产业研究院《2019 年中国游戏产业报告》《2020 年中国游戏产业报告》。

［2］广东省游戏产业协会《2019 年广东省游戏产业年度报告》《2020 年广东省游戏产业年度报告》。

［3］美国娱乐软件协会（ESA）《21 世纪的游戏业：2020 经济影响报告》。

［4］伽马数据《2019～2020 中国游戏市场企业研发竞争力报告》《全球移动游戏市场中国企业竞争力报告》《2020 年云游戏产业调查报告》。

［5］伽马数据、完美世界教育《中国功能游戏人才报告》《中国游戏产业职位状况及薪资调查报告》。

［6］艾瑞咨询《2020 年中国移动游戏行业研究报告》《2020 年中国游戏直播行业研究报告》《中国游戏 IP 价值案例研究报告——阴阳师》。

［7］Newzoo《2020 年度全球游戏市场报告》《2020 年度全球电竞市场报告》《2020 年度全球移动市场报告》。

［8］中国信息通信研究院和 5G 云游戏产业联盟《云游戏产业发展白皮书》。

［9］极光《2019 年手机游戏行业研究报告》。

［10］头豹研究院《2019 年中国 ICT 产业概览》《2019 年中国网络游戏研发行业概览》《2019 年中国虚拟现实游戏行业研究报告》。

［11］MOB 研究院《2019 年电竞行业白皮书》。

［12］招商证券《风物长宜放眼量，版号重启带来曙光——游戏行业深度报告》。

［13］开源证券《"5G＋云"助云游戏爆发，充分必要条件相互促进——行业深度报告》。

［14］信达证券《VR 游戏行业深度报告：爆款游戏推动硬件普及，5G 促进 VR 产业规模化运用》。

［15］新时代证券《日本游戏产业演进史之一：市场篇　光荣与混沌的四十

年》。

　　[16] 易观《中国移动游戏市场年度综合分析 2019》。

　　[17] 游戏产业网：http：//www. cgigc. com. cn/。

　　[18] Gamelook：http：//www. gamelook. com. cn/。

　　[19] 游戏那点事儿：http：//www. nadianshi. com/。

　　[20] 游戏茶馆：http：//youxichaguan. com/。

　　说明：各城市数据主要来源于北京、上海、广州、深圳统计局发布的统计年鉴。